青年法学学术著作
资助出版项目

青年法学学术著作
资助出版项目

政府工作规则法治化研究

Research on the Legalization of Government Work Rules

王叶臣 著

法律出版社
LAW PRESS·CHINA

青年法学学术著作出版基金
资助出版说明

法律出版社作为全国规模最大的法律专业出版机构，一直秉承“为人民传播法律”的理念，与学术界共同推动法学研究的繁荣与发展。2018 年 5 月，法律出版社设立青年法学学术著作出版基金，用于资助法学学术著作出版和奖励优秀法学图书，旨在支持优秀法学学术著作出版，扶持具有较大潜力的青年学者。

经过法律出版社学术委员会委员推荐、专家匿名评审和法律出版社编辑委员会评审，共有 3 部作品获得法律出版社第二届(2019 年)青年法学学术出版基金资助。

期待更多年轻法律人的优秀学术作品！

法律出版社

2020 年 6 月

序　行政自我规制的有益探索

叶臣请我为《政府工作规则法治化研究》作序，我很愉快地答应了。我认为，无论对叶臣来说，还是对中国行政法学界来说，本书的出版都具有重要意义。作为叶臣在中国人民大学法学院攻读硕士学位和博士学位的导师，我为叶臣的博士学位论文在修改、增订后即将付梓，感到非常高兴和自豪。本书的出版是叶臣给我带来的一份特殊的喜悦，也是他为中国行政法学界作出的一份贡献。我非常乐意通过“作序”这种方式来跟大家分享这份喜悦。如果能够通过介绍和推荐叶臣的这部专著，为读者朋友围绕行政自我规制这个问题展开进一步深入研究，那么对我来说也的确是喜出望外的荣幸。

本书是叶臣既往研究业绩的集中展示，也必将成为他继续成长和学术精进的重要基石。

本书是叶臣在其向中国人民大学法学院提交的博士学位论文《法治政府工作规则研究》的基础上修改、增订而成的，是他长期潜心学习、认真研究、深入思考的重要成果。本书集中展示了叶臣扎实的学术功底和丰富的实践经验,标志着他在行政自我规制领域的探究又有新进展。

叶臣在攻读硕士学位期间就开始关注行政自我规制的课题,并以"基层"为切入点展开研究。他的硕士学位论文题目是"论街道办事处改革的行政法课题"。该文系统梳理了街道办事处的沿革及存在的问题,架构了街道办事处"完善论",展示了叶臣关注行政组织自我规制等相关问题的使命感和担当精神。

叶臣以"法治政府工作规则研究"为博士学位论文题目,延续了对行政自我规制课题的探讨,进一步完成了拓展行政组织自我规制理论的阶段性成果。该文在梳理政府工作规则的基本范畴、基本原理和基本原则的基础上,将讨论问题的重点归纳为4章内容:政府组织工作规则、政府决策工作规则、政府执行工作规则和政府监督工作规则,并探讨了确保政府工作规则合法性的手段。

难能可贵的是,叶臣在取得法学博士学位后数年来持续对这一领域问题进行跟踪学习和研究,并结合工作实践深化思考,吸收理论界和实践中的最新成果,充分运用大量实践案例进行抽象概括和比较分析,在基本承继博士学位论文框架体系的基础上,修改、增订完成了《政府工作规则法治化研究》。本书拓展、充实了确保政府工作规则合法性的手段,并分别从立法、司法和行政3个层面展开较深入的探讨。这种确认、承继和发展的正确方法论,将助力叶臣在学术研究的道路上继续成长和精进,不断为中国行政法学研究和行政法治建设作出新贡献。

本书对中国行政法学界具有提供素材和拓展范畴的重要意义。

众所周知,中国行政法学研究在内部行政法尤其是政府工作规则等行政规则方面相当薄弱。本书的出版在一定程度上充实了该方面的研究,也将有助于学界和实务界围绕政府工作规则的法治化等行政自我规制问题展开更广泛和深入的探讨。

深入研究政府工作规则的法治化等行政自我规制问题，是以习近平法治思想为指导，扎实推进法治政府建设的内在要求。党的十八届四中全会审议通过的《中共中央关于全面推进依法治国若干重大问题的决定》（以下简称《全面推进依法治国决定》）强调："加强对政府内部权力的制约，是强化对行政权力制约的重点。""完善政府内部层级监督和专门监督，改进上级机关对下级机关的监督，建立常态化监督制度。"党的十九届三中全会审议通过的《中共中央关于深化党和国家机构改革的决定》（以下简称《深化党和国家机构改革决定》）在第四部分专门论述了"优化政府机构设置和职能配置"，强调要"调整优化政府机构职能""精干设置各级政府部门及其内设机构"；在第六部分专门论述了"合理设置地方机构"，强调要"统筹优化地方机构设置和职能配置"；在第七部分专门论述了"推进机构编制法定化"。党的十九届四中全会审议通过的《中共中央关于坚持和完善中国特色社会主义制度 推进国家治理体系和治理能力现代化若干重大问题的决定》进一步确认指出，"坚持和完善中国特色社会主义行政体制，构建职责明确、依法行政的政府治理体系"，要"优化政府组织结构""严格机构编制管理"。这些都为中国政府工作规则的法治建设和行政自我规制的理论研究提供了基本遵循，指明了努力方向。

众所周知，经典行政法学体系由行政法总论、行政组织法、行政作用法（行政行为法）和行政救济法四大领域构成；现代行政法学体系则由五大领域构成，即在经典行政法学四大领域的基础上增加了行政程序法。中国行政法学研究经历了广泛借鉴各国经验、注重行政救济法、以救济法促进行为法和程序法的发展阶段。与改革开放、高速发展的时代要求相适应，行政法学研究基本上将着力点聚集在外部行政法层面，进而建构起较系统完整的行政法学体系。但是，目前外部行政法的研究多集中于行政救济法和行政行为法领域,行政组织法等内部行政法的研究被自觉不自觉地抛在了一旁。中国行政法学界对行政程序法的研究也取得诸多成果,但是,在实务层面难以像行政救济法和行政行为法领域那样取得推进行政程序立法的实效。无论是行政组织法还是行政程序法,其立法工作能否顺利推进,以及其立法后能否得以贯彻落实,在很大程度上都取决于政府工作人员的素质及其工作规则的完善程度。长期以来,中国行政法学界对内部行政关系方面的研究总体上比较薄弱,以至于前些年谈到行政自我约束、行政自我规制时,有些人尖锐地提出批评意见:同体监督靠不住,异体监督才体现法治精神。

的确,异体监督具有不可替代的地位和作用,这是毋庸置疑的。但是,异体监督和同体监督相结合,才能凸显其应有的地位,发挥其应有的作用。正如《全面推进依法治国决定》所指出:“加强对政府内部权力的制约,是强化对行政权力制约的重点。”这一论断具有划时代的意义,应当引起行政法学乃至行政学界的高度重视。其实,这一论断揭示出一种规律性的命题,对于其他相关领域皆具有重要的价值取舍和方法论层面的指导意义。

长期以来,我国行政法学研究中较少有与政府工作规则相关的专门性研究论文或者著作,这不得不说是一种遗憾。迄今为止,我国在政府工作规则研究方面尚没有研究专著。从这个意义上讲,本书的出版为贯彻落实党中央“加强对政府内部权力的制约”之决策部署提供了很好的切入点。换言之,本书在这方面提供了一种研究视野和丰富的研究素材。其所研究的政府工作规则,作为规范政府内部行为的有效形式,是行政自我规制的重要手段,是推进法治建设的基础工程。我期待并相信,接下来会涌现出一大批相关研究成果,推动政府工作规则的进一步完善和发展,也助推行政自我规制理论的完善和发展。

本书是叶臣围绕政府工作规则等行政规则的理论和实务展开研究的力作,在以下几个方面体现出鲜明的特色。

其一,总结了国内外行政法治实践经验。

如前所述,本书遵循了确认、承继和发展的正确方法论,较全面地搜集并以独到的方式梳理了现有的研究成果,在此基础上进行有建设性的批判或者分析,进而提出一些具有可行性的观点,体现了研究工作认真细致以及理论与实际相结合的风格。

本书具有较强的比较行政法色彩,引用了大量国内外文献,包括中外文的学术专著、论文以及网络资料。文献的内容涉及美、英、日、法、德、意、韩等。在文献梳理方面,或因为一手材料入手困难等方面的限制,还有进一步拓展、深挖的空间,但是,总体上可以说较全面地总结了成熟结论和共同规律,指出了存在的不足及缺陷,努力站在前人研究的基础上,审慎展开探究。这种做法很值得称道。

行政法学是实践性很强的学科。本书特别注重总结中国法治政府建设的鲜活经验,重视与法治政府建设相关的各种纲领性文件,诸如2015年《法治政府建设实施纲要(2015—2020年)》和《中共中央、国务院关于深入推进城市执法体制改革、改进城市管理工作的指导意见》;2016年中共中央办公厅、国务院办公厅印发的《关于全面推进政务公开工作的意见》;2018年《国务院办公厅关于全面推行行政执法公示制度执法全过程记录制度重大执法决定法制审核制度的指导意见》;2019年中共中央办公厅、国务院办公厅印发的《关于推进基层整合审批服务执法力量的实施意见》;等等。各级政府在试点国家监察体制改革、深化“放管服”改革、优化营商环境、推进政府机构改革、明确行政权责清单等方面进行了很多探索。这些生动实践为本书增添了丰富的素材和视角,有的成为其立论依据,有的成为典型案例,也有的成为其批判分析的对象。理论与实际相结合,是本书的重要特色。

其二,梳理了政府工作规则法治化的基本理论。

政府工作规则的法治化涉及行政法治诸多方面的内容,甚至跨学科的知识,要对其展开深入系统的研究,首先要搞清楚其基本概念、基本原理、基本原则等基本理论,建立基本的研究假设,达成基本的理论共识。

本书在进行汇总分析的基础上,完成了基本概念的界定:“政府工作规则是各级政府为了实现自身工作的规范化、制度化、法治化,根据有关宪法、法律规定,在自身权限范围内,制定实施的关于政府工作目标、工作原则、职能机构、决策程序、工作监督等方面具体工作内容的规范总称。”这一概念的提出,为之后的研究者提供了参考,体现了叶臣具备一定的理论探索勇气。

本书坚持行政过程论的基本研究路径,在法治政府建设的大背景下,将政府工作规则看作行政过程中的概念,作为行政自我规制的重要载体,跳出了特别权力关系的窠臼,吸收了新公共管理的一些理论成果,努力架构正当的行政程序;特别是基于中国政府工作规则的发展情况,强调突出并恪守行政合法性、行政效能性、行政公开性、行政监督性以及行政首长负责等基本原则,提升了本书的理论高度。

其三,构建了契合实际的政府工作规则体系。

本书秉持强烈的问题导向,以《国务院工作规则》为例,客观分析了当前中国政府工作规则中存在的待完善的方面,包括法律定位不清楚、制定程序不规范、具体内容不完善、合法性规制不严格等。本书围绕政府工作规则的法治化和效能性,以行政过程论的视角,从政府组织工作规则、政府决策工作规则、政府执行工作规则、政府监督工作规则 4 个方面进行类型化分析,构建符合行政权力运行规律的政府工作规则体系。

政府组织工作规则既包括行政机关的职能、机构和权限,也涵盖了行政机关中的人、财、物等手段,与行政组织法律主义的关系有待深入研究。伴随着机关运行保障法治化的逐步深入,亟待完善政府组织工作规则。尤其是新一轮党和国家机构改革给行政法学提出了一系列新课题,其中就包括如何确立行政主体论的问题。在习近平法治思想指导下,适应新时代发展需要,确立并不断完善政府组织工作规则,实乃目前我国行政法学研究的一个重要课题。

我国目前尚未建立起真正意义上的行政议事决策规则,而这个规则无论对行政决策来说还是对行政执行来说,都具有重大而深远的意义。行政决策既是行政行为的特殊类型,也是许多行政行为的逻辑起点,甚至成为行政立法的源点,在行政过程中占据十分重要的地位。政府决策工作规则,既要充实行政决策咨询、政府法律顾问等辅助手段,也要完善重大行政决策的听证、合法性审查、会议讨论等程序控制方式。重大行政决策方面的程序控制已有诸多研究成果,立法实务也有诸多推进,但如何将既有理论成果和制度经验整合起来,是一个重要的课题。

行政执行是法律法规和政府决策的落实过程,不同于行政执法、行政强制执行。政府执行工作规则,关涉行政执行中的裁量控制问题,涉及行政裁量基准、行政惯例等实质控制手段和公文审批这种形式控制手段。一般而言,行政法学研究注重裁量基准研究,目前我国在这方面的研究甚至有泛滥之嫌。对于惯例,大多研究都是在行政法的法源部分有所涉及,很少有深入展开的,相关研究自然不足。至于公文审批,行政许可相关研究有所涉及,而在通常的行政法学研究成果中就几乎见不到了。

伴随着国家监察委员会的成立,行政监督力度空前,政府监督工作规则的完善面临着严重挑战,也迎来空前的发展机遇。健全政府监督工作规则,既需要加强行政问责、追责,也需要纵向和横向行政分权、政府工作流程再造和公务员轮岗交流等内部制约。党和国家机构改革的推进,也为政府监督工作规则带来新课题,有待理论界和实务界携手共同积极应对。

其四,提出了确保政府工作规则合法性的具体手段。

确保政府工作规则的合法性,是行政法学视野下研究政府工作规则问题的逻辑起点和价值归宿。建设法治政府是一项系统工程,既需要行政机关进行自我规制,也需要立法机关、司法机关、监察机关的共同努力。对这个问题的理解和把握,最能考验对行政自我规制问题的认识是否到位。

从立法机关的角度来说,应当结合我国单一制政体的实际,注重加强对行政组织、行政程序以及中央和地方关系的立法,从法律上明确行政权力和责任清单,构建正当的行政程序,划定地方性事务范围。立法事权的划分本来就是一个非常复杂的问题,加之与政府工作规则的划界,就使问题更加复杂化。这方面值得进一步展开专题研究。

就行政机关而言,需要完善行政规则的备案审查、清理、行政评价制度和政务公开制度,加强行政自我规制。其实,本书将行政自我规制问题作为一个重要的努力目标来定位,体现了明晰的问题导向,值得充分肯定。但是,作为“确保政府工作规则合法性的行政手段”所论述的前述内容似稍有不足。在我看来,行政的层级监督、行政的合法规范运营机制、说明理由并告知权利等与外部行政法上确保行政实效性的制度相对应,一系列政府工作规则的确立和不断完善,应成为理论界和实务界携手应对的重要课题。

关于司法机关的定位和作用,不宜简单套用经典行政法学关于司法审查的范围和强度的理论,需要结合我国近年来体制改革的实践展开理论架构。除了注重发挥审判机关的独特优势,在加强具有外部性的行政规则的审查以及解决行政权限冲突中积极作为之外,还要关注检察建议或者监察建议对政府工作规则的独特作用。尤其是社会治理检察建议、公益诉讼检察建议和纠正违法检察建议,对政府工作规则合法性的保障作用不可小觑。但是,这里也存在人民检察院的专业性优势如何确保、检察建议如何坚持作为司法属性的谦抑性和补充性原则的问题,故而也留下了具有挑战性的重要课题。

学术研究必有未竟的课题,因此令人着迷。

如前所述,本书是叶臣的力作,其选题具有创新性,问题意识突出,有理有据有分析,在一定程度上显示了当前对政府工作规则法治化研究的最新进展。

当然,诚如叶臣所言,本书可以说只是政府工作规则法治化研究的一块"探路石",在提高对政府工作规则研究的重视程度、提升理论研究的深度、深化政府工作规则类型化以及确保政府工作规则法治化的手段等方面还有很多需要进一步推进研究的课题。尤其是在面对全球"百年未有之大变局"、各种风险挑战叠加与实现"两个一百年"奋斗目标的历史交汇期,对政府工作规则研究应当始终以习近平法治思想为指引,自觉践行"以人民为中心"的根本宗旨,认真贯彻落实《深化党和国家机构改革决定》,适应新时代深化党和国家机构改革的要求,做到"于危机中育新机,于变局中开新局"。

期待更多富有挑战精神和学术担当的研究者加入到政府工作规则乃至行政自我规制方面的研究中来。

叶臣博士的专著《政府工作规则法治化研究》由法律出版社出版,这是一件可喜可贺的事情。感谢法律出版社！祝贺叶臣！

祝愿叶臣更上层楼,为推动相关领域理论和实践发展作出新的贡献！

楊建順

2021 年 6 月 13 日

于北京海淀世纪城

前　言

党的十八大以来，以习近平同志为核心的党中央高度重视全面依法治国，坚定不移走中国特色社会主义法治道路，提出了一系列新理念新思想新战略，形成了习近平法治思想，为法治政府建设提供了根本遵循。国家各项行政法律法规、众多的行政管理活动，行政合法性和行政效能性的基本原则，最终都要落实到具体的政府工作之中，体现于各项政府工作规则之上。以《国务院工作规则》为代表的政府工作规则，是各级政府在日常工作中所遵循的准则，是政府内部运转的行动指南，直接影响法治政府建设的进展，是行政法学研究的重要内容和较新领域。当前，我国政府工作规则尚没有系统深入的研究，研究方法上欠缺行政过程论的视角，内容体系上也不够完备。因此，研究政府工作规则，确保政府工作规则的合法性，具有较为广阔的理论探讨空间和重要的实践价值。

政府工作规则的合法性涉及行政法治诸多方面的内容，要对其展开深入系统的研究，首先要搞清楚其概念内涵、历史沿革、性质分类、基本特征、原理原则等基本内容，建立基本的研究假设，形成基本的理论共识。政府工作规则是各级政府为了实现自身工作的规范化、制度化、法治化，根据宪法和有关法律规定，在自身权限范围内，制定实施的关于政府工作目标、工作原则、职能机构、决策程序、工作监督等方面具体工作内容的规范总称。政府工作规则本身是行政过程中的概念，是行政自我规制的重要载体。法治政府背景下的政府工作规则需要跳出特别权力关系的窠臼，将法治之手延伸到政府内部关系领域，吸收新公共管理的理论成果，架构正当的行政法律程序。基于我国政府工作规则的发展情况，当前尤其需要突出并恪守行政合法性、行政效能性、行政公开性、行政监督性以及行政首长负责等基本原则。本书主要阐述了以下几种政府工作规则的合法性问题。

第一，政府组织工作规则，关涉行政机关的职能与机构，涵盖政府的职能、机构、编制，以及人、财、物等手段的配备。从一定意义上来讲，行政主体职能与机构的完善程度直接体现着国家治理体系与治理能力的现代化程度。改革开放以来，我国一直在探索政府职能的界限范围和机构的设置标准，并逐步以“三定”方案的形式，确定了经济调节、市场监管、社会管理、公共服务、生态环境保护等基本职能和大部制的机构改革方向。但这并没有从根本上解决行政机关之间的权限冲突问题，反而由于部门主义、地方主义和制度缺陷的存在，进一步凸显了从政府工作规则角度对行政权限冲突进行类型化分析，加快行政组织立法，理顺权限冲突救济渠道的重要性和紧迫性。同时，行政机关各种人、财、物手段的供给不足，不同程度地影响了行政机关的高效运转和行政作用的正常发挥。而通过完善公务员激励规则、公共财政保障规则以及机关事务管理规则，将为行政机关正确高效履行职能提供必要的支撑。

第二，政府决策工作规则，关涉行政决策的形成过程。决策在政府工作中占据十分重要的地位，行政决策既是行政行为的特殊类型，也是许多行政行为的逻辑起点。行政法视野下，对行政决策的研究主要在于明确其科学化、民主化、法治化的发展目标，并为这一目标的实现构筑合法、合理、可行的工作规则,其中既包括行政决策咨询、政府法律顾问等辅助手段,也包括重大行政决策的听证、合法性审查、会议讨论等程序控制方式。针对行政决策咨询机构独立性差、咨询质量不高、咨询制度化不够等问题,需要从行政理念、行政立法、咨询环境、成果转化等方面完善具体规则。通过比较政府法律顾问制度的不同模式,可知,应当根据建立法律顾问队伍的实际需要,明确具体的聘请规则和业务范围。重大行政决策听证、合法性审查以及会议讨论等程序,在适用范围、主体职责、具体流程、形式要件以及法定效力方面,均存在不同程度的欠缺,也应当进一步明确具体、科学、有效的工作规则。

第三,政府执行工作规则,关涉行政执行中的裁量控制问题。行政执行,不同于行政执法、行政强制执行,而是政府决策的落实过程。政府决策不可避免地要为具体执行预留一定的裁量空间,以应对行政执行过程中可能出现的各种情况。政府执行工作规则的价值在于确保行政决策得到准确及时高效的贯彻,因此其规则架构的关键在于规范行政执行的具体过程,控制行政执行中裁量权的滥用,包括规范行政裁量基准、行政惯例两种实质控制手段和公文审批这种形式控制手段。行政裁量基准兼具规范性和自由度,具有较强的正当性和法效力,但为了避免行政裁量的僵化,必须把握好裁量基准的限度。行政惯例是行政裁量的实质渊源之一,同时也是行政裁量权的有效控制形式,具有独特的价值和作用,需要通过案例指导、说明理由和标准操作程序予以妥善规制。而行政公文作为行政执行控制的外在表现形式,在控制行政裁量方面也发挥着特殊的作用,尤须在法治、公开、效率原则指引下不断完善。

第四,政府监督工作规则,即行政权力的内部制约与责任追究。政府工作的完整过程,离不开监督环节。我们对政府监督的理解往往局限于外部监督,即政府以外的特定主体对行政权力的监督,而对政府内部的监督,往往也局限于国家监察、审计等专门监督。但实际上,相对于外部监督,由于同属政府内部,政府内部的制约与监督更具有独特的优势,其制度手段包括内部制约与责任追究。行政权力的内部制约体现的是一种制衡的艺术,包括纵向和横向行政分权、政府工作流程再造和公务员轮岗交流三个方面,分别针对着行政权力、行政事务、行政人员三个层面。我国当前已经形成了多层次、多角度的行政监督体系,但行政监督的关键在于确保行政权力的合法规范运行,而责任追究则是检验的事后标准和保障。我国现代责任追究的历史虽然不长,但贯穿其中的理念却源远流长,当前在责任追究的主体、客体、内容、程序、救济等多个方面均有较大改进的空间。

可以说,确保政府工作规则的合法性,既是研究法治政府工作规则的落脚点,也是实现政府良法善治的着力点。建设法治政府,不仅需要行政机关的自我规制,更需要立法机关、司法机关的外部控制。对立法机关而言,应恪守法律保留的原则,加强对行政组织、行政程序以及中央和地方关系的立法,从法律上明确行政权力和责任清单、正当行政程序和地方性事务范围,从组织授权、过程控制和央地关系的角度为政府工作规则划定框架。对行政机关而言,则要通过完善行政规则的备案审查、清理、行政评价制度和政务公开制度,加强行政自我规制,实现行政规范的统一性、行政行为的效能性和行政过程的公正性。对司法机关而言,则要发挥审判机关的独立优势,探索对具有外部性的行政规则的司法审查,以及行政权限冲突的司法解决路径。

目录

图表索引

第一章 导 论

第一节 研究背景和问题意识

行政法是调整行政关系的法,行政关系包括行政管理关系、行政法制监督关系、行政救济关系和行政内部关系四大方面内容。长期以来,我国行政法学研究的重点,偏重于前三方面的内容,对于行政内部关系,受制于其行政法上的内部属性,理论研究的系统性、深入性都嫌不足,对政府工作的指导性也不强。关于行政内部关系的研究主要有行政组织法和行政程序法两条路径,这两条路径都可以在政府工作规则上找到交集。

当前,我国行政法的实践发展已经延伸到了政府工作层面。我们党始终高度重视法治建设,特别是党的十八大以来,以习近平同志为核心的党中央提出了一系列新理念新思想新战略,通过了《中共中央关于全面推进依法治国若干重大问题的决定》《中共中央关于坚持和完善中国特色社会主义制度 推进国家治理体系和治理能力现代化若干重大问题的决定》,把全面依法治国纳入"四个全面"战略布局,组建全面依法治国委员会,坚持依法治国、依法执政、依法行政共同推进,坚持法治国家、法治政府、法治社会一体建设,极大发展了新时代中国特色社会主义法治理论,形成了习近平法治思想,完善了中国特色社会主义法治体系,拓宽了中国特色社会主义法治道路。按照党中央决策部署,我国法治政府建设日益深入,国务院1999年发布《关于全面推进依法行政的决定》,2004年颁布《全面推进依法行政实施纲要》,2008年制定《关于加强市县政府依法行政的决定》,2010年发布《关于加强法治政府建设的意见》。2015年,中共中央、国务院印发《法治政府建设实施纲要(2015—2020年)》和《关于深入推进城市执法体制改革 改进城市管理工作的指导意见》。2016年,中共中央办公厅、国务院办公厅印发《关于全面推进政务公开工作的意见》。2019年,国务院办公厅发布《关于全面推行行政执法公示制度执法全过程记录制度重大执法决定法制审核制度的指导意见》。2019年,中共中央办公厅、国务院办公厅印发《关于推进基层整合审批服务执法力量的实施意见》。国家的行政法律法规、执政党的执政要求以及国务院的行政部署,最终都要落实到具体的政府工作之中,体现于各项政府工作规则之上。特别是在《国务院工作规则》的示范带动下,中央国家机关以及地方各级政府及其职能部门几乎都制定了各自的工作规则。

以《国务院工作规则》为代表的政府工作规则,是关于政府工作的内部规范和程序。当前政府工作规则主要存在以下几个问题:一是缺乏系统研究。除发表于1989年的一篇论文之外,[1]没有其他专门的著作或者论文发表。二是法律定位不清楚。政府工作规则既有组织法的内容,也有程序法的内容,还有具体的行政管理事项、党纪政纪要求,与相关法律的衔接也存在不一致的问题。三是制定程序不规范。这些规则基本上都是由政府办公厅或者办公室参与起草,直接由政府有关会议审议通过,产生过程缺乏法制部门的参与,规则本身的合法性难以得到保证。四是内容不完善。政府工

[1] 叶必丰:《政府工作规则浅议》,载《法商研究》1989年第3期。

作规则的内容体系如何架构，每一项具体的工作规则如何设计，均缺乏应然的分析和实证的检验。例如，首长负责制下的分工负责体制行政协调难的问题，职能转变和机构改革中的法律问题，行政决策程序的随意性问题，议事规则的简单化问题，公文审批的低效率问题，行政自我监督的责任追究不足问题，等等。五是合法性与效能性规制问题。行政合法性与效能性是法治政府建设的基本目标，但在实践中多是从政治学或者行政学角度架构行政内部关系，偏重行政的统一性和科层性，相对忽视了从行政法学视角架构政府具体工作的规则体系，难以将立法、行政、司法的内、外部规制手段结合起来，促进政府的合法规范运行。

从实践层面来讲，针对目前存在的问题，制定和完善政府工作规则，实现政府内部行政权力运行过程的规范化、制度化、法治化，对于贯彻依法治国基本方略，规范行政权力运行，实现依法行政的基本要求，推动法治国家、法治政府、法治社会一体建设，保护行政相对人合法权益，均具有相当重要的意义。从理论层面来讲，着眼于当前我国法治中国建设的进程，推动行政法学研究转向，研究完善法治政府工作规则，不仅有利于拓展行政法学的研究视域，丰富行政法学研究的内容，改进行政法学研究的方法，而且能够促进法治政府建设的实践探索。

第二节 研究对象与研究方法

一、研究对象

本书的研究对象聚焦于政府工作规则，但是关于何为政府工作规则，目前学术界尚未达成统一权威的概念共识。根据国内外相关学术研究和实践经验，政府工作规则有狭义和广义两种理解。从狭义上来讲，政府工作规则仅指以特定政府名义发布的关于政府工作的综合性法规范，比如《国务院工作规则》《民政部工作规则》《山东省人民政府工作规则》等。从广义上来讲,政府工作规则是指在法的统治下,中央或地方各级政府,为了实现自身工作的规范化、制度化、法治化,根据宪法和有关法律规定,在自身权限范围内,制定实施的关于政府工作目标、工作原则、职能机构、决策程序、行政裁量、工作监督等方面具体工作内容的规范总称。本书主要从广义上来理解。

二、研究方法

本书关于政府工作规则的研究,紧扣法治政府建设的具体实践,运用行政过程论、行政自我规制理论、特别权力关系理论、正当法律程序理论、新公共管理理论等基础理论,梳理法治政府工作规则的基本理论,以《国务院工作规则》等为例进行规范分析,参考相关经验,提出政府工作规则的立法、行政、司法规制的理论思考和具体对策。主要运用以下研究方法:

1. 文献研究的方法。主要是借鉴已有的文献资料,包括学术专著、论文以及网络资料,梳理现有的文献研究成果,总结现有结论和共同规律,查找研究的不足以及缺陷,站在前人研究的基础上取其精华,确定研究的重点、方向和思路。

2. 历史研究的方法。主要是梳理政府工作规则的历史沿革,既包括外国政府工作规则的基本情况,也包括中华人民共和国成立以来,特别是改革开放以来我国政府工作规则的演变过程,梳理清楚政府工作规则过去所走过的道路,探究其发展的规律、完善的方向。

3. 实证研究的方法。我国政府工作规则的理论研究相对滞后于政府工作实践。广泛运用实践案例,具体分析现实行政过程中政府工作规则的实际状况,还原真实的行政过程,找到不足所在,提出具有针对性、可行性的解决方案。

4. 规范研究的方法。由于政府工作规则合法性研究归属于应用型的法学研究,探讨现行政府工作规则体系、政府工作规则的合法性构建、政府工作规则的合法性规制等方面,都要回归到我国现行宪法体制下有关法律规范的解读中。

第三节 文献综述

本书是在法治政府的特定语境下,探讨政府工作规则这一特定的行政法对象,研究过程建立在以下概念共识的基础之上:法治政府、政府工作规则、行政过程、行政自我规制、政府职能与机构、行政决策、行政裁量、行政监督、合法性规制。从总体上看,目前国内外均没有系统地从宪法和行政法的角度对法治政府工作规则进行研究的著作,相关文献大多聚焦于法治政府或者政府工作规则的某一个侧面、某一个领域或者某一个阶段。

一、国内相关研究

国内关于法治政府工作规则的研究比较零散,除了对法治政府、依法行政、行政规则、行政程序的论述相对比较集中之外,对政府工作规则的针对性研究比较少。而且由于政府工作隶属于政府管理的范畴,除了行政法学研究之外,政府工作规则也是政治学、行政学、行政管理学等许多学科共同研究的重要内容,这些学科对法治政府工作规则的研究同样缺乏相关的专著和论文,一些研究大多集中于行政体制改革、政府绩效管理等方面。具体而言,国内有关研究包括以下 6 个方面。

1. 法治政府的基本概念

法治政府是 20 世纪以来我国行政法学研究的一个热点,从总体来看,国内对于法治政府的研究集中于以下几个方面:(1)法治政府的基本原理,包括法治政府的思想渊源、基本内涵、主要特征、基本理念、主要模式、核心要求等,[1]提

---

〔1〕 贾凌民、姜明安等:《法治政府建设有关问题研究》,载《中国行政管理》2012 年第 4 期;熊文钊、郑毅:《建设法治政府的模式与政府法治论》,载《法学杂志》2010 年第 11 期;马怀德:《法治政府特征及建设途径》,载《国家行政学院学报》2008 年第 2 期;张树义主编:《法治政府的基本原理》,北京大学出版社 2006 年版。

出了中国特色政府法治论[1]。(2)我国法治政府建设的主要历程、实践经验、显著成就和发展困难,回顾了改革开放以来我国法治政府建设所走过的历程,分析了实践中产生的正反两方面的经验,展望了我国法治政府建设的路径取向。[2] (3)我国法治政府建设的目标方向和重点领域,比如全面深化改革,行政管理体制改革,完善行政立法,健全行政组织法,推动行政程序立法,塑造政府法治文化,加强参与型行政,构建法治政府指标体系,推动法治国家、法治政府、法治社会一体建设等方面。[3] (4)国外法治政府的经验介绍,分国别研究了英国、美国、德国、法国、日本等发达国家法治政府的发展历程、主要特点。[4]

2. 对《国务院工作规则》进行了规范解读

《国务院工作规则》是我国政府工作规则的典型代表和集中体现,明确规定了政府工作的基本精神、主要原则和具体内容,能够对我国地方各级政府的工作发挥较强示范带动作用。1988 年 4 月,时任国务院总理李鹏主持召开国务院常务会议,讨论通过了第一部《国务院工作规则》。此后,历届中

---

[1] 参见杨海坤、章志远:《中国特色政府法治论研究》,法律出版社 2008 年版。

[2] 参见“中国法治政府评估”课题组:《中国法治政府评估报告(2013)》,载《行政法学研究》2014 年第 1 期;杨小军、张鲁萍:《我国法治政府建设的回顾与展望》,载《社会主义研究》2013 年第 2 期;郑方辉、周雨:《法治政府绩效满意度实证研究——以 2012 年广东省为例》,载《广东行政学院学报》2013 年第 6 期等。

[3] 江必新、郑礼华:《全面深化改革与法治政府建设的完善》,载《法学杂志》2014 年第 1 期;许占鲁、韩兆柱:《完善我国行政法制 推进法治政府建设——从行政立法角度分析我国法治政府的构建》,载《陕西行政学院学报》2007 年第 3 期;王冰峰、李霞:《行政组织法的完善与法治政府的构建》,载《湖北省社会主义学院学报》2004 年第 6 期;谢庆、焦利:《法治政府呼唤行政程序立法——访中国政法大学终身教授、博士生导师、中国法学会行政法学研究会会长应松年》,载《国家行政学院学报》2010 年第 3 期;李林:《中国法治政府建设实践及完善路径——以行政审批制度改革为视角》,载《人民论坛 · 学术前沿》2012 年第 12 期;莫于川:《建设法治政府、推动法文化创新》,载《民主与法制》2004 年第 5 期;余凌云:《法治国家、法治政府、法治社会一体建设的途径》,载《法学杂志》2013 年第 6 期;莫于川:《法治国家、法治政府、法治社会一体建设的标准问题研究——兼论我国法制良善化、精细化发展的时代任务》,载《法学杂志》2013 年第 6 期;戢浩飞:《法治政府指标评估体系研究》,载《行政法学研究》2012 年第 1 期等。

[4] 应松年、袁曙宏主编:《走向法治政府:依法行政理论研究与实证调查》,法律出版社 2001 年版;申来津:《法治政府的构建:理论与运作》,湖北人民出版社 2013 年版。

央政府根据形势、任务的变化及时予以修订,迄今共修订了 8 次,分别为 1993 年、1998 年、2003 年、2004 年、2005 年、2008 年、2013 年、2018 年。《国务院工作规则》每次修订,都会引起社会各界广泛关注。对《国务院工作规则》的研究呈现两条路径:一是偏重于对《国务院工作规则》进行行政法解读。应松年、姜明安、薛刚凌等学者认为,政府工作规则是政府对自身活动确立的有关实体和程序方面的要求,是推进建设法治政府进程的重要举措,是政府工作规范化和法制化的突出表现,对推进国务院各部门和地方各级行政机关提高行政能力与管理水平具有重要的示范和监督的作用。二是以《国务院工作规则》为例扩展研究政府工作规则。叶必丰教授认为,政府工作规则是关于行政活动或政府工作的规范和程序,包含行政公开、听证制度、会议制度、审批制度、工作交接制度等具体内容,我国政府工作规则还存在一些不科学、不完善的地方。[1]

3. 从行政规则视角分析政府工作规则的法属性

从范畴来讲,政府工作规则与行政机关内部规则或者行政规则既有相同点,也有不同点。(1)从行政规则概念的角度而论,认为行政规则是为规范行政机关内部事项而下达的命令,并非直接对外发生法规范效力,具有公平执法、提高行政效能和确保法律秩序透明化及预测可能性的功能,从类型上可以划分为组织类、解释类、简化规定类、裁量准则类和补充法规类,行政规则的适用要坚持平等性原则。[2] (2)从行政裁量的角度而论,认为行政规则体现了行政权的专业性、技术性、裁量性,是行政执法、行政裁量和司法审查的重要参考标准。[3] (3)从行政规则外部性的角度,指明行政规则外

---

[1] 叶必丰:《政府工作规则浅议》,载《法商研究》1989 年第 3 期。

[2] 翁岳生编:《行政法》,中国法制出版社 2009 年版,第 133 ~ 144 页。

[3] 高秦伟:《科技政策、行政规则与司法审查》,载《北方法学》2007 年第 5 期;栾志红:《论环境标准在行政诉讼中的效力——以德国法上的规范具体化行政规则为例》,载《河北法学》2007 年第 3 期;胡延广:《行政机关内部规则对行政裁量的法律控制》,载《河北经贸大学学报(综合版)》2005 年第 1 期。

部化现象及其对行政相对人的重大影响,进行组织性规则、解释性规则、裁量性规则与补充性规则的具体分类,提出司法审查的必要性、可能性及具体判断标准。[1] (4)从行政规则制定的角度,提出行政规则的内部备案审查和程序控制的重要意义,从主体、范围、程序等方面规范内部行政备案的设定、实施和救济,实现行政规则程序控制的制度化、法治化。[2] (5)从行政救济的角度,着重论述了对行政规则予以司法审查的必要性,行政规则在行政诉讼中的地位,以及司法审查的强度和标准。[3]

4. 探究政府工作的程序性规则

对政府工作程序的研究主要集中在以下几个方面:(1)肯定政府工作程序是行政程序法的重要研究内容。姜明安教授从行政程序角度简要阐述了改进政府内部运作机制、规范行政内部行为的重要性,批驳了行政法只调整外部行政关系、行政程序法只规范外部行政行为的错误观点,并指出规范政府工作程序有利于解决官僚主义作风问题。[4] (2)探讨行政决策规则的法治化,回顾梳理我国行政决策规则的历史沿革,研究提出推进我国行政决策科学化、民主化、法治化的具体建议。[5] (3)关注内部行政程序的法律规制,从内部行政程序的外部效力和自身特点入手,分析对内部行政程序予以法律规制的极端重要性,并研究法律规制的具体方法。[6] (4)研究中国古

---

〔1〕 李永超:《揭穿内部行政行为之面纱——基于司法实践中"外化"之表达的一种解释框架》,载《行政法学研究》2012 年第 4 期;陈亚雄:《内部行政规则的外部化》,载《市场周刊(理论研究)》2011 年第 5 期;陈恩才:《试论行政规则效力的外部化及司法审查》,载《江苏社会科学》2012 年第 2 期。

〔2〕 朱最新、刘云甫:《法律视角下的内部行政备案研究》,载《法治论坛》2012 年第 2 期;孙宁:《试述行政规则的程序控制》,载《东方论坛》2009 年第 6 期。

〔3〕 易虹:《论行政规定的司法审查》,载《江西财经大学学报》2002 年第 4 期;宋华琳:《论行政规则对司法的规范效应——以技术标准为中心的初步观察》,载《中国法学》2006 年第 6 期;胡建峰:《论行政规则在司法审查中的地位》,载《行政法学研究》2004 年第 1 期。

〔4〕 姜明安主编:《行政程序研究》,北京大学出版社 2007 年版;姜明安:《制定行政程序法应正确处理的几对关系》,载《政法论坛》2004 年第 5 期。

〔5〕 于立深:《论我国行政决策民主机制的法治化》,载《国家行政学院学报》2010 年第 1 期。

〔6〕 何海波:《内部行政程序的法律规制》(上),载《交大法学》2012 年第 1 期;何海波:《内部行政程序的法律规制》(下),载《交大法学》2012 年第 2 期。

代行政程序规则,分朝代论述了中国古代的行政决策程序、行政任命程序和行政公文传递程序。[1]

5. 分析政府组织工作规则

改革开放以来,我国先后于1982年、1988年、1993年、1998年、2003年、2008年、2013年、2018年进行了8次较大规模的行政体制改革。行政体制改革既是法治政府工作规则的重要内容,又对丰富和完善政府工作规则提出了更高要求。对行政体制改革的研究主要集中在历史回顾、成就总结、问题不足、前景展望等几个方面。[2]

6. 研究政府工作评价制度

政府绩效管理的理念来自企业管理,国内学者比较注重对外国绩效管理理论成果和实践经验的引荐,以期收获更多的启示,并且偏重于价值取向、评价指标、评价流程等方面。如在价值取向上,提出了增长、公平、民主、秩序的价值排序;在评价指标上,引入了平衡计分卡,原人事部总结了33项指标;在评价流程上,包括构建指标体系、设计指标权重、建立管理机构、确定评价主体、安排评价实施、评价结果运用6个阶段。注重案例分析,针对青岛、南京、南通等城市政府绩效管理的中国特色典型经验进行介绍和总结。总体而言,国内关于政府绩效管理的研究还是初步的。[3]

---

[1] 柳正权:《中国古代行政程序》,人民出版社2012年版。

[2] 吴丽娟:《我国行政体制改革的历程、困境与路径优化》,载《青海社会科学》2012年第6期;朱江华:《改革开放以来中国行政体制改革:研究综述及其展望》,载《经济研究导刊》2009年第7期;汪玉凯:《中国行政体制改革30年:思考与展望》,载《中共天津市委党校学报》2009年第2期。

[3] 郑方辉、冯健鹏编著:《法治政府绩效评价》,新华出版社2014年版;侯永平主编:《高绩效机关之路:世界银行评价的中国金牌城市——青岛市的实践》,人民出版社2008年版;卓越主编:《政府绩效管理导论》,清华大学出版社2006年版;孟华:《政府绩效评估》,上海人民出版社2005年版;林忠生:《中外学者政府绩效管理研究比较》,载《现代商贸工业》2009年第3期。

二、国外相关研究

1. 依法行政的基本理论

伯恩斯指出,美国联邦政府是由部、独立机构、独立管制委员会和政府所属公司组成的官僚机构。联邦政府工作主要是执行法律,行政裁量体现在两个方面,一方面是制定并实施行政法规,另一方面是政府收入和支出。[1]

A. V. 戴雪在其《英国宪法研究导论》一书中,提炼出了"议会主权"(sovereignty of parliament)和"法治原则"(rule of law)作为英国宪法的支柱。[2] 现今议会主权原则以行政裁判所(administrative tribunals)为代表的行政司法审查制度,越权原则(doctrine of ultra virus)成为政府的"紧箍咒",并演变为不合法(illegality)、不合理(irrationality)、程序不当(procedural impropriety)和违反比例原则(disproportionateness)等具体依据。[3] 马丁·洛克林(Martin Luoghlin)教授明确划分并首次提出了规范主义模式(normativism style)和功能主义模式(functionalism style),系统概括了英国行政法治上的红灯理论、绿灯理论和黄灯理论。[4]

德国尊崇法治,行政权力具有优越地位,行政程序法较早实现了法典化,行政法院形成了对行政权力强有力的司法控制,行政机关会因违反形式与程序、无权限、超越管辖权、实体瑕疵、违反了比例原则、考虑了不相关因素或不正确使用不确定法律概念而受到司法审查。[5]

---

〔1〕[美]詹姆斯·麦格雷戈·伯恩斯等:《民治政府——美国政府与政治》,吴爱明、李亚梅等译,中国人民大学出版社 2012 年版,第 345~426 页。

〔2〕[英]A. V. 戴雪:《英国宪法研究导论》,何永红译,商务印书馆 2020 年版。

〔3〕De Smith, Woolf & Jowell, *Judicial Review of Administrative Action*, Sweet & Marwell, 5nd edition. ,1995.

〔4〕Martin Luoghlin, *Public Law and Political Theory*, Oxford University Press, 1992.

〔5〕[德]汉斯·J. 沃尔夫、[德]奥托·巴霍夫、[德]罗尔夫·施托贝尔:《行政法》(第 3 卷),高家伟译,商务印书馆 2007 年版;刘兆兴等主编:《中德行政法现状》,社会科学文献出版社 1998 年版。

盐野宏教授专门研究了行政规则的外部化现象，认为行政规则的制定主体是行政机关，特点是不产生外部效果，也就是不直接影响公民的权利和义务。行政规则的种类包括组织性的规定、具有特别关系的人的规定、关于行政机关行动基准的规定、补助金交付规则、对行政相对人行政指导基准的书面规定等。[1]

2. 新公共管理理论及政府再造运动研究

美国学者奥斯本、盖布勒将新公共管理理论总结为10项原则，即政府应当发挥催化作用，为社区所拥有，引入竞争机制，具有责任感，讲求工作效果，以顾客为导向，拥有事业心，具有预见性，行政分权，以及服务市场。[2]英国以撒切尔政府和布莱尔政府最为典型。[3] 美国的行政改革围绕创造一个少花钱多办事的政府（简称戈尔报告，即 From Red Tape to Result: Creating a Government That Works Better and Costs Less）而开展。[4] 澳大利亚政府陆续通过了《澳洲文件》《预算改革》等白皮书以及文官改革法（Public Service Reform of 1984）、财务管理改善计划（Financial Management Improvement Program）等法律文件。[5]

3. 行政评价或政府绩效管理的研究

行政评价也叫政府绩效管理，自20世纪以来，发达国家的政府绩效管理大体经历了效率（1900～1940年）、预算（1941～1970年）、管理（1971～1980年）、民营化（1981～1992年）和政府再造（1993年至今）的

---

[1] ［日］盐野宏：《行政法总论》，杨建顺译，北京大学出版社2008年版，第64～70页。

[2] David Osborne & Ted Gaebler, *Reinventing Government: How the Entrepreneurial Spirit is Transforming the Public Sector*, Addison-Wesley Publishing Company, inc., 1992.

[3] William A. Niskanen, *Bureaucracy and Representative Government*, Aldine Transaction, 2007.

[4] Barzelay, *Breaking Through Bureaucracy: A New Vision for Managing in Government*, CA: University of California Press, 1992.

[5] Peters, B. G., *The Future of Governing: Four Emerging Models*, KS: University of Kansas, 1996.

发展历程。[1] Fenwick 认为,绩效管理(Performance Management)是如何执行策略、达成组织目标的过程,政府绩效是一种控制程序、一种政治沟通过程,具有引导作用,是个多维、动态的概念,分为应该做什么、怎么做、效果如何3个层面。绩效指标包括经济、效率、效能、公平等,绩效测量可以运用GPP模型、平衡计分卡(Balanced Scorecard)等手段。[2] 发达国家在政府绩效管理方面的成果较多,但 Nutley & Osborne 也指出,绩效管理基本上是理性主义的产物,行政机关推行绩效管理受到制度、措施、信息和指标等多方面限制。[3]

4. 政府内部控制的研究

政府部门内部控制是世界各国的普遍做法。如美国,1999 年审计总署发布了《联邦政府内部控制准则》;2004 年预算管理局修订了《管理层的内部控制责任》,即著名的 A－123 号通知,形成了较为完整的内部控制体系。美国最高审计机关国际组织(International Organizations of Supreme Audit Institutions, INTOSAI)早在 1984 年就成立了内部控制准则委员会,并推出了《公共部门内部控制准则指南》《测评、报告内部控制有效性指南》等文件。[4] 总体来看,这方面的研究呈现以下几个特点:注重内部控制责任的相关立法;注重发挥多种主体在内部控制中的作用;注重运用和控制现代信息技术;重视与企业内部控制框架的协调;重视政府部门内部审计部门的建设;政府审计在政府部门内部控制建设中扮演了重要的角色。[5]

---

[1] [美]尼古拉斯·亨利:《公共行政与公共事务》,张昕等译,中国人民大学出版社 2002 年版,第 286 页。

[2] Fenwick J., *Managing Local Government*, Chapman & Hall, 1995.

[3] Nutley S. & Osborne S., *The Public Sector Management Hand-book*, Longman, 1994.

[4] IFAC, *Governmance in the Public Sector, a Governing Body Perspective*. 2001; INTOSAI, *Guidelines for Internal Control Standards for the Public Sectors*[z],2004.

[5] [英]特伦斯·丹提斯、[英]阿兰·佩兹:《宪制中的行政机关——结构、自治与内部控制》,刘刚、江菁、轲翀译,高等教育出版社 2006 年版,第 371～388 页;张庆龙:《政府部门内部控制:框架设计与有效运行》,化学工业出版社 2012 年版,第 9～18 页。

第四节 创新价值与研究难点

一、创新价值

作为我国法治政府建设的重要理论和实践课题,以政府工作规则为切入点,加深对这一问题的系统深入思考,具有十分重要的意义,在行政法学研究中具有填补空白、弥补不足的学术价值。本书的创新点主要是:

1. 以行政过程论的视角审视内部行政关系。将行政行为的规范与控制延伸到政府内部,具体到政府工作规则,将行政活动置于政府的动态运转之中,特别是将法治政府与政府工作规则结合起来,从法治政府的视角研究分析政府工作规则,进而探析法治政府背景下政府工作的原理、原则和具体规则,探求政府工作规则的合法性规制之道,具有较大的理论价值和现实意义。

2. 以行政合法性与效能性原则跨学科统合政府工作规则研究。目前,对政府工作规则的研究大多从属于管理学、行政学或者财政学,从行政法学角度进行的理论研究较少,以行政法学为主兼顾其他学科的跨学科研究尤其缺少。本书吸收管理学、行政学和财政学的研究成果,以行政合法性与效能性原则为主线进行跨学科分析,并尝试一些实证研究,从不同的立场和方法研究政府工作规则的实然与应然。

3. 政府工作规则体系的理论构建。本书既研究政府工作规则的基本原理等相对宏观的内容,也研究政府职能与机构改革中的规则问题等中观的内容,还研究政府工作中的行政裁量、行政分权等相对微观的内容,注重理论性与实践性的结合、学术性与可行性的统一。特别是立足法治政府工作的基本内容进行类型化研究,相对系统地分析和构建法治政府的组织工作、决策工作、执行工作、监督工作的规则体系。

4. 探索政府工作规则的合法性规制路径。以法治政府为目标,通过加快行政组织、行政程序和地方性事务立法，完善行政规则备案审查、清理制度以及行政评价规则和政务公开制度，推动针对外部性行政规则和行政权限冲突的司法审查，探究从立法规制、行政自我规制和司法规制3个维度确保政府工作规则合法性的具体路径，以期通过不断完善政府工作规则的合法性规制体系，推动法治政府建设。

二、研究难点

本研究的主要难点在于：一是选题领域较新，写作尺度不好把握；既要吃透用足现有行政法学基本理论，又要探索一些较少研究的领域。二是资料搜集难度较大，一方面，国内政府工作规则实证研究公开资料不多；另一方面，国外政府工作规则受语言和渠道限制，更多一手资料较难直接获取。三是行政法学上关于政府工作规则的理论研究不多，可资借鉴的有益研究成果有限，需要吸收更多其他学科的研究成果，容易滑入行政学或者管理学研究的陷阱。

第二章　政府工作规则的基本理论

政府工作规则,包括法治、法治政府以及政府工作规则等基本范畴,具体规则背后则体现了行政过程论、行政自我规制理论、正当行政程序理论等行政法基本理论,以及特别权力关系理论、新公共管理理论等或受到批判或跨学科的基本理论。法治政府视野下的政府工作规则,无疑应当恪守行政合法性、行政效能性、行政公开性、行政监督性以及行政首长负责等基本原则。

第一节　政府工作规则的基本范畴

一、法治政府

(一)法治的含义

"法治",英文为 rule of law,对于其具体概念,不同的学者有不同的理解,且与人治、"以法而治"(rule by law)相区别,总体上包含以法律规则进行治理、法律拥有最高权威和尊重人权

3层意思。[1]法治作为一种思想经历了非常漫长的发展过程,不少专家学者对其进行过经典界定和阐释,并大体划分为古代法治、近代法治和现代法治3个阶段。古希腊的亚里士多德认为:"法治应包含两重意义:已成立的法律获得普遍的服从,而大家所服从的法律又应该本身是制定得良好的法律。"[2]中世纪以降,自然法和神法学说兴起,圣·奥古斯丁提出了永恒法、自然法和人为法的概念;托马斯·阿奎那进行了永恒法、自然法、神法和人法的划分。近代法治以马基雅维利、博丹、霍布斯、洛克、孟德斯鸠、卢梭、戴雪等为代表,他们适应资本主义萌芽、发展的需要,系统论述了一系列法治思想,并最终形成了一套系统的法治理论及相应的制度安排。比如,戴雪提出了"法治三原则":议会主权、法律至上和法律面前人人平等。[3] 现代法治以拉兹、富勒、哈耶克、罗尔斯等为代表,他们从不同的角度阐述和丰富了法治理论,并从总体上区分为形式法治和实质法治两个类型。拉兹是形式法治的典型代表。[4] 富勒提出了"法治八原则"。[5] 哈耶克认为法治意味着依法行政。[6] 1959年,新德里国际法学家大会综合了当时50多个国家的法官、律师和法学家意见,通过了《法治宣言》,对法治内涵达成了权力源于法律并依法行使、法律尊重人性尊严这两项基本共识。[7]

(二)法治政府的含义

"政府"这一概念通常有两种界定,从广义上理解,政府是一个包括立

---

〔1〕 薛波主编:《元照英美法词典》(缩印版),北京大学出版社2013年版,第1212~1213页。

〔2〕 [古希腊]亚里士多德:《政治学》,吴寿彭译,商务印书馆2008年版,第163页。

〔3〕 A. V. Dicey, *Introduction To the Study of Law of the Constitution*, Macmillan Education Ltd., 10th edition., 1959, p. 202-203.

〔4〕 Joseph Raz, *The Authority of Law: Essays on Law and Morality*, Oxford University Press, 1979. p. 220.

〔5〕 Lon L. Fuller, *The Morality of Law*, New Haven and London, Yale University Press, 1969. p. 46-91.

〔6〕 [英]弗里德里希·冯·哈耶克:《通往奴役之路》,王明毅等译,中国社会科学出版社1997年版,第73页。

〔7〕 *The Rule of Law in a Free Society* (A Report on the International Congress of Jurists, 1959, Geneva, Switzerland).

法、司法和行政机关在内的国家公权力综合体；从狭义上理解，则仅指国家行政机关。如无特殊说明，本书从狭义上来界定政府的含义。就中国而言，政府主要包括国务院、地方各级人民政府及其所属部门。[1]“法治政府”是中国特色的法律用语，其英文为“Government of Laws”，指政府必须依既定的、一贯的法律原则办事，而不应按在位权力者利益行事的基本原则，[2]一般与发达国家的行政法治、法治行政、依法行政相类似。依法行政是各国行政法的一项基本原则。在英国，依法行政体现在行政法的核心原则——“越权无效”原则，政府必须说明行政权力的法律依据，相关的行政相对人可以据此向法院提起诉讼，法院可以超越法定权限为由审查行政机关的违法行为并提供有关救济。[3]在美国，依法行政包括基本权利、正当法律程序以及法院、行政机关、总统、国会、律师等保障法律权威的机构、人员、制度，包括统治者在内的一切人都必须服从法律，政府的行政权力来自法律，必须依据法律的规定行使。[4]美国自马伯里诉麦迪逊案开始，普通法院拥有了对行政机关行政行为的司法审查权。在法国，依法行政主要是指行政机关的组织机构、权限范围、行政手段、工作方式及违法后果均由法律规定，所有行政活动都要严格按照法律要求进行。行政机关还负有保证法律实施的义务，具体包括：一是行政行为必须有法律依据，主要规定在宪法、法律等成文法和行政法院判例中；二是行政行为必须符合法律要求，符合法律规定的方式、程序和目的；三是行政机关要通过积极作为来保证法律的实施。由最高行政法院、上诉行政法院、行政法庭、行政争议庭组成的普通行政法院，以及审计法院、预算和财务纪律法院这两种专门行政法院，共同构成了独具法国特色的行政法院系统。[5]在德国，依法行政原则起源于法治国(Rechasstaat)

[1] 魏娜、吴爱明：《当代中国政府与行政》(第3版)，中国人民大学出版社2012年版，第2页。
[2] 薛波主编：《元照英美法词典》(缩印版)，北京大学出版社2013年版，第608页。
[3] [英]威廉·韦德：《行政法》，徐炳等译，中国大百科全书出版社1997年版，第43页。
[4] 王名扬：《美国行政法》(上、下)，北京大学出版社2007年版，第110~119页。
[5] 王名扬：《法国行政法》，中国政法大学出版社2007年版。

的思想,主要是指行政行为受到议会法律和司法的双重控制,违法受追究。法律优先原则,是指因为立法机关是民意代表机关,立法机关所制定的法律在效力上要优越于行政命令。正如奥托·迈耶所言,“以法律形式出现的国家意识依法优先于所有其他形式表达的国家意志;法律只能以法律的形式才能废止,而法律却能废止所有与之相冲突的意志表达,或使之根本不起作用”[1]。法律保留原则,是指有些事项只能由法律来规定,或者根据法律的授权来实施,否则无效。在日本,依法行政往往被表述为“依法律行政的原理”,也称为“法治主义”,包括法规范创造力、法律的优先、法律的保留3个具体原则;特别是法律的保留原则在日本有不同的理解,侵害保留原则是自由主义意识形态所支持的观点,全部保留理论则是民主主义推崇的观点。有的见解则认为给付行政也需要法律根据(社会保留理论),还有的主张只要采取权力性行为形式就必须有法律根据(权利保留理论)。[2] 而南博方教授认为,日本法治行政的原理包括法律的保留、法律的优位和程序性保障3个原理。[3]

在我国,法治与法治政府通常联系在一起,是一对无论在理论上还是实践中均无法截然分开的统一体。虽然春秋战国时期就提出了“法”的概念,而且在长期的封建社会中基本奉行外儒内法的统治方式,但真正现代意义上对法治的追求却始于清末富国强兵的洋务运动和戊戌变法;中华民国的成立标志着这一阶段法治建设的高潮。中华人民共和国成立以来,法治概念的提出和确立经历了一个比较曲折的发展过程,特别是改革开放后经过了依法办事、依法行政、依法治国、法治政府、法治中国等不同的提法,通过表1可以有一个比较直观的了解。

---

〔1〕[德]奥托·迈耶:《德国行政法》,刘飞译,商务印书馆2002年版,第70页。
〔2〕[日]盐野宏:《行政法总论》,杨建顺译,北京大学出版社2008年版,第44~51页。
〔3〕[日]南博方:《行政法》(第6版),杨建顺译,中国人民大学出版社2009年版,第6~8页。

表1 改革开放以来法治发展的阶段性标志

时间	会议或文件	标志性论述
1978年	党的十一届三中全会	首次明确“依法办事”的具体要求，即有法可依、有法必依、执法必严、违法必究
1979年	《中共中央关于坚决保证刑法、刑事诉讼法切实实施的指示》	首次使用“法治”概念
1993年	第八届全国人大第一次会议审议的《政府工作报告》	首次提出“依法行政”概念
1993年	党的十四届三中全会	首次提出“依法行政”的政府工作目标
1996年	第八届全国人大第四次会议制定通过的《国民经济和社会发展“九五”计划和2010年远景目标纲要》	首次提出“建设社会主义法制国家”“依法治国”等概念
1997年	党的十五大	首次确立“建设社会主义法治国家”
1999年	第九届全国人大第二次会议	“依法治国”“建设社会主义法治国家”庄严入宪
1999年	《国务院关于全面推进依法行政的决定》	首次阐明了依法行政与依法治国的关系
2004年	第十届全国人大第二次会议审议的《政府工作报告》	首次提出“法治政府”的概念与目标
2004年	《全面推进依法行政实施纲要》	对建设法治政府进行了系统规划
2008年	《国务院关于加强市县政府依法行政的决定》	明确提出了推进市县政府依法行政的改革要求
2010年	《国务院关于加强法治政府建设的意见》	全面指导我国法治政府建设的纲领性文件
2013年	党的十八届三中全会通过的《中共中央关于全面深化改革若干重大问题的决定》	首次提出法治中国建设的战略任务

续表

时间	会议或文件	标志性论述
2014 年	党的十八届四中全会通过的《中共中央关于全面推进依法治国若干重大问题的决定》	系统提出了全面依法治国的指导思想、总体目标、基本原则、总体布局和重点任务，并专门部署加快法治政府建设
2015 年	中共中央、国务院印发《法治政府建设实施纲要（2015—2020年）》	明确了到 2020 年基本建成法治政府的指导思想、总体目标、基本原则、衡量标准
2016 年	中共中央办公厅、国务院办公厅印发《关于推行法律顾问制度和公职律师公司律师制度的意见》	全面推进政府法律顾问制度
2018 年	党的十九届三中全会，第十三届全国人大第一次会议	修改《宪法》，实施党和国家机构改革，设立国家监察委员会和中央全面依法治国委员会
2019 年	《国务院办公厅关于全面推行行政执法公示制度执法全过程记录制度重大执法决定法制审核制度的指导意见》	遏制乱执法、野蛮执法、粗暴执法和执法不作为等突出问题，提升严格规范公正文明执法水平

与此同时，我国理论界也将依法行政上升到了行政法基本原则的高度。罗豪才教授认为，行政法治原则是法治原则在行政法领域中的应用，是行政法和行政法学研究必须遵循的基本原则。[1] 法治政府作为依法行政原则的具体体现，也成为理论界和实务界的一种通俗表达。杨海坤等教授围绕“需要一个什么样的政府”这一核心问题，以善恶兼备的人性假设、权力与权利对立统一的法理基础、制约权力保障权利的宪治精神为基础，通过动态考察行政与法的关系，提出了政府依法律产生、由法律控制、依法律善治、对法律负责，建设民主型政府、有限型政府、善治型政府、责任型政府及平权型政府

〔1〕 罗豪才主编：《行政法学》，中国政法大学出版社 1989 年版，第 37～39 页。

的“政府法治论”。[1] 改革开放以来，作为理论与实践相结合的产物，我国依法行政的法规范保障体系也逐步建立健全，特别是《地方各级人民代表大会和地方各级人民政府组织法》(1979年)、《宪法》(1982年)、《行政诉讼法》(1989年)、《国家赔偿法》(1994年)、《立法法》(2000年)、《行政许可法》(2003年)、《公务员法》(2005年)、《行政强制法》(2011年)等为我国法治政府建设提供了基本框架。

(三)法治政府的特征

关于法治政府的特征，不同的学者有不同的观点。罗豪才等教授认为，法治政府包括6个方面的基本要求，即行政合法、行政合理、程序正当、高效便民、诚实守信、权责统一，能够满足体制清晰、尊崇法治观念、法律制度健全、决策合法合理、权力监督和有效纠纷化解等基本条件，特别是要能够将法治的普遍性与特殊性、规范性与理性、过程正当性与结果最优性、传统与现代等不同要素有效整合起来。[2] 姜明安教授认为，法治政府是集保障人权、有限政府、控制权力、服务公众、诚实守信、阳光透明、责任明晰、依法办事解纷“八位”于一体的政府，其重心是规范和控制公权力。[3] 朱维究教授认为，法治政府包括组织法定、职权法定、程序法定、行为法定、责任法定，其基本特征是讲责任、讲诚信、公开透明、讲求效能，而服务型政府则是法治政府的职能定位。[4] 马怀德教授认为，法治政府是有限有为的、透明廉洁的、诚信负责的、便民高效的政府。[5] 概括起来，法治政府的基本特征主要包括6个方面：一是坚持法律保留原则，依法行政；二是坚持比例原则，合理行政；三是坚持正当程序原则，程序正当；四是坚持行政效率原则，高效便民；五是

---

[1] 杨海坤、章志远：《中国行政法基本理论研究》，北京大学出版社2004年版；杨海坤、章志远：《中国特色政府法治论研究》，法律出版社2008年版。

[2] 罗豪才、宋功德：《链接法治政府——〈全面推进依法行政实施纲要〉的意旨、视野与贡献》，载《法商研究》2004年第5期。

[3] 姜明安：《规范和控制公权力是建设法治政府的重心》，载《小康》2012年第10期。

[4] 贾凌民、姜明安等：《法治政府建设有关问题研究》，载《中国行政管理》2012年第4期。

[5] 马怀德：《法治政府特征及建设途径》，载《国家行政学院学报》2008年第2期。

坚持信赖保护原则,诚实守信;六是坚持行政监督原则,权责一致。因此,我国法治政府建设的主要内容应当包括加强和改进行政组织机构、健全和完善行政决策机制、规范和控制行政执行裁量、严格行政内部制约与监督问责、完善政务公开等。[1]

二、政府工作规则

(一)政府工作规则的含义

关于何为政府工作规则,目前学术界尚未达成统一权威的共识。有的学者认为,政府工作规则就是关于行政活动或政府工作的规范和程序,属于行政程序法规范。[2] 有的学者则认为,政府工作规则是政府对自身行政活动所确立的,包括实体和程序等在内的各方面工作的要求。[3] 但行政程序是政府工作规则的重要组成部分,并非唯一组成部分,行政组织、行政执法、行政裁量、行政救济、行政监督等实体性内容在政府工作规则中占有很大比重,甚至对行政程序产生决定性影响。从广义上理解,政府工作规则是指在法的统治下,中央和地方各级政府为了实现自身工作的规范化、制度化、法治化,根据《宪法》和有关法律规定,在自身权限范围内,制定实施的关于政府工作目标、工作原则、职能机构、决策程序、裁量控制、工作监督等方面工作内容的规范总称。政府工作规则涵盖的具体内容十分丰富,既包括政府工作目标、工作原则、职能机构等组织性工作规则,也包括行政决策、裁量基准、公文审批、会议制度等程序性工作规则,还包括工作作风、纪律监督、督促落实等监督性工作规则。政府工作规则是各级政府在日常工作中所遵循的准则和规范,是政府内部运转的行动指南,是政府自我规制的重要形式,

---

[1] 石佑启、黄新波:《我国大部制改革中的行政法问题研究》,知识产权出版社 2012 年版,第 53~58 页。

[2] 叶必丰:《政府工作规则浅议》,载《法商研究》1989 年第 3 期。

[3] 参见法制网,http://www.legaldaily.com.cn/misc/2005-05/28/content_144798.htm。

在一定程度上直接决定了行政行为的合法性、合理性。政府工作规则的制定和实施情况，直接反映政府工作的规范化、制度化、法治化程度，直接影响法治政府建设的进展，从而在更基础的地位上影响行政相对人的权益，因而是行政法学研究的重要内容。

(二)政府工作规则的历史沿革

中华人民共和国政府工作规则随着中央人民政府的诞生而逐渐确立，只不过那时没有被称为“政府工作规则”，而且最初的政府工作规则大多是组织工作规则，其源头是1949年9月中国人民政治协商会议通过的《共同纲领》和《中央人民政府组织法》，特别是后者明确规定了政务院的行政组织体系，其中包括设立4个委员会和30个部、会、院、署、行，初步明确了政务院的组织结构、职责任务、人员编制与人事安排，确立了中华人民共和国政府工作的基本规则体系，后来我国政府工作规则的许多内容都可以在其中找到渊源。时任政务院总理周恩来在《关于政务院的成立和政府机关的组织与干部问题》中指出，中央人民政府领导政务院，主要负责各项国家事务工作，其组成人员包括1名总理、4名副总理、1名秘书长和15名政务委员。[1] 根据《中央人民政府组织法》的规定，定期召开会议是政府正常运转、实现对行政工作统一领导的主要方式之一。[2] 政务会议是政务院中最重要的会议，是政务院建成后正式运转的重要标志，政务会议规则也成为最早明确的政府工作规则之一，其主要规则包括会议频次(每周一次)，召集人(总理)，提前或延期请求权(总理或1/3以上政务委员要求)，会议人数(过半数开会，出席人员过半数才能通过决议)，会议任务(通过决议和命令)，组成人员(共21人，包括总理、副总理、秘书长和政务委员)，扩大政务会议(参会人员扩大到各委、部、会、院、署、行的主要负责人)。[3] 同时，还通过组织其他各种类

[1] 马永顺:《周恩来组建与管理政府实录》，中央文献出版社1995年版，第5页。
[2] 《中央人民政府组织法》第10条。
[3] 马永顺:《周恩来组建与管理政府实录》，中央文献出版社1995年版，第5页。

型的会议,讨论决定有关问题,各所属机关也参照政务会议设立了相应的委务会议、部务会议、会务会议或院务会议。除会议制度外,政务院还陆续制定并颁布了一系列组织通则、工作条例和编制规定,包括《政务院及其所属各机关组织通则》《大行政区人民政府委员会组织通则》《政务院指导接收工作委员会工作条例》《政务院组织条例》《关于统一全国各级人民政府党派群众团体员额暂行编制(草案)》《中央人民政府政务院关于任免工作人员的暂行办法》《政务院人民监察委员会试行组织条例》《海关总署试行组织条例》等,具体规定了政务院及地方各级人民政府的职责权限、行政关系、机构设置、人员编制等重要问题,共同构成了中华人民共和国成立之初的政府工作规则。[1]

1954 年,第一届全国人民代表大会对我国政治体制和行政体制进行了重新架构,国务院取代了政务院,中华人民共和国成立之初的中央人民政府—政务院所组成的二级政府体制向国务院一级政府体制转变,进一步明确了国务院的组织机构设置及产生办法、人事任用、会议制度、任免权限等重大问题。国务院与政务院在政治地位、领导体制、组织结构、机构设置、职权范围、人员构成、工作规则等方面均有很大不同。[2] 随后,国务院规范了政府公文、会议、工作报告制度,并初步建立健全了相关的工作规则。关于公文规则,时任国务院总理周恩来曾作出批评,指出“文字含糊不清楚、笼统而不明确,错杂而不准确;文法混乱无条理,错误或不通;文意常不合逻辑,更缺少辩证;文风则生硬僵化,不生动活泼”等问题,并责令加强公文规范性。[3] 关于报告工作,在加强向中共中央报告工作的同时,1955 年 6 月国务院全体会议通过了《国务院关于各省、自治区、直辖市人民委员会工作报

---

〔1〕 徐行编著:《新中国行政体制的初创——周恩来与中央政府筹建管理述论》,当代中国出版社 2013 年版,第 39 ~ 43 页。

〔2〕 参见《国务院组织法》。

〔3〕 中共中央文献研究室编:《周恩来年谱(1949—1976)》(上卷),中央文献出版社 1997 年版,第 455 页。

告制度的规定》和《国务院关于所属各部门工作报告制度的规定》,明确了政府部门工作报告规则。[1] 关于会议制度,1955 年 10 月国务院常务会议上,周恩来总理主持通过了关于国务院工作制度规范化与制度化的规定,具体内容为:一是定期召开国务院常务会议,时间暂定为每星期三下午;二是会议内容增加传达中央书记处和毛泽东同志的若干重要决定或指示;三是各办公室主任汇报主管部门工作情况,可以视为国务院工作规则的雏形。[2]

改革开放以来,政府工作逐步恢复正常,并不断走向规范化、制度化、法治化。1980 年 4 月,国务院常务会议讨论通过了《国务院的几项工作制度》,内容包括请示报告、分工负责、文件审批、工作程序等,后来政府工作规则中的许多规定都能在这个文件中找到影子。1988 年 4 月,国务院首次制定正式的《国务院工作规则》(国务院常务会议讨论通过)主要内容包括会议制度、文件审批制度、社会协商对话制度等 5 个方面。此后,历届政府根据形势任务的变化及时予以修订,迄今共修订了 8 次,分别为 1993 年、1998 年、2003 年、2004 年、2005 年、2008 年、2013 年、2018 年。总的来看,每一次修订都各有特点和侧重,体现了特定的时代背景,融入和反映了每一届政府的施政理念。特别是最近十余年,2003 年版《国务院工作规则》,将依法行政提升到基本工作准则的高度。2005 年版《国务院工作规则》包括 10 章内容。2008 年版《国务院工作规则》共分 11 章,增加了政务公开和廉政建设的内容,明确了国务院常务会议频次和任务,首次提出促进基本公共服务均等化、行政法规实施后要进行评估、推行行政责任追究制度和绩效管理制度等,全文近 4700 字。[3] 2013 年版《国务院工作规则》全文达到了 6600 字,

---

〔1〕 中共中央文献研究室编:《周恩来年谱(1949—1976)》(上卷),中央文献出版社 1997 年版,第 487 页。

〔2〕 中共中央文献研究室编:《周恩来年谱(1949—1976)》(上卷),中央文献出版社 1997 年版,第 511 页。

〔3〕 《国务院关于印发〈国务院工作规则〉的通知》(国发〔2008〕14 号),载中国政府网,http://www.gov.cn/zwgk/2008-03/25/content_928129.htm。

并具体细化成了 11 个章节，全面规定了国务院组成人员及其职责、政府职能、依法行政原则、科学民主决策原则，以及政务公开、监督、会议、公文审批、工作纪律、政风廉政等重要制度。[1] 最新版《国务院工作规则》于 2018 年 6 月 25 日印发，篇幅达到了 7302 字，包括 11 章 64 条，根据党和国家机构改革最新进展情况，进一步明确政府职能主要包括建设现代化经济体系、完善宏观调控、依法严格市场监管、加强社会管理制度和公共服务、加强生态环境保护和持续深化“放管服”改革等方面。

在《国务院工作规则》的示范下，国务院各部委以及省级、市级、县级政府及其职能部门几乎都制定了自己的工作规则。如 2008 年版《环境保护部工作规则》，全文 9680 字，包括了总则、领导职责、科学民主决策、依法行政、政务公开、健全监督制度、廉政建设、工作安排及检查、会议制度、公文审批制度、其他基本工作制度、作风纪律、附则共计 13 章 69 条，仅会议制度就规定了 13 条。除此之外，环境保护部还制定了一系列与之相配套的工作规则，包括职责划分、会议活动管理、政务信息与督查工作、公文档案与保密工作、电子政务与信息化工作、环境信访及政务公开、人事管理工作、新闻宣传及外事管理、内部管理与安全保卫、党建工作与廉政建设、预算资产财务管理及其他等。因此，本书强调从广义上理解政府工作规则，既包含政府机关以工作规则命名的规范性文件，也应当包含政府机关制定实施的关于职能机构、内部运转、决策执行、纪律监督等方面具体内容的方案、办法、规程、意见、规定、细则，它们共同构成政府工作的规则体系。

(三)政府工作规则的法源

政府工作规则的法源是指政府工作规则的存在形式，也就是政府工作规则的载体形式。从总体上来看，政府工作规则一般法源形式包括了制定法、判例法、习惯或者惯例、行政法理以及条约、协定等。虽然政府工作规则

---

〔1〕《国务院关于印发〈国务院工作规则〉的通知》(国发〔2013〕16 号)，载中国政府网，http://www.gov.cn/zwgk/2013－03/28/content_2364572.htm。

的法源多种多样，相互关系和效力位阶也比较复杂。而在制定法中，宪法具有最高的法律地位，法律的位阶次之，法规、规章的位阶又次之。但是，法源效力的位阶不是绝对的，虽然成文法在位阶上优于不成文法，但成文法在立法时，往往是以法理和法的基本原则为根据；成文法在适用时，也必须考虑法理和法的基本原则。[1] 由于我国是成文法国家，政府工作规则的法源一般只限于成文法，比较重要的包括以下 6 类：

一是《宪法》。《宪法》是我国最高位阶的法源。我国《宪法》明确规定，国家维护社会主义法制的统一和尊严，一切法律、行政法规和地方性法规都不得同《宪法》相抵触，一切国家机关和武装力量、各政党和各社会团体、各企业事业组织都必须遵守《宪法》和法律。[2] 这构成了政府工作规则合法性规制的总前提。《宪法》作为政府工作规则的法源，确定了政府工作规则的基本规范，包括行政管理活动基本原则的规范，国家行政机关组织、基本工作制度和职权的规范，国家行政区域划分和设立特别行政区的规范，公民基本权利和义务的规范，保护外国人合法权益和外国人义务的规范，各类经济组织和个人权利、义务的规范，国家教科文卫等各项事业方针政策的规范，等等。

二是法律。法律作为政府工作规则的法源，包括由全国人民代表大会制定的基本法律，如《国务院组织法》《地方各级人民代表大会和地方各级人民政府组织法》等，也包括由全国人民代表大会常务委员会制定的一般法律，如《治安管理处罚法》《食品卫生法》等。此外，政府工作规则还或多或少包含在某些部门法中。比如，《民法典》中关于结婚登记的规范就属于政府工作规则，《商标法》中关于商标登记、管理、争议裁决的规范也是政府工作规则。

---

〔1〕 姜明安主编：《行政法与行政诉讼法》，北京大学出版社、高等教育出版社 1999 年版，第 28 ~ 37 页。

〔2〕 《宪法》第 5 条。

三是行政法规(包括地方性法规与自治条例、单行条例)。行政法规是国务院依照《宪法》授权制定的规范性法律文件,广泛调整国家经济、社会、文化等方面的行政社会关系,数量较多,是政府工作规则的主要渊源。民族自治地区的自治条例、单行条例和经济特区的地方性法规,可以变通为行政法规的某些规定,是宪法和法律规定的特殊情况。

四是行政规章。行政规章包括部门规章和地方政府规章,前者是指国务院各部委和某些部门发布的规则,数量比行政法规更多,调整广泛的社会关系;后者是指省、自治区、直辖市人民政府,省、自治区人民政府所在地的市和国务院批准的较大的市以及经济特区市的人民政府制定的规章,涉及公安、民政、城市管理、财税、教科文卫等行政管理领域。

五是行政规定。行政规定是指除了行政法规、行政规章之外的,行政机关制定和发布的具有普遍约束力的行政规范性文件。行政规定的效力位阶远远低于前面几种渊源,但是由于其往往是前述几种渊源的具体规定,工作指导性和实际操作性比较强,因此数量极其庞大。而且从形式上看,许多政府工作规则往往表现为具体的行政规定。在此意义上,行政规定成为政府工作规则的“外衣”。

六是行政惯例。行政惯例是指行政机关实施行政行为的某种习惯,通常只作为行政规则的实质法源而不作为形式法源。英美法系国家,特别是英国,行政惯例在行政法法源中占有比较重要的地位,而在法国、日本等大陆法系国家,行政惯例作为法源的情况比较少,且在行政惯例相对固定后,往往以判例法或成文法取而代之。在我国,行政惯例作为不成文的政府工作规则,在政府工作中大量存在,许多政府工作规则本身就是行政惯例的成文化。

(四)小结

对于政府工作规则,可以形成以下几点基本认识:从特点上来讲,政府工作规则具有规范性、具体性、明确性、可操作性等特点,可以作为政府工作的直接依据。从实质法源上讲,政府工作规则主要来自《宪法》和法律的具体化、公共政策和行政命令的规范化、公平正义效能原则的实定化、行政惯例和行政习惯的成文化等,其中最为主要的法源是《宪法》法律、公共政策和行政惯例。从形式法源上来讲,政府工作规则与行政规范、行政规则既相互联系,又相互区别。政府工作规则作为行政规范之一种,通常表现为行政机关制定实施的行政法规、行政规章及其他行政规范性文件,特别是其他行政规范性文件(也称行政规则)是政府工作规则最常见的表现形式,但也是合法性规制较为薄弱的方面。从内容上来讲,政府工作规则调整的主要是行政内部关系,包括行政机关之间以及行政机关与国家公务员之间的关系,但这些内部行政关系具有明显的外部性,因此具有司法审查的必要性。从结构上划分,政府工作规则包括组织性工作规则、决策性工作规则、执行性工作规则、监督性工作规则等类别,其中组织性工作规则主要涉及政府的职能与机构,决策性工作规则影响行政决策的目标取向、辅助手段和程序控制,执行性工作规则的任务在于通过裁量基准等制度手段控制裁量权滥用以确保行政决策贯彻落实,监督性工作规则主要是通过行政内部制约和责任追究确保政府工作的合法规范运行。从作用上来讲,政府工作规则既是宪法、法律等法规范的具体化,也是行政自我规制的重要形式,还是司法审查的有益参照。

第二节 政府工作规则的基本原理

任何一项具体的政府工作规则背后,都有其深厚的法学及相关学科理论依据。政府工作规则的基本原理能够指导我们深入开展对政府工作规则的研究,并对现实依据进行权威性的解释。政府工作规则涉及的基本原理很多,比较重要的主要包括以下几项。

一、行政过程论

行政过程论,是最早在日本兴起的行政法学新理论。第二次世界大战结束后,面对公共行政实践与现代行政法律制度迅速发展所提出的一系列新情况、新问题,以及美国、德国等行政法学的新发展,远藤博也、盐野宏等日本行政法学者通过批判传统行政法学理论,从不同的视角提出了行政过程论的观点。代表性的著作包括佐藤英善的《行政法总论》(1984 年)、远藤博也的《实定行政法》(1989 年)、盐野宏的《行政法第一部讲义》(上)(1989 年)、原田尚彦的《行政法要论》(1998 年)等。园部逸夫最早对行政过程的概念作出界定,指出行政过程是行政机关各种行政行为所构成的程序连锁。远藤博也提出了"多元性问题发现论",认为行政法学应当展现行政过程中的矛盾问题,并以此为起点研究行政活动过程中的具体法律关系,包括了立法过程、行政过程、司法过程,而不能像过去那样仅仅提供解答疑问的系统架构。[1] 盐野宏提出了"动态性法律关系论",明确主张将动态考察的方法引入行政法学研究,认为应当将行政法律关系的形成与消灭过程作为重心,在一个动态过程中来把握行政法律关系。[2] 山村恒年则主张"合理性裁量论",进一步细化了行政意志决定的动态过程,将行政过程具体划分为行政目的、认识行政规范、认定行政事实、作出预测、进行评价、从中选择和最终决定等若干环节,并在此基础上分析不同阶段的合理因素。行政过程论的共同观点认为,传统的行政法学偏重司法审查,偏重行政行为,主要从静态视角分析行政活动。但在现实的行政中,各种行为形式都不是孤立的,而是经常联系在一起,外观上表现为一个统一的整体。因此,行

---

〔1〕 [日]远藤博也:《行政过程论的意义》,载《北大法学论丛》(第 27 卷),第 229、258 页。转引自鲁鹏宇:《日本行政法学理构造的变革——以行政过程论为观察视角》,载《当代法学》2006 年第 4 期。

〔2〕 [日]盐野宏:《行政法总论》,杨建顺译,北京大学出版社 2008 年版,第 56 ~ 58 页。

政法学必须将行政过程中的各种行为形式全盘纳入视野，着重研究由不同的行政行为的“点”构成的“线”和“链”及其“面”和“体”，并加以全面、动态的考察。[1]

针对行政过程论，日本行政法学界在肯定的同时，从不同角度进行了批判。比如，藤田宙靖教授认为，“行政过程论，虽亦主张依法行政原理，然而亦隐藏有朝向基本上脱离行政之法律适合性要求之方向发展之可能”；高田敏教授则认为，行政过程是事实概念，而非法律概念，行政过程论会导致行政活动偏向正当化的方向，偏离依法行政的方向；兼子仁教授认为该观点还处于初期阶段，远没有形成完善的理论，“其仍未架构完成解答问题之体系”。虽然不乏批评的声音，但由于行政过程论较为贴近真实的公共行政，因而具有很强大的生命力，并迅速由日本扩展到其他国家和地区，给行政法学带来一种全新的变革。

中国行政法学者介绍了日本行政过程论，并结合中国实际进行了创新。有的学者认为，行政过程是指相关联的连续行政行为所构成的统一整体，包括行政过程的目的、手段、主体、形式等要素。[2] 有的学者分析了行政过程模式类型、特点及其选择，研究了行政主体、行政相对人、监督主体等现代行政过程的参加人，评析了现代行政过程应当坚守的价值与原则，并从行政程序、行政责任和行政救济 3 个维度对现代行政过程进行了制度构建。[3] 有的学者提出，行政过程论的核心观点是全面的方法和动态的视角，既然是“全面考察”，就应当将行政内部行为、各种未类型化行政行为及其他各种事实行为等纳入行政法学的视野；既然是“动态考察”，就应当在对行政过程中的各种行为形式进行分别考察的基础上，更加注意行政过程中各种要素之

---

〔1〕 湛中乐：《现代行政过程论——法治理念、原则与制度》，北京大学出版社 2005 年版，第 6 页。

〔2〕 朱维究、胡卫列：《行政行为过程性论纲》，载《中国法学》1998 年第 4 期。

〔3〕 湛中乐：《现代行政过程论——法治理念、原则与制度》，北京大学出版社 2005 年版。

间的关联性。[1] 我们应当立足于传统行政法学理论,以行政过程论的核心观点为基础,注意把握公法与私法区分的相对性、形式法治主义到实质法治主义的转化等新特点,针对行政法学体系架构、具体法律关系、行政行为理论以及方法论方面存在的问题,进一步发展完善行政过程论。

就政府工作规则而言,行政过程论的分析视角无疑非常重要。过去,由于我国行政法学研究中相对缺乏行政过程论指导,长期将以政府工作为代表的行政内部行为排除在研究视野之外,或者说未给予充分的重视。结果导致行政法学研究中存在一种断裂的现象,即将更多的关注放在了行政行为的结果上,而忽视了对行政行为作出过程的控制,这也从另一个侧面阐明了我国行政程序法研究相对滞后的原因。而事实上,政府工作规则本身便是一个行政过程中的概念。因为行政过程就是由一系列相互关联的政府工作连接在一起所形成的,每一个行政行为的作出都是由一项项具体的政府工作共同作用的结果,而政府工作规则则为各个程序环节和发展阶段提供了最直接的黏合剂。行政过程论较好地阐明了行政权力运行的过程性,行政法作为控制和规范行政权的法,必然也体现为一种过程中的控制,从而使这种过程控制既体现为一种结果,也体现为一种手段。[2]

二、行政自我规制理论

“规制”一词是个“舶来品”,也称管制、统制等,源于英文 regulation 或者 regulatory constrain,最早由日本学者翻译而来,基本含义是“特定的行政主体依据法律规范而对微观经济主体的活动进行的规范、制约活动”,强调以法规范为前提的约束和制约。[3] 由于政府是规制权力的最主要行使者,因

[1] 江利红:《行政过程论研究:行政法学理论的变革与重构》,中国政法大学出版社 2012 年版,第 207 ~ 212 页。
[2] 朱维究、胡卫列:《行政行为过程性论纲》,载《中国法学》1998 年第 4 期。
[3] 杨建顺:《论经济规制立法的正统性》,载《法学家》2008 年第 5 期。

此，规制一般又称作“政府规制”或“行政规制”，是指行政主体通过规范性手段，对行政相对人实施的干预和调控行为。[1] 由于行政规制具有行政权力干预市场和社会的强制色彩，直接涉及行政相对方的切身利益和社会公共利益，而且往往被赋予了较宽的行政裁量权，一旦行政规制实施不当，必然会造成消极的后果。因此，对于行政规制本身也存在一个规范、控制和监督的问题，以确保政府能够谨慎地行使行政规制及其裁量权。控制行政规制的手段是多种多样的，既包括立法、司法等政府之外的专门主体通过立法程序和司法程序进行的监督控制，也包括执政党、新闻媒体等社会主体通过党内法规纪律、社会舆论等进行的监督控制，当然也包括行政机关自身所进行的监督控制。特别是在没有法律强制要求的情况下，行政机关自己主动通过规范权力运转、完善制度设计和工作安排而制约规制权行使，是控制规制裁量权行使最直接、最有效的方式，也是行政机关寻求和提升自身合法性与正当性的一种必要装置。

行政自我规制（self-regulation），是指行政机关为了进一步规范行政行为，确保行政权力的行使符合法的目的，在法律规定的范围内主动设定并自觉遵守更加明确具体的行政标准和规则的一种自律手段。[2] 行政自我规制是随着经济社会发展加强和改进行政控权方式的一种新发展，也是弥补行政系统之外的外部力量对行政权进行控制的缺陷的需要，具有很强的社会学、伦理学、法学和传统文化基础。其特征包括：首先，行政自我规制是行政主体的自我拘束，具有鲜明的自律性和主动性。行政机关通过自觉设定并主动遵循这些限制自身行政行为的规则、程序或制度，以保障行政相对人合法权益、促进公共利益的实现。其次，行政自我规制的对象主要是行政裁量

---

〔1〕 王叶臣：《行政法视野下政府规制改革的比较法研究》，载《河北大学学报（哲学社会科学版）》2014 年第 4 期。

〔2〕 史全增：《铁路运营政府规制的法律问题研究》，中国人民大学 2013 年博士学位论文，第 133 页。

权的合理性。行政机关由于兼具丰富的实践经验和专业的业务管理,更清楚行政权力合理行使的规则和程序。最后,行政自我规制在手段上更多地依赖规范性,而非单纯的道德要求或者随意性选择,行政规则是其最重要的表现载体。

行政自我规制的手段,一般包括行政内部分权、行政裁量基准、行政惯例、绩效管理、规制影响分析等,不同的自我规制路径有其不同的特点和优势。行政内部分权是行政主体基于自我控制的需要,自发地将行政权力予以分割,并通过内部相互之间的制约和监督控制行政权力的制度手段。行政内部分权一般包括纵向和横向两种状态:纵向一般是指中央与地方、上级与下级之间的权力划分;横向分权则指同级政府不同职能部门或者同一部门不同机构之间的权力划分。行政裁量基准,是指行政机关在法定裁量空间内,基于对法的理解和行政经验,而对行政裁量设定的更加明确、具体、细化的判断标准。[1] 行政裁量基准在实践中大多以"指导意见""工作规则""实施细则""实施办法""裁量标准"等称谓,体现在操作实务、行政指南、工作准则、会议纪要、行政手册和培训材料等规范和非规范性文件中。行政惯例制度,主要是指行政主体在总结长期行政经验的基础上,形成一些符合行政规律的惯常做法,并要求行政工作人员在相同或类似情景中予以沿用和传承的制度手段。行政惯例一般通过行政先例示范、行政标准操作、内部行政规则等方式予以操作。所谓绩效管理,是指行政主体通过评价行政行为的实绩、效益、效率、效果等不同表现,并以此作为考核奖惩依据、控制行政活动的一项制度。绩效管理通过对行政过程和行政效果的监控,来衡量行政效率和行政成本,是政府再造的有效手段。所谓规制影响分析,是对拟定的或已经发布的规制政策和方案产生的影响进行分析和评估的政府决策工具,其适用范围包括规制政策和方案酝酿、规制方案形成和规制实施后的全

[1] 周佑勇:《行政裁量的治理研究:一种功能主义的历程》,法律出版社 2008 年版,第 57 页。

过程，分析对象包括法律法规、规章、政策、措施、制度等具有普遍约束力的政府行为和规则。[1] 此外，还有行政备案、报告、检查、督办等纪律监督。

现在，行政自我规制已经成为行政法学领域的一个重要基础性理论，政府工作规则属于行政自我规制的一种典型做法，是行政自我拘束的一种规范化表现。如2020年《国家铁路局工作规则》，不但明确了国家铁路局的指导思想、工作准则和领导职责，而且通过详细的会议制度和公文审批制度规范了行政决策程序，通过严格请示报告制度、领导干部外出备案制度、廉政和作风建设等，为国家铁路行政管理工作规范化、制度化和科学化提供了基本遵循。

三、正当行政程序理论

程序，是人们为了达到一定目标所经历的长短不等的过程。法律程序，是指按照一定的方式、步骤、时间和顺序作出法律决定的过程。行政程序，是指行政机关在行政管理活动中所必须遵循的步骤、方式、时限和顺序，其本质上是行政行为空间和时间表现形式的有机结合。[2] 行政程序除本身所具有的技术含义外，还被赋予了规范权力正当行使以保护人权的含义，实质上是一种正当法律程序。

正当法律程序最早适用于司法领域，特别是刑事司法领域；当行政权力日益扩张导致公民权利屡受侵害后，该规则被引用到了行政领域，成为包括行政法在内的公法基本原理。正当法律程序在行政法中通常称为正当行政程序，对于该原理的具体内容和要求，各个国家和地区的认识并不完全一致。

由于我国重实体轻程序的法制传统悠久深厚，因此在建设法治政府的进程中，建立中国特色的行政程序法、实现行政权力运行的程序化，一直是

---

〔1〕 吴浩、李向东编：《国外规制影响分析制度》，中国法制出版社2010年版，引言。

〔2〕 姜明安主编：《行政法和行政诉讼法》，北京大学出版社、高等教育出版社2005年版，第365页。

我国行政法学者的不懈追求。综观古今中外的政府工作规则,我们可以得出一个基本认识,那就是政府工作规则的确偏爱行政程序,甚至在一定程度上导致一些学者直接将政府工作规则纳入行政程序法的研究范畴。以我国历版《国务院工作规则》为例,都会占用较大篇幅来规定行政决策、依法行政等具体程序,这也从另一个侧面表明了正当行政程序的极端重要性——正当行政程序将行政权力运行的过程分解为不同的环节,规定了各种方式,划定了若干边界,实际上是给行政权力安装了内控装置,让其按照特定的规则运行。[1]

四、特别权力关系理论

特别权力关系理论源于19世纪的德国,由当时著名的行政法学家保罗·拉班德(Paul Laband)、奥托·迈耶(Otto Mayer)[2]等提出。特别权力关系是指在特定行政领域内,强化行政相对人对于行政机关的特殊从属关系,具体包括三大类型:(1)法律规定的勤务关系,比如公务员、军人与国家之间的关系等;(2)营造物的利用关系,比如学生与学校、罪犯与监狱之间的关系等;(3)公法上的特别监督关系,包括国家与公共团体、特许企业、受国家事务委托者之间的关系等。[3] 在一般的行政关系中,行政机关行使行政权力的行为要依法进行,而在特别权力关系中,行政机关与行政相对人之间存在一种特别的内部关系,强调的是双方之间的不对等性,国家可以在一定条件下要求相对人履行特别义务,且否定了一般性权利救济的可能性,其"特别"之处在于既肯定了政府公权力的强势地位,又被排除于法治主义原则之外。其基本特征:一是排除法律保留原则,即针对特别权力关系,行政主体可以自行规定调整规则,无须法律授权即可对相对一方作出侵害性行

---

〔1〕 张凤阳等:《政治哲学关键词》,江苏人民出版社2006年版,第228页。

〔2〕 关于Otto Mayer,不同的学者有不同的译名,为保持一致性,本书统一作奥托·迈耶。

〔3〕 翁岳生编:《行政法》,中国法制出版社2009年版,第298~299页。

为。二是排除司法审查原则。由于相对一方的权利利益受到一定的限制，因此其权利救济的手段局限于特别权力关系内部的救济规则，而不能向法院提起诉讼，特殊权力关系成为一般法治所不能覆盖的特殊领域。

第二次世界大战后，各国实质法治主义确立，对传统的特别权力关系理论提出了各种批判，认为该理论具有走向专制集权的趋向，并提出了各种修正特别权力关系理论的观点。例如，德国行政法学者乌勒提出了“基础关系与管理关系理论”，前者是指设定、变更、终止相对人身份（如公务员任命、免职、命令退休或学生入学、退学、开除）以及财产上（如加薪、减薪、退休、抚恤）的关系；后者是指行政机关为达到行政上的目的，指使其公务员作为组织的一部分而完成机关内部勤务的关系。特别权力关系理论仅适用于管理关系，而不能适用于基础关系。例如，1972 年德国联邦宪法法院提出了“重要性理论”，“重要性”是由所规范事物的内容、范围、比例等是否对人民具有重要性来决定，基本人权保障是决定“重要性”的关键因素，凡涉及基本权利的重要事项，均应受法治原则的支配。[1] 由此，特别权力关系中的“基础关系”，以及“管理关系”中有关基本权利的“重要事项”，都应受法治原则支配，并应接受法院的司法审查。日本行政法学者兼子仁提出了“特殊法论”，认为所谓的特别权力关系多数是根据当事人自治决定的“自治性法律关系”。例如，公务员的勤务关系，只不过是根据公务员的身份对劳动契约进行修正的特别劳动契约关系，可以认为具有公法契约的性质。[2] 对于特别权力关系是否可以提起行政诉讼的问题，不应当再局限于传统特别权力关系理论的限制，其标准应当以是否直接、具体地影响相对人的权利和利益来确定。日本裁判所的有关判例中就明确，对于公务员的惩戒处分、国立公立

---

〔1〕 王成栋、刘雪梅：《特别权力关系理论与中国行政法》，载罗豪才主编：《行政法论丛》（第 6 卷），法律出版社 2003 年版，第 109 页。

〔2〕 ［日］兼子仁：《行政法上特殊法的理论》，有斐阁 1989 年版，第 283 ~ 284 页。转引自江利红：《行政过程论研究：行政法学理论的变革与重构》，中国政法大学出版社 2012 年版，第 70 页。

大学对于学生的退学处分可以提起行政诉讼。[1] 盐野宏教授进而提出了部分性秩序理论，认为国立大学与学生、公立图书馆与读者等实际上构成的是一种"部分性秩序"，具有明显的外部化现象，不能当作单纯的特别权力关系而否定司法审查的适用。

按照特别权力关系理论，很多政府工作规则理所当然属于特别权力关系的范畴，应当划归行政机关"自治"范畴，不但立法机关应当保持应有的尊重，对行政机关保持必要的克制，而且司法机关也应当恪守消极主义的立场和自觉谦抑的态度，尽量避免碰触行政权的"自留地"。从行政权的实施而言，赋予行政机关一定的自由范围和裁量空间，显然是应当的，也是必要的。毕竟行政权不同于立法权和司法权，它与公民、法人和其他组织具有更加积极主动的联系，对整个经济社会的发展具有更为能动的作用。但问题在于，这种自由范围和裁量空间的边界在哪里，应当控制到什么程度。特别是当法治发展到一定阶段，特别权力关系的外部影响日益扩大，社会公众对政府的行政行为的规范性要求更高，特别权力关系内部的矛盾冲突更加频繁、更加激烈，再固守特别权力关系似乎就显得滞后于时代，这也是特别权力关系理论饱受批判的原因所在。但无论如何，作为行政法学上的一种重要理论，其对特别权力关系特殊性的体察，对我们以更加慎重、警醒的态度对待政府工作规则，仍然具有很强的指导意义。

五、新公共管理理论

新公共管理理论的基本观点包括：第一，政府的职能是把握方向而不是具体操作，要转变、压缩、优化政府职能，集中精力研究国家的大政方针；第二，政府部门的管理方式应该向企业等私营部门借鉴，广泛采用绩效管理、

---

〔1〕 日本最高裁判所1974年7月19日民集第28卷第5号，第897页；日本最高裁判所1954年7月30日民集第8卷第7号，第1463页。转引自江利红：《行政过程论研究：行政法学理论的变革与重构》，中国政法大学出版社2012年版，第70页。

弹性管理、激励手段等企业管理理念、方法与模式;第三,公共服务应当引入竞争机制,将市场机制、行政管理机制和社会自治机制结合起来,降低公共服务成本,提高公共产品质量;第四,明确政府的宗旨是满足公众的需要,不是高高在上、自我满足的官僚机构,应当及时回应社会公众的需要;第五,政府应简政放权,打破科层制的限制,加强社会参与及合作,简化行政机构层级,提高公共部门的灵活性、应变性和行政效率。主要目标是:提高政府的资源配置效率和工作效率;加强政府工作的绩效管理;转变政府职能,缩减政府机构,削减行政成本;改善政府机构,提高公共产品质量;增强政府对公众需求的回应性;增加行政透明度;完善行政责任制。[1]

目前,世界各国的政府工作规则均已经或多或少借鉴了新公共管理理论的合理性内容。比如,政府规制改革、政府再造运动,较大幅度调整政府职能,在一些关系国计民生的重要行业和重点领域进行"民营化"改革,对政府机构进行精简和压缩,加强绩效管理,等等。新公共管理理论对我国政府工作的影响也是显著的。比如,在政府职能方面,提出建立服务型政府,大力推进简政放权,更多发挥市场在资源配置中的基础性作用;在公务员管理方面,大力推动绩效管理,形成奖优罚懒的竞争机制;在公共服务的提供方面,推行公共服务外包,向市场主体和社会组织购买服务;等等。

第三节　政府工作规则的基本原则

政府工作规则的基本原则是贯彻于政府工作全过程,指导、规范政府工作规则的制定、实施的基础性规范,蕴含于政府工作的各项具体规则之中,而又远远高于政府工作的各项具体规则。政府工作规则的基本原则应当特别强调行政合法性、行政效能性、行政公开性、行政监督性、行政首长负责这

---

〔1〕 Christopher Hood, *The "New Public Management" in the 1980s: Variation on a Theme*, Accounting, Orgnization and Society Vol. 20, No. 2/3, Feb. 4, 1995, p. 93 - 109.

5项原则。

一、行政合法性原则

行政合法性原则,既是国内外行政法学界公认的基本原则,也是法治国家、法治政府首要的基本要求。[1] 从广义上来理解,行政合法性原则是指政府的一切行政行为应当依法而为,受法之拘束。狭义的行政合法性原则,仅指依法律规定行政,只是行政法治原则的要求之一。不同国家和地区对依法行政有不同的理解,本书主要从广义上来理解行政合法性原则。在我国,有学者认为行政合法性的宪法基点是法治国家和基本人权,基本内容包括行政必须有法律依据、必须有行政相对人参与、必须接受司法监督,支配着行政实体法、行政程序法和行政诉讼法的其他基本原则。[2] 从实践的角度来讲,行政合法性原则主要包括下述要求:

第一,合法行政。合法行政,就是国家的一切行政管理职能必须依法设立,并由依法设立的行政机关依法定程序、在法定职权范围内行使。一是立法合宪合法,行政立法不得有违宪法精神和法律规定;二是组织法定,行政机关必须依法设立,明确设立依据、设立程序、组织纲要、编制配额、经费保障等;三是职能法定,严格禁止行政机关自设权力;四是程序法定,行政机关的执法活动必须严格遵守法定程序;五是责任法定,违反法律规定的行为及其应当承担的责任必须明确具体。

第二,合理行政。合理行政是对行政机关更高的要求,即行政行为不仅要合法,而且要符合法理、公理和常理。合理行政要求行政裁量平等对待行政相对人,不偏私、不歧视;排除不相关因素干扰;行政措施和手段应当必要、适当;在有多种行政手段可以实现行政目的时,应当采取对当事人权益

---

〔1〕 姜明安主编:《行政法与行政诉讼法》,北京大学出版社、高等教育出版社2005年版,第64页。
〔2〕 章剑生:《现代行政法总论》,法律出版社2014年版,第38~57页。

损害最小的。故也有人将行政合理性原则视为中国版的比例原则。[1]

第三,程序正当。所谓程序正当,就是指行政行为的过程必须符合正当程序的要求:一是遵守法定程序,特别是在作出影响行政相对人合法权益的行政行为时,要严格遵守法定的行政程序;二是坚持平等对待,同样的情况应当予以相同的处理;三是做到行政回避,就是在与行政相对人存在利害关系时,行政机关及其工作人员应当回避;四是尊重行政相对人的程序权利,比如陈述和申辩权、知情权、参与权等;五是行政公开,除涉及国家秘密、商业秘密和个人隐私的事项外,应当向社会公开,并注意听取各方面意见。

第四,高效便民。行政机关是执行机关,与公民生活息息相关,必须高效运行,否则便没有存在的价值。具体而言,行政机关行使行政权力,应当做到:在法定的时限内办结,对于法定职责内的事项应当积极作为,提高行政效率和服务质量,为行政相对人提供最大方便,避免庸政、懒政甚至行政不作为。

第五,诚实守信。所谓诚实守信,是指行政机关作出行政行为时应当真实可靠、前后一致、值得行政相对人信赖。其中包括:行政机关发布的各种信息应当具有真实性、准确性和全面性;行政机关作出的行政行为,非因法定事由并经法定程序,不得随意撤销或者变更;因为法定事由撤销行政决定的,需要严格按照法定程序执行,并应当对由此而给行政相对人带来的损失予以补偿。诚实守信原则与英美法系的合法预期保护制度、大陆法系的信赖保护原则有异曲同工之妙。[2]

第六,权责统一。权责统一,是指行政机关所享有的权力与其所承担的责任应当是一致的,有多大的权力,就应当履行多大的责任。行政机关应当按照法律的规定行使职权,既不能失职不作为,导致缺位,又不能越权乱作

---

〔1〕 翁岳生主编:《行政法》(上册),中国法制出版社2002年版,第159~161页;吴庚:《行政法之理论与实用》(增订8版),中国人民大学出版社2005年版,第42页。

〔2〕 余凌云:《行政法讲义》,清华大学出版社2010年版,第87~98页。

为,导致越位、错位或者权力滥用。行政机关行使职权的行为应当受到严格的监督,出现违法或者不当行使职权的情况,应当受到依法追究并承担相应的法律责任,因此侵害行政相对人合法权益或者公共利益的人,还应当依法赔偿。

二、行政效能性原则

行政效能性,既是行政行为所追求的基本价值之一,也是现代行政法的一项基本原则,其基本的含义是指行政活动的数量、质量等产出成果,应当与其行政投入保持一个适当的比值关系,以尽可能少的人、财、物等行政成本,获取尽可能多的行政效益;简言之,就是要以尽可能少的成本获得尽可能多的成果。行政效能性原则的具体要求包括:一是优化行政组织结构,主要是简化组织层级,减少中间环节,提高行政人员素质。二是优化行政程序设计,主要是用尽量少的时间、尽量简的程序、尽量小的成本,为行政相对人和社会公众提供尽可能优质高效的服务,其中比较重要的便是政府工作中关于行政时限的规定,比如,行政许可的法定时限等。三是优化行政手段,也就是要在行政活动中广泛采用各种现代科技手段,用现代科学技术装备行政工作,提高行政活动的科学化水平。四是建立成本收益分析制度,所谓成本收益分析制度,是指在制定具体的行政措施之前,行政机关应当首先对其进行一个科学的成本收益分析,综合比较行政措施的实施成本及其可能产生的潜在社会收益,特别是要分析该项行政举措对环境资源、行政相对人利益、社会竞争、公共产品等方面所可能带来的负面影响,并由专门机构对其进行审查。

三、行政公开性原则

作为行政法的一项基本原则,行政公开性,是指行政机关应当公开行政权力运行的依据、过程及其结果,其源头可以追溯到1776年瑞典制定的《自由出版法》，其逻辑起点是公民的知情权，并基于第二次世界大战后对法西斯统治的反思得以迅速发展和推广，迄今多数国家制定了专门的行政公开立法。知情权的概念最初由美联社记者肯特·库珀于1946年提出，其权利主体是公民和组织，义务主体是政府等公权力行使者，其内容包括了解、获得政府信息，以及对错误信息请求更正等。之后，信息自由被1948年联合国《世界人权宣言》、1950年《欧洲人权公约》、1966年联合国《公民权利与政治权利国际公约》、1969年《美洲人权公约》以及其他的许多单行的国际条约确认。[1] 我国长期以来比较重视公民对于政府的监督，并在《宪法》中明确规定了公民对于政府及其工作人员的检举、举报或者申诉等权利，并最终于2006年制定、2008年实施了《政府信息公开条例》，此外还有40余个地方政府制定了有关行政公开的政府规章。

就类别上来讲，行政公开主要包括两个层次：一个层次是面向社会公众的行政公开，也就是政府信息向不特定的行政相对人公开，并进而分为行政机关主动公开和行政相对人申请公开两种具体方式。另一个层次是面向特定行政相对人的行政公开，主要是指政府信息向行政行为所涉及的具体当事人公开。实践中，主要是指行政相对人可以阅览卷宗，以及行政机关向行政相对人说明行政决定的理由。[2]

就具体内容而言，行政公开性原则主要包括3个方面：一是行政执法依据公开，也就是行政机关据以作出行政行为的规范依据和政策依据要向社会公开。首先，行政组织法的规范应当公开，让社会公众了解行政机关的职权所在，明晰行政机关的职责权限，以增强行政行为的合法性和社会公众的可接受性；其次，行政立法行为应当公开，制定行政规范性文件以及行政政策应广泛征求和充分听取社会公众意见，提高行政立法的民主性；最后，行政规范性文件应当公开，允许社会公众查询、翻阅、复印。二是行政执法的

---

〔1〕 周汉华主编：《外国政府信息公开制度比较》，中国法制出版社2003年版，第2～3页。
〔2〕 姜明安、余凌云主编：《行政法》，科学出版社2010年版，第517页。

过程公开，主要是增强行政执法过程的透明度，让社会公众尤其是行政相对人了解行政执法的具体过程，以避免行政执法"暗箱操作"。其一，行政执法的具体标准和条件要公开，特别是对于行政裁量的尺度把握和适用根据，要让社会公众知晓；其二，行政执法的实施程序和具体步骤要公开，行政执法行为包括哪些具体的环节和流程、采用哪些方式和手段，要让行政相对人提前有所了解，以便更好地配合行政执法活动、维护自身合法权益；其三，影响行政相对人重大权益或者涉及重要公共利益的行政执法行为，应当采取行政听证等特定程序，向行政相对人或社会公众公开征求意见。三是行政执法的结果公开，也就是行政行为的最终结果，除了依法应当保密的事项外，应当一律向社会公开发布。行政裁决书、行政复议决定书除了应当送达行政相对人之外，还应当允许其他社会组织和个人依法查阅；对于行政处罚、行政许可、行政强制、行政征收等的具体结果应当可以通过公开途径获取；对于行政机关在行政过程中搜集掌握的有关信息，如果不涉及国家秘密、商业秘密、个人隐私，应当允许社会公开查询、复制、摘抄。

四、行政监督性原则

关于行政监督，根据监督主体的范围大小，理论界有广义、狭义和最狭义 3 种不同的理解与界定。广义的行政监督，包括国家机关、政党、社会团体及组织和公民个人等不同主体，对行政活动进行的监察与督促活动。狭义的行政监督，是指享有法定监督权的国家机关，包括立法、行政和司法机关对行政机关实施的具有法律效力的监督或者监察，并依法追究违法行政主体及其工作人员法律责任的活动。最狭义的行政监督进一步限缩了主体范围，特指行政机关内部对行政活动的层级监督和专门监督。[1] 本书倾向于从广义上理解行政监督，因为随着行政权的不断扩大，行政违法的现象日益

〔1〕 石佑启、杨治坤、黄新波：《论行政体制改革与行政法治》，北京大学出版社 2009 年版，第 34～35 页。

增多，各国普遍注重启动各种监督主体，通过多种途径，将行政权力活动置于包含不同层次、不同方位的监督与制约网之下，从而形成一套彼此有机联系、相互之间能够有效补充的监督制约体系。政党特别是执政党内部监督在行政监督中的地位越来越重要、作用越来越突出。党的十八届六中全会通过的《中国共产党党内监督条例》提出，要建立健全党中央统一领导，党委（党组）全面监督，纪律检查机关专责监督，党的工作部门职能监督，党的基层组织日常监督，党员民主监督的党内监督体系。我国也已经通过2018年宪法修改，正式组建了国家监察委员会，对全体公职人员实施国家监察，这不仅意味着行政监察从特别法到一般法，也意味着行政监察法律位阶从“其他法律”上升到“基本法律”。我国2018年修订的《公务员法》，专门将“惩戒”一章修改为“监督与惩戒”，明确了监督的主体、对象、内容、处置方式等。[1]

根据不同的标准，行政监督可以划分为不同的类型。根据监督主体监督权的属性，可以分为国家监督和社会监督。前者是指国家立法、行政、司法、监察机关根据法律授权，按照法定方式和程序所进行的监督，这种监督能产生相应法律后果；后者是指政党、社会组织、新闻媒体、社会公众等不同社会主体对行政活动的监督，这种监督不直接发生法律效力。根据监督主体与监督对象的关系，可以分为内部监督（同体监督）和外部监督（异体监督）。前者是指上级对下级行政机关、检查和审计机关等行政系统内部进行的监督，是行政自我约束的一种表现形式；后者是指由行政机关以外主体对行政行为进行的监督，包括权力机关、司法机关、监察机关和社会的监督。根据监督职责履行的专门性，可以分为一般监督和专门监督。前者是指任何组织、单位和个人依法对行政权力运行过程所实施的监督活动，监督的主体和内容都非常广泛；后者是指由专职的监督机构和监督人员对某一类行

〔1〕《公务员法》第九章。

政活动或特定对象所进行的监督，包括审计监督和国家监察。此外，还可以将行政监督划分为3个阶段：事前监督，是指监督主体在行政行为开始之前依法实施的监督，属于预防性监督；事中监督，是指监督主体对行政行为的实施过程所进行的监督，属于跟踪性监督；事后监督，是指监督主体在行政行为实施完结后进行的监督，是一种补救性监督。

行政监督的功能主要体现在4个方面：一是预防功能，即在问题尚处于萌芽状态、尚未显现之时，就能够提前预测、及时发现并予以解决，实现防患于未然的效果，这主要通过事前监督实现。二是纠偏功能，是指通过监督发现行政主体在行政活动中有意或无意的程度不同的违法乱纪行为，并采取相应的措施加以纠正，以此弥补行政监督预防功能的不足，同时奠定行政惩戒功能的基础。三是惩戒功能，是指通过事后惩罚或者制裁行政机关及其工作人员的违法失职行为，保证行政监督有效发挥作用，能起到防微杜渐和惩前毖后、治病救人的效果。四是反馈功能，是指通过对监督对象行为过程及其结果的合法性、真实性评价，将行政活动的效果反馈给行政主体，从而提高行政权力的运行效果。[1]

五、行政首长负责原则

正如列宁所言，“管理的基本原则是——一定的人对所管的一定工作完全负责”。[2] 行政首长是行政机关的主要负责人，对行政机关内部而言是最高领导，对外则代表行政机关，履行法定职权，承担法定义务，并依法承担相应责任。所谓行政首长负责原则，就是指基于行政科层制和行政统一原则，无论是对于集体讨论决定的重大行政事项，还是日常的具体行政事务，行政首长都具有最终决定权，并对内对外独立承担行政责任。

---

〔1〕 毛宏升主编：《当代中国监督学》，中国人民大学出版社2003年版，第71～74页；陈奇星等：《行政监督论》，上海人民出版社2001年版，第18～20页。

〔2〕《列宁选集》（第36卷），人民出版社1995年版，第554页。

行政首长负责是行政法的一项重要原则，但在不同国家、不同政体下有不同的表现形式。

我国《宪法》明确规定了行政首长负责制，比如，总理负责制，部长、主任负责制以及省长、市（县、区）长、乡（镇）长负责制。[1] 1998 年《中共中央、国务院关于实行党风廉政建设责任制的规定》，以及 2001 年《国务院关于特大安全事故行政责任追究的规定》等相关规范性文件，则为行政首长负责制奠定了配套的制度基础。当然，需要指出的是，所谓的行政首长负责制并不是说所有的行政权力都要由行政首长独断专行，行政首长负责是与集体分工相结合的，行政首长负责只是我国民主集中制原则中"集中"的那一面，重大行政活动仍然需要集体讨论决定。例如，根据《国务院组织法》的规定，国务院工作中的重大问题，需由国务院常务会议或者国务院全体会议讨论决定。

行政首长负责制下，行政首长在拥有较大行政权力的同时，必然承担着相应的责任，这也是行政责任追究制的逻辑前提。责任能够落实的一个重要条件，就是当违法或者不当行政行为出现时，能够及时追究相关行政人员特别是行政首长的责任，以回应社会公众对行政责任的诉求，并加强对行政机关及其工作人员的权力监督和制约。行政责任追究是提高政府威信、树立责任政府形象的良好制度手段。2003 年"非典"之后，《长沙市人民政府行政问责制暂行办法》《四川省党政领导干部引咎辞职暂行办法》《重庆市政府部门行政首长问责暂行办法》等地方规范性文件相继出台，2009 年 5 月中共中央办公厅、国务院办公厅联合发布了《关于实行党政领导干部问责的暂行规定》，初步形成了我国行政首长责任追究的制度体系。2016 年 7 月，中共中央印发了《中国共产党问责条例》。2019 年 9 月，中共中央印发了修订后的《中国共产党问责条例》，要求各地区各部门认真遵照执行。

---

[1] 《宪法》第 86 条第 2 款、第 105 条第 2 款。

第三章　政府组织工作规则

政府组织工作规则，涵盖了政府的职能、机构、编制，以及人、财、物等手段的配备，具体的法规范包括宪法、行政组织法、公务员法、机构编制法、公物法、财政法、机关事务条例及相关的规范性文件。从一定意义上来讲，行政主体的职能与机构的完善程度，直接体现着国家治理体系的现代化程度。改革开放以来，我国一直在探索政府职能的界限范围和机构的设置标准，并逐步以“三定”方案（定职能、定机构、定编制）的形式，确定了经济调节、市场监管、社会管理、公共服务、生态保护的基本职能和大部制的机构改革方向。但这并没有从根本上解决行政机关之间的权限冲突问题，反而由于部门主义、地方主义和制度缺陷的存在，进一步凸显了从政府工作规则角度对行政权限冲突进行类型化分析，加快行政组织立法，理顺权限冲突救济渠道的重要性和紧迫性。同时，行政机关各种人、财、物手段的供给不足，不同程度地影响了行政机关的高效运转和行政作用的正常发挥。而通过完善公务员激励规则、公共财政保障规则以及机关事务管理规则，能为行政机关正确高效履行职能提供必要的支撑手段。

第一节 改革开放以来我国对政府职能与机构的探索

一、政府职能的转变

一般认为,政府职能也称行政职能,是指政府在整个社会系统中所扮演的角色和所发挥的作用,是政府因其国家公共行政权力主体的地位而产生,并由宪法和法律明确规定的政府各种职责的总称,主要涉及政府管什么、怎么管、发挥什么作用的问题,其实质是政府按照规则提供公共产品和服务。[1] 处理好政府与市场、政府与社会以及政府自身结构的关系,是定位政府职能的关键,具体包括以下几个方面:一是政府管理权限,主要是理顺政府与社会、与市场的关系以及政府内部的关系,针对的是如何调适整体行政职能;二是政府职能结构,主要是指政府的政治职能、经济职能和社会职能如何配置;三是政府管理方式,主要是如何综合运用行政、法律、经济等多种手段实现行政目的。改革开放以来,我国在这一过程中,政府既要充分发挥作用,保障和促进这种转变,也要积极适应这种转变,调整和转变自身的职能。

20 世纪 70 年代末以来,随着改革开放的逐步深入,政府职能范围、政府职能重心和履行政府职能的手段与方式均发生了重大变化,政府开始向企业、市场、社会放权,并在理论上对政府职能形成了基本的认识,即政府的作用空间限于纠正市场失灵,政府主要管理那些“需要管”“管得了”“管得好”的事项,其余的则应当交给企业和市场。但在实践中,这种变化体现在,政府职能转变的重心经历了从偏重政治职能转向偏重经济职能,后来又从偏

[1] 许文惠、齐明山、张成福主编:《行政管理学》,人民出版社 1997 年版,第 55 页;夏书章主编:《行政管理学》(第 2 版),中山大学出版社 1998 年版,第 49 页;张国庆主编:《行政管理学概论》(第 2 版),北京大学出版社 2001 年版,第 84 页;石佑启、杨治坤、黄新波:《论行政体制改革与行政法治》,北京大学出版社 2009 年版,第 156 页。

重经济职能转向偏重社会管理和服务的过程，具体内容也逐步明确为经济调节、市场监管、社会管理和公共服务；[1]根据公共事务的性质、各级政府及其部门的能力，政府将职能从纵向和横向两个维度分配到中央和地方不同层级的政府之间、政府不同部门之间；履行政府职能的手段与方式，也逐步改变了过去单纯依赖行政手段的情况，而广泛运用经济手段、法律手段和市场手段，行政奖励、行政指导、行政合同兴起，开始变强制为说服、变命令为指导。

从规范分析的角度而言，我国《宪法》并未明确规定政府职能，而是从国务院和地方各级人民政府两个层面分别列举了政府的具体职权，包括外事、国防、经济、教育、科学、文化、卫生、体育、城乡建设、财政、民政、公安、民族、司法行政、监察、计划生育、侨益保护、行政编制人事、行政区划、审计、行政领导 21 项。[2] 但职能与职权还是有很大区别的，职能侧重于政府应当发挥的作用，而职权则是履行职能的权力。[3]《国务院组织法》和《地方组织法》也没有突破《宪法》的规定，《国务院组织法》直接回避了这个问题，而《地方组织法》只是对职权进行了细化列举。我国关于政府职能的探索成果集中并权威地体现到了 2013 年《国务院工作规则》第三章“全面正确履行政府职能”之中，具体而言就是经济调节、市场监管、社会管理和公共服务这 4 项，并对其具体内容进行了规定。2018 年《国务院工作规则》在此基础上增加了“生态环境保护职能”和“放管服”。一方面，这凸显了《国务院工作规则》的重要地位和作用；另一方面，这些职能是对《宪法》规定的细化和延伸。

---

〔1〕 这 4 项职能的具体内容参见陈振明等：《政府社会管理职能的概念辨析》，载《江淮论坛》2003 年第 1 期；唐冰开、刘雪峰：《和谐社会视阈下的政府治理问题研究》，吉林大学出版社 2010 年版。

〔2〕《宪法》第 89、91、107、108、109 条。

〔3〕 中国社会科学院语言研究所词典编辑室编：《现代汉语词典》（第 6 版），商务印书馆 2012 年版，第 1672 页。

从法政策学的角度来看,中共中央的有关路线方针政策始终引领着我国政府职能的转变。2013 年 11 月,党的十八届三中全会审议通过了《中共中央关于全面深化改革若干重大问题的决定》,是在新的历史发展时期作出的一个事关改革与发展的重大决定,特别是专列一部分强调加快政府职能转变,对政府职能的定位和政府职能的转变有了新的内涵和要求。一是政府职能定位基准发生了根本性变化,把市场在资源配置中的"基础性作用"修改为"决定性作用",对于市场的作用和政府的作用作了新的、关键性的判断,从根本上重置了市场和政府的关系。二是政府基本职能有了新的扩展,在进一步强调中央政府宏观调控职能的同时,将地方政府职能调整为宏观调控、市场监管、公共服务、社会管理、保护环境 5 个方面,宏观调控替代了过去的经济调节,把环境保护职能单列出来,反映了对环境保护生态文明建设的高度重视。三是政府职能履行方式发生了显著变化,强调要"全面正确地履行政府职能",即要进一步简政放权,最大限度减少中央政府对微观事务的管理,对于直接面向基层、量大面广、由地方管理更方便有效的经济社会事项,一律下放地方和基层管理,对于市场机制能有效调节的经济活动,一律取消审批;要规范政府权力,对保留的行政审批事项要规范管理、提高效率。四是政府职能履行主体进行组织机构优化,深化机构改革,以大部制为方向继续优化政府机构设置,完善决策权、执行权、监督权既相互制约又相互协调的行政运行机制,优化政府工作流程,严格绩效管理,加快事业单位分类改革,推进机构编制管理科学化、规范化、法制化。

以全国性行业协会商会改革为例,2015 年 7 月,中共中央办公厅、国务院办公厅联合印发了《行业协会商会与行政机关脱钩总体方案》,[1]在肯定行业协会商会为政府提供咨询、服务企业发展、优化资源配置、加强行业自律、创新社会治理、履行社会责任等方面发挥积极作用的同时,着力解决一

[1] 《行业协会商会与行政机关脱钩总体方案》,载中国政府网,http://www.gov.cn/zhengce/2015-07/08/content_2894118.htm。

些行业协会商会存在的政会不分、管办一体、治理结构不健全、监督管理不到位、创新发展不足、作用发挥不够等问题，是政府职能转变的一个重大切入点。这项改革的主体是各级行政机关与其主办、主管、联系、挂靠的行业协会商会，具体改革举措是机构分离、职能分离、资产财务分离、人员管理分离、党建等事项分离，核心是按照去行政化的要求，切断行政机关和行业协会商会之间的利益链条。2019 年 6 月，国家发展改革委等 10 部委联合印发《关于全面推开行业协会商会与行政机关脱钩改革的实施意见》（发改体改〔2019〕1063 号），进一步明确了改革主体和范围、具体任务、党建工作、综合监管体制和组织实施步骤。795 家全国性行业协会商会有序脱钩，困扰我国政府职能多年的顽瘴痼疾终于找到了一条解决之道。

二、政府机构改革

改革开放以来，我国分别于 1982 年、1988 年、1993 年、1998 年、2003 年、2008 年、2013 年、2018 年进行了 8 次较大规模的政府机构改革，其共性的内容包括了政府机构改革、政府职能转变、人员编制精简，其共同的程序是先由中共中央提出建议，再由国务院向全国人大报告国务院机构改革的具体方案，经全国人大审议、修改并通过后实施，之后各地方政府的机构改革方案报请国务院批准后逐级实施。

其中，1988 年、2008 年和 2018 年的政府机构改革更具有里程碑意义。对 1988 年政府机构改革而言，一方面，该次改革明确提出了抓住政府职能转变这个关键的思路，扭转了先前局限于精简机构和裁减人员这一表面层次的变革思路；另一方面，该次改革首次采取“三定”方案的形式，将国务院各部门的职能权限、机构设置和人员编制明确下来。这种方式在此后的历次政府机构改革中，都得到了应用并一直沿用至今。而 2008 年的政府机构改革，则明确了大部制的机构设置路径，并以大部制为基础，通过政府机构的大规模整合，推动政府职能进一步转变，并压缩行政权限冲突的空间。政府机构改革仅是2018年党和国家机构改革的一部分,此次机构改革的主要特点体现在5个方面:一是坚持中国共产党的全面领导,加强党对涉及党和国家事业全局的重大工作的集中统一领导,通过成立委员会、强化归口领导等方式,加强和优化党对深化改革、依法治国、经济、农业农村、纪检监察、组织、宣传思想文化、机关党建、国家安全、政法、统战、民族宗教、教育、科技、网信、外交、审计等工作的领导,组建了中央全面依法治国委员会、中央审计委员会、中央教育工作领导小组等机构。二是坚持党政军群地协同,理顺和优化党的部门、国家机关、群团组织、事业单位的职责,推进跨军地、央地改革,中国共产党的有关机构可以同职能相近、联系紧密的其他部门统筹设置,实行合并设立或合署办公,整合优化力量和资源,发挥综合效益,组建了中央党校(国家行政学院),中央组织部统一管理公务员工作,中央宣传部统一管理新闻出版、电影工作,中央统战部统一管理宗教、侨务工作,赋予省级及以下机构更多自主权。三是坚持整合反腐败职权,组建国家监察委员会,将监察部、国家预防腐败局的职责,最高人民检察院查处贪污贿赂、失职渎职以及预防职务犯罪等反腐败相关职责整合,同中央纪律检查委员会合署办公,履行纪检、监察两项职责,实现了党内监督和国家机关监督、党的纪律检查和国家监察有机统一,实现了对所有行使公权力的公职人员监察全覆盖。四是优化职能配置,加强和完善政府经济调节、市场监管、社会管理、公共服务、生态环境保护职能,深入推进简政放权,完善市场监管和执法体制,改革自然资源和生态环境管理体制,完善公共服务管理体制,强化事中事后监管,组建自然资源部、生态环境部、农业农村部、文化和旅游部、国家卫生健康委员会、退役军人事务部、应急管理部、国家市场监督管理总局、国家国际发展合作署、国家医疗保障局、国家移民管理局,改革国税地税征管体制等。五是坚持机构编制法定化,制定《中国共产党机构编制工作条例》,研究制定机构编制法,制定党政部门机构设置、职能配置、人员编制规定,增强"三定"规定的严肃性和权威性,全面推行政府部门权责清单制度,实现权责清单同“三定”规定有机衔接，规范和约束履职行为，强化机构编制管理刚性约束。[1]

从规范分析的角度，我国政府机构改革存在不足。首先，我国政府机构变动性过大。改革开放以来，我国改变了中华人民共和国成立初期在法律文件中列明政府机构的做法，这一方面为我国适应经济社会快速发展的需要提供了便利条件，另一方面影响了政府机构的严肃性和权威性，近年来逐步形成的5年一次的政府机构改革也带来了较大的行政成本，改革实施过程中领导职数的设置也往往破坏了组织法的规定。其次，“三定”方案或规定的地位、效用颇为尴尬。“三定”方案或规定法律位阶较低，即使是国务院制定的“三定”方案，也非通过严格立法程序制定，仅是一种行政规范性文件；“三定”方案的内容极不全面，对违反“三定”方案应承担的法律责任，以及部门之间发生职权争议时的协调等均没有作出规定，也没有解决部门之间的职能交叉问题；“三定”方案的制定、实施基本上都还属于内部行政的范畴，各部门还需要制定各自的实施方案，缺乏公开性，具体实施过程带有很强的保密色彩。虽然从2018年党和国家机构改革开始，“‘三定’方案”之名改成了“‘三定’规定”，比如《中国人民银行职能配置、内设机构和人员编制规定》，实现了按照“规定”的统一体例和审核、审批程序，由党委、政府印发“职能配置、内设机构和人员编制规定”，成为具有一定法律效力的规范性文件，具有了一定的进步，但从内容上、程序上看，距离真正的机构编制法定还有不少距离。正如有的学者所指出的：“总结建国以来几次机构改革的教训，其中重要的一点，就是因为缺乏法律保障，往往使机构改革的成果不能得以巩固。”政府机构改革呈现出“精简—膨胀—再精简—再膨胀”的怪圈，反映出机构改革的成果没能得到有效巩固，其中很关键的就是行政组

〔1〕 本书编写组编：《〈中共中央关于深化党和国家机构改革的决定〉〈深化党和国家机构改革方案〉辅导读本》，人民出版社2018年版。

织法尚不健全。[1]

三、行政许可的改革

行政实践中，通常将行政许可称为行政审批，行政审批制度改革是政府机构改革的重要内容和着力点，也经过了逐步发展、逐步深入的过程。2001年9月，国务院成立行政审批制度改革工作领导小组，行政审批制度改革工作全面启动。2004年7月，《行政许可法》正式实施。2013年6月，中央编办替代监察部，成为国务院行政审批制度改革工作的牵头单位。2019年，这项工作又移转到了国务院办公厅。通过表2，我们可以看出，我国行政审批制度改革主要有以下几个特点：一是起步晚、推进快，自2001年开始以后逐年深化，特别是新一届国务院成立以来力度不断加大，改革的审批事项数量越来越多、分量越来越重。国务院专门组建推进政府职能转变和“放管服”改革协调小组，下设精简行政审批组、优化营商环境组、激励创业创新组、深化商事制度改革组、改善社会服务组5个专题组和综合组、法治组、督查组、专家组4个保障组，定期召开全国深化“放管服”改革优化营商环境电视电话会议。二是项目为主、取消为主，从内容上看，我国行政审批制度改革坚持市场化、法治化、国际化原则，坚持行“简约”之道，以审批事项的取消、下放、合并和改变为四种主要形式，其中尤以取消行政审批事项为主，占到所有改革类型的78.5%，简政放权、为企业和社会松绑的取向非常明显。三是制度并行、落实有差距，在推进行政审批制度改革过程中，也进行了相应的制度化建设，比如制定实施《行政许可法》、发布《国务院关于严格控制新设行政许可的通知》、编制并公开国务院部门行政审批事项汇总清单，把“放、管、服”结合起来等。

---

〔1〕 林广华：《中国行政编制立法研究》，载《湘潭大学学报（哲学社会科学版）》1996年第3期。

表 2　我国行政审批制度改革过程梳理

时间	改革类型(项)				合计
	取消	下放	合并	改变	
2002 年 10 月	789	—	—	—	789
2003 年 2 月	406	—	—	82	488
2004 年 5 月	409	47	—	39	495
2007 年 10 月	128	29	8	21	186
2010 年 7 月	113	71	—	—	184
2012 年 9 月	171	117	19	9	316
2013 年 5 月	71	20	—	—	91
2013 年 7 月	21	8	—	13	42
2013 年 11 月	54	28	—	—	82
2014 年 1 月	45	19	—	—	64
2014 年 7 月	47	17	—	31	95
2014 年 10 月	108	17	—	82	207
2015 年 2 月	75	19	—	—	94
合计	2437	392	27	277	3133

资料来源:中国政府网,http://www.gov.cn/,2020 年 8 月 16 日最后访问。

我国的行政许可改革与政府机构改革关系密切,改革取得了一些成效,但也存在一些问题。一是与《行政许可法》的衔接问题。从严格的概念界定上来讲,行政许可与行政审批并非一回事,行政审批也并非严格意义上的法律用语,实践中形成并沿用了行政审批的用语,并逐步发展成为一种行政惯例,但与《行政许可法》并未保持一致。二是行政许可改革始终自上而下高位推动。试图以行政许可改革的成效倒逼政府职能的转变,地方政府对于行政许可改革的内生动力不足,在一定程度上出现了职能转变与行政许可改革不一致的问题。三是行政许可改革后政府职能定位问题。行政许可取消后,市场监管等问题凸显,行政许可下放给地方政府以后惩戒不力,引发一些变相审批、审批无序的现象。

第二节　行政机关与行政权限

一、我国行政机关组织体系

（一）我国行政机关组织规则

行政机关组织规则体系，包括行政机关组织法规范、行政编制法规范和公务员法规范。在中华人民共和国成立前后，我国就已经开始着手研究和制定行政机关组织规则体系。1949 年 9 月，《中央人民政府组织法》经由中国人民政治协商会议讨论通过。1949 年 12 月，政务院政务会议修改通过了《政务院及其所属各机关组织通则》，对政务院及所属各部门的名称、职权、内设机构、内设机构负责人称谓及副职、辅助人员的设置、内设机构工作人员的任免权、会议制度等作出了具体规定。1949 年 12 月，《大行政区人民政府委员会组织通则》经政务院政务会议讨论通过，明确了各大行政区人民政府委员会作为地方政权机关和中央代表机关的双重属性。1950 年 12 月，政务院政务会议先后审议通过了省、市、县人民政府组织通则，大城市区人民政府、区公所、乡（行政村）人民政府组织通则，之后又陆续制定了宪法、国务院及地方各级人民委员会组织法，形成了比较系统的行政机关组织法体系。1952 年 11 月 16 日，中央人民政府委员会第十九次会议作出了《关于改变大行政区人民政府（军政委员会）机构与任务的决定》，将大区领导机关改为中央人民政府的派出机关。1954 年 4 月 27 日召开的中共中央政治局扩大会议决定撤销大区一级党政机关。同年 6 月 19 日，中央人民政府委员会第三十二次会议通过了《关于撤销大区一级行政机构和合并若干省、市建制的决定》，明确在步骤上，可以采取逐个撤销的办法。此外，不少国务院部门都制定了各自的组织简则，如《监察部组织简则》《国务院法制局组织简则》《国务院机关事务管理局组织简则》等，对各部门的设立依据、法律地位、职能任务、人员配置和会议制度等作出了规定和要求。例如,《国务院法制局组织简则》第 1 条规定:“国务院法制局在国务院直接领导下,执行下列任务:(一)审查国务院交付审查的法规草案;(二)根据国务院的决定,草拟法规草案;(三)整理国务院发布和批准的现行法规;(四)办理国务院交办的其他有关法制的工作。”

自 1979 年起,我国重新恢复了行政组织立法工作,并先后制定了《地方组织法》(1979 年)、《宪法》(1982 年)、《国务院组织法》(1982 年)、《民族区域自治法》(1984 年)、《国务院参事室组织简则》(1987 年)、《中国人民银行法》(1995 年)、《国务院行政机构设置和编制管理条例》(1997 年)、《立法法》(2000 年)、《公务员法》(2005 年)等。比如 1987 年 5 月 16 日,国务院批准了《国务院参事室组织简则》。该简则仅 9 条,主要是对属于国务院直属机构的国务院参事室的性质、职位设置、基本任务、基本职责,以及调查研究院的设置、聘用作出了规定。1992 年 1 月 30 日,经国务院批准,又颁布了新修订的《国务院参事室组织简则》。1997 年 8 月 3 日,国务院制定发布了《国务院行政机构设置和编制管理条例》,对国务院行政机构设置和编制管理的主体、原则、程序,以及行政机构的种类、司处级内设机构的设置、领导职数、法律责任等作出要求和规定。之后,有的地方人大也制定了相应的条例,如广东省人大常委会于 2000 年 7 月制定了《广东省行政机构设置和编制管理条例》。2007 年 2 月 13 日,中央编办、监察部联合印发了《机构编制监督检查工作暂行规定》,进一步明确规定机构编制监督检查的对象、内容、方式及程序、法律责任。因此,我国现行行政组织法规则体系主要包括:《宪法》,主要是第三章关于国家机构的规定;法律,如《国务院组织法》《地方各级人民代表大会和地方各级人民政府组织法》《民族区域自治法》《公务员法》;行政规范,主要是行政法规、部门规章、行政规则中关于行政组织具体问题的法律规范,如《国务院行政机构设置和编制管理条例》、《地方各级人民政府机构设置和编制管理条例》、“三定”方案或规定、《国务院工作规则》、《国务院关于议事协调机构设置的通知》以及关于成立各种议事协调机构、联席会议的批复等。

(二)我国行政机关组织结构

在横向结构方面,截至2017年,整个行政系统有34个省级政府(包括23个省、4个直辖市、5个自治区和2个特别行政区),333个地级区划(包括293个地级市、7个地区、30个自治州、3个盟),2851个县级区划(包括962个市辖区、363个县级市、1355个县、117个自治县、49个旗、3个自治旗、1个特区、1个林区)。[1] 中央人民政府即国务院设有办公厅1个,组成部门26个,直属特设机构1个,直属机构10个,办事机构2个,直属事业单位9个,部委管理的国家局16个,总计65个。在地方,省级政府工作部门一般40个左右,地市级政府一般30个左右,县级政府一般20个左右。

在纵向结构方面,按《宪法》规定,我国行政组织系统从中央到地方共有中央、省级、县级、乡级4个层次,但事实上存在中央、省(自治区、直辖市)、市(行政公署)、县(县级市)、乡(镇)五级行政组织,每级行政组织包括分管副职、部(委办局)、司(厅)、处(科)、股等若干层级。

(三)我国行政机关组织体系的不足

恰如有关学者所提出的,"从组织法建设来看,现在的政府组织立法状况还不如20世纪50年代",[2]存在的问题主要体现在:(1)法律保留原则未落实。[3] 法规范效力的位阶性,决定了国家立法权和行政立法权的差异性。行政组织作为重要的宪制性内容,属于国家立法权的保留事项,体现了人民主权原则和国家立法至上。对此我国《宪法》《立法法》《行政处罚法》等均作出了相应的规定。比如《立法法》第8条规定:"下列事项只能制定法

[1] 中华人民共和国民政部编:《2019年中华人民共和国行政区划简册》,中国地图出版社2019年版。

[2] 杜钢建:《按照法治要求改革行政体制》,载《北京观察》2003年第5期。

[3] 关于法律保留原则参见[德]奥托·梅耶:《德国行政法》,刘飞译,商务印书馆2002年版,第72页;[德]哈特穆特·毛雷尔:《行政法学总论》,高家伟译,法律出版社2000年版,第108页;吴庚:《行政法之理论与实用》(增订8版),中国人民大学出版社2005年版,第53~54页。

律;……(二)各级人民代表大会、人民政府、人民法院和人民检察院的产生、组织和职权;(三)民族区域自治制度、特别行政区制度、基层群众自治制度;……”国务院就行政组织有关问题制定的行政法规、决定等缺乏法律授权,《国务院行政机构设置和编制管理条例》《地方各级人民政府机构设置和编制管理条例》,尽管注明了依据《宪法》和《国务院组织法》,但并没有具体的授权依据。国务院及地方各级人民政府的职能、机构和编制规定仍旧停留在“三定”方案或规定这一行政规范性文件的阶段。(2)行政组织法体系不健全,比如在中央行政机关组织法方面,目前仅有《国务院组织法》、《国务院参事室组织简则》和《中国人民银行法》,而且《国务院组织法》仅有 11 个条文,并没有比《宪法》细化、具体化多少,而且除国务院参事室和中国人民银行外,其他的国务院组成部门、直属特设机构、直属机构、国务院部委管理的国家局都没有自己的组织法,这与中华人民共和国成立初期国务院部门制定各自的组织简则相比,不能不说是一种倒退。比如在地方行政机关组织法方面,现行《地方各级人民代表大会和地方各级人民政府组织法》将作为权力机关的人民代表大会与作为行政机关的地方各级人民政府规定在同一个法律之中,使地方人民政府没有独立的组织法,在立法体例上缺乏合理性和科学性,地方各级政府组织缺乏相对独立、细化的法律规范,导致从国务院到乡镇高度同构。(3)行政编制立法阙如,分别制定于 1997 年的《国务院行政机构设置和编制管理条例》和 2007 年的《地方各级人民政府机构设置和编制管理条例》,是我国现行仅有的两部行政编制方面的行政法规,在内容方面存在很大缺失,比如没有关于中央与地方行政组织的数量、内部机构的比例关系、各类人员的比例关系,也没有规定编制管理的具体内容。

行政机关组织规则体系的不健全必然导致机构结构方面的不足,表现在:(1)行政组织的结构不合理。比如,就横向管理幅度而言,行政组织的扁平化程度不够,其结果便是行政层级过多影响行政效率,不利于调动下级政府的积极性。(2)行政组织的规模结构庞大,党政两套系统交叉重叠,经济管理部门比重过大,“上下对口”导致机构同构性高,存在大量临时性机构和协调性机构。比如 42.85% 的国务院机构设置为经济管理部门,只有 21.42% 的部门负责社会管理和公共服务,比重悬殊。当然,从表 3 中,我们也可以直观地看出行政组织规模机构庞大的另一个重要原因,就是“政府管了很多不该管的事情”。(3)垂直管理部门与地方政府之间的条块关系没有完全理顺,这种有选择性的再集权没有解决根本问题。实行中央垂直管理的部门包括人民银行、海关、税务、出入境检验检疫、煤矿安全监督、银保监会、证监会、电监会、烟草专卖、国家物资储备、气象等,实行省以下垂直管理的部门包括市场监管、自然资源等。

表 3　当地政府机构庞大原因重要性程度

选项	平均值	重要性程度
社会自治程度低、需要政府管的事情多	1.91	38.2%
政府管了很多不该管的事情	2.55	51.0%
政府办事效率低	2.16	43.2%
干部能上不能下造成冗员众多	2.68	53.6%
公务员退出机制不健全	1.84	36.8%
安排各类人员造成机构膨胀	2.12	42.4%
政府管政府、部门管部门的双重管理体制	1.74	34.8%
参选人数总计	2299	—

资料来源:石亚军主编:《中国行政管理体制专项问卷调查数据统计》,中国政法大学出版社 2008 年版,第 28 页。

(四)小结

对于我国行政组织规则出现前述不足的缘由,立法机关和学者们均有所阐释。比如,对于 1982 年《国务院组织法》并没有延续 1954 年《国务院组织法》分别列出国务院各部委名称的做法,按照时任全国人大常委会副委员长兼法制委员会主任习仲勋的解释,主要是因为改革变动太多,会影响法律的稳定性。[1] 而有学者则认为,这种现象的产生原因是过分聚焦于行政机关,对行政组织法的内容架构缺乏系统性和过程性。[2] 当然前述两种观点都有道理,但也正是因为上述原因的存在导致政府工作规则客观上扮演了行政组织立法的角色,现有关于行政组织方面的规范性文件,大多数是行政法规、行政规章、行政规则,基本上都可以纳入政府工作规则的范畴。这种情况的问题是显而易见的,在立法之前并不排斥行政立法先行,但前提是应当取得立法机关的相应授权,恰恰在这一点上缺乏具体明确的授权。经过数十年的改革探索,我国对于政府职能与机构应当说已经形成了一些基本的认识,应当推动通过法治的手段将既有的改革成果巩固下来,并反过来指导和规范今后的变动。

二、行政权力的规范化

(一)基本出发点:依法全面履行政府职能

行政权力规范化的基本出发点是,依法全面履行政府职能。行政机关作为实施法律法规的重要主体,在全面依法治国中发挥着极其重要的作用。但长期以来,行政机关受到“管理论”思维的束缚,并没有意识到自己的行政管理活动是一种“执法”活动,而想当然地认为自己是基于“职权”在实施管理活动。但是法治政府中的“职权”实际上是一种“规范性职权”,而不是什么天然的权力,任何职权的取得都必须以法律规范作为依据,职权规定得越是具体明确,越有利于行政机关“依法行政”。

改革开放以来,我国行政法律制度首先是选择围绕各类行政行为(行政处罚、行政许可、行政强制等)来建构,对于行政组织法和行政程序法律制度关注不足,急需在未来予以大力完善,推进机构、职能、权限、程序、责任的规

---

[1] 全国人民代表大会常务委员会办公厅编:《中华人民共和国第五届全国人民代表大会第五次会议文件》,人民出版社1983年版,第264页。

[2] 应松年、薛刚凌:《行政组织法研究》,法律出版社2002年版,第88页。

范化、法定化。

(二)基本路径:政府权力清单制度

推行政府权力清单制度是实现行政权力规范化的基本路径。所谓政府权力清单制度,是指政府部门根据“三定”方案等,对其所行使的直接面向行政相对人的行政职权进行全面清理,按照职权法定原则、简政放权和透明便民高效的要求,进行清理调整、依法审核确认,将职权名称、编号、类型、依据、行使主体、办理流程和监督方式等,以清单方式列明,并公之于众、接受监督。[1] 其实质是给行政权打造一个透明的“制度笼子”,为企业、公民和其他组织办事提供便利条件,也为行政机关依法行政提供基本依据。[2] 推行政府权力清单制度意义重大,有利于落实权责法定原则,有利于将政府权力及其行使置于阳光之下,有利于理顺各级政府和政府部门之间的职权关系,有利于厘清权力授予与委托范围。

政府权力清单制度主要包括3个方面:一是政府职权清单。从2005年至今,各地推行的权力清单,主要有行政许可、行政处罚、行政强制、行政征收、行政给付、行政裁决、行政确认等,也有行政救助、行政奖励、行政检查、具体行政措施等。2015年3月,中共中央办公厅、国务院办公厅印发《关于推行地方各级政府工作部门权力清单制度的指导意见》,明确了推行地方政府工作部门权力清单制度的主要任务、原则、程序和时间表。按照要求,各省级政府可参照行政许可、行政处罚、行政强制等主要行政类别的分类方式,结合本地实际,制定统一规范的分类标准。二是政府责任清单。除了直接面向行政相对人的行政职权以外,政府部门还承担了越来越多的公共服务、市场监管、社会管理和环境保护职责。有权必有责,政府部门的行政职

[1] 黄进、蒋立山主编:《中国特色社会主义法治体系研究》,中国政法大学出版社2017年版,第65~66页。

[2] 任进:《以建立权力清单制度为契机　推动行政组织法发展》,载《行政管理改革》2015年第7期。

权在很多情况下，也表现为行政职责，这就要求在建立权力清单的同时，坚持权责一致的原则，逐一厘清行政职权相对应的责任事项，建立责任清单、明确责任主体、健全问责机制。三是政府权力下放清单。根据我国《宪法》和《地方组织法》的规定，中央和省级政府的行政权力可以予以下放，后者不得违背《行政许可法》和《行政处罚法》的规定。特别是党的十八大以来，政府简政放权的力度持续加大，政府自身在"瘦身"，越来越多的行政权力下放给了下级政府，或者释放到了有关的社会组织、交还给了市场。行政权力下放既可以采取行政授权的方式，也可以采取行政委托的方式，前者是指由其他行政机关、社会组织根据行政机关的授权，以自己的名义行使行政机关的部分权限，该行为的效果归于行政机关授权的组织；后者是指由其他行政机关、社会组织根据行政机关的委托，以委托行政机关的名义行使相应权限，该行为的效果归于委托的行政机关。

（三）重要方面：明确各级政府事权

行政权包括两个要素：一是对某类事务的管辖权或者事权，如国家对教科文卫等方面的管理权。二是对某类事务进行管理时的具体权限，比如国家对经济的管理，在计划经济条件下可能是计划权、审批权、分配权，而在市场经济条件下，则表现为许可权、检查权和处罚权等。[1] 通过完善立法、明确事权，推进各级政府事权规范化、法律化，加快形成分工合理、权责一致、运转高效、法律保障的国家权力纵向配置体系与运行体制，是形成合理的行政秩序，推进国家治理体系和治理能力现代化的重要内容和必然要求。

规范不同层级政府的事权主要包括3层意思：一是强化中央政府宏观职权。凡是涉及国家主权、促进经济总量平衡和区域协调发展、保障要素自由流动、维护生态环境安全等领域的事务，都归属于中央政府。非国有财产征收征用、民事基本制度、基本经济制度以及财政、税收、海关、金融、外贸、环

〔1〕 应松年、薛刚凌：《行政组织法与依法行政》，载《行政法学研究》1998年第1期。

境保护等的基本制度等重要事项，只能由中央统揽，特别是强化中央在国防、外交、国家安全、自然资源、食品药品安全等重要领域的执法权。二是明确省级政府中观职权。省级政府要根据地方具体情况和实际需要用好地方立法权，统筹好区域内经济社会发展，促进基本公共服务均等化，破除本位主义和地方保护主义；直接面向基层、由下级政府管理更方便有效的经济社会事项，一律下放到下级政府和基层管理，探索省级以下管理体制和管理方式创新。三是改进基层政府微观职权。增强市县政府执行上级政策法规的责任意识，严格依法行政，严禁擅自变通，确立权责统一、权威高效的行政执法体制。

三、行政权限冲突及其解决规则

（一）行政权限冲突及其类型化

行政权限冲突，也称府际冲突、政府间矛盾，在如何看待和处理行政权限冲突的问题上，我国积累了丰富的实践经验，也总结了许多行之有效的成功做法，但总体来讲，大多是从政治学或者管理学的视角进行总结研究的，从法学的视角特别是行政法学的视角进行研究是比较晚近的事情。从行政法学的角度来看，首先需要解决的便是行政权限冲突的类型化问题，并在类型化的基础上进一步分析冲突产生的原因，进而提出解决冲突的规则之道。

所谓行政权限冲突的类型化，是指将现实中行政机关之间存在的各式各样的权限冲突，按照一定的标准予以归纳分类，从中分析出其共同的特征，并以此为基础提出化解冲突的法律方式。[1] 从方法论的角度来讲，对研究对象的类型化，可以使其特征变得更加清晰和更好理解。就当前来讲，行政法领域进行类型化研究的著作并不多，且相对集中于行政诉讼法领域，在

---

〔1〕 薛刚凌主编：《中央与地方争议的法律解决机制研究》，中国法制出版社2013年版，第94页。

行政组织法领域相对较少。[1] 行政权限冲突类型化,有利于更准确地分析不同行政机关之间权限冲突的原因,有利于更精确地推动行政权限争议的有效解决,也有利于更明确地推动行政组织法的完善。行政权限冲突按照不同的标准,可以划分不同的类型。其中,按照冲突的表现形式,可以分为积极和消极两种冲突。前者是指以积极作为的方式存在的行政机关之间的权限冲突,比如,不同行政机关之间对同一事项均具有行政管理权的现象;后者是指以消极作为的形式存在的行政机关之间的权限冲突,比如,不同行政机关之间对同一事项均拒绝履行监督检查权的现象。按照冲突的具体领域,可以分为行政立法权、行政执法权和行政司法权的冲突。所谓行政立法权的冲突,是指拥有行政立法权的机关之间对某一项行政法规、规章或者其他规范性文件制定权或修改权的归属所产生的冲突,比如,2009 年广东"五一"休假方案之争。[2] 所谓行政执法权的冲突,是指拥有行政执法权的机关之间对于由谁执法、如何执法、执法责任谁来承担等问题产生的冲突。所谓行政司法权的冲突,是指拥有行政裁决、行政复议等行政司法权的行政机关之间就行政裁判有关问题产生的冲突。按照冲突的范围,可以分为纵向冲突和横向冲突。所谓纵向冲突,是指中央与地方、上级与下级等具有隶属关系的行政机关之间权限上的冲突,比如,中央与地方之间的立法权限冲突、财政权限冲突、行政事权冲突、产权冲突、组织设置权限冲突等。[3] 所谓横向冲突,是指不同级别不同部门等不具有隶属关系的行政机关之间的权限

---

[1] 吴华:《行政诉讼类型研究》,中国人民公安大学出版社 2006 年版;王珂瑾:《行政诉讼类型化研究》,山东大学出版社 2011 年版;马怀德主编:《行政诉讼原理》,法律出版社 2003 年版;薛刚凌主编:《中央与地方争议的法律解决机制研究》,中国法制出版社 2013 年版;杨建顺:《行政规制与权利保障》,中国人民大学出版社 2007 年版。

[2] 《国办要求严格执行法定节假日规定　不得擅自调休》,载搜狐网,http://news.sohu.com/20090326/n263023471.shtml。

[3] 关于我国中央与地方权限冲突的现实类型参见薛刚凌主编:《中央与地方争议的法律解决机制研究》,中国法制出版社 2013 年版,第 106 ~ 142 页;孙波:《中央与地方关系法治化研究》,山东人民出版社 2013 年版,第 98 ~ 111 页。

冲突,横向冲突更多是行政事权上的冲突。从行政权限冲突的法律解决角度来讲,纵向冲突和横向冲突的类型划分更有价值,因为纵向冲突更多体现的是中央与地方之间的关系,宪法属性更为明显;横向冲突更多反映的是部门行政关系,政府内部属性更强。

(二)行政权限冲突的因由

分析清楚冲突产生的原因,是解决争议的前提。对于行政权限冲突的原因,不同的学者进行了不同的研究,并得出了不同的结论。如有学者认为,原因主要是体制上的不适应、职能上的不对口、机构设置过多和利益驱动。[1] 有学者认为,行政权限冲突既有体制方面的原因,也有法制方面的原因,既有转轨的现实原因,还有经济社会事务本身的复杂性和关联性。[2] 还有学者将产生权限冲突的原因归结为客观原因、体制原因和主观原因3个方面。[3] 行政权限冲突是多方面因素共同造成的,而且每一类型具体的冲突背后都有不同的原因,总括性的原因分析虽然也很重要,但从冲突解决的角度来讲,针对一些具体类型进行具体分析则尤为重要。总体来看,行政权限冲突的产生不外乎客观和主观两个方面的原因。从客观方面来讲,包括了经济社会事务的复杂性和关联性,机构设置、权限配置、运行机制、法律规定等制度安排的不足等。从主观方面来讲,部门或地方利益的牵绊、思想观念的落后、法律意识的欠缺等,也都会带来不同的权限冲突,综合起来比较重要的是以下几点:

一是从横的方面来讲,主要是部门主义。部门行政是现代公共行政的普遍做法,是行政专业化的必然要求,也是导致权限冲突的重要原因。所谓部门行政,是指以部门为单位将行政权力予以横向分配,在同一个部门内兼

---

〔1〕 林俊达:《政府部门职能交叉及其理顺对策初探》,载《广东行政学院学报》1999年第4期。

〔2〕 张忠军:《行政机关间的权限冲突及其解决途径》,载《中国党政干部论坛》2007年第3期。

〔3〕 金国坤:《行政权限冲突解决机制研究:部门协调的法制化路径探寻》,北京大学出版社2010年版,第16~48页。

具行政决策权和执行权。部门主义也称部门本位主义,是指某些行政部门在思想认识和具体行政中均局限于本部门,公共行政的总体目标被分解细化成各个部门的具体目标,认识问题视野狭窄,缺乏整体观念;行政决策及行政行为自成体系,不顾及其他部门;面对利益冲突时,片面强调部门利益,将部门利益置于公民利益甚至公共利益之上。[1] 在具体执行过程中,各部门往往都以本单位的利益为目的,忽视公共行政的总目标和其他部门的具体目标,从而引发"上侵""下夺""左挤""右占"的冲突。[2] 其后果便是,行政机关日益将自身视为要实现的目的,甚至迷失了为公共服务的本性。[3]

二是从纵的方面来讲,主要是地方主义。地方主义体现的主要是中央与地方之间在行政立法权、行政事权、财权、产权、组织设置权等方面的权限冲突。地方主义形成的原因主要是社会多元化,高度统一的社会结构出现分化,中央与地方利益诉求不再高度一致,利益博弈出现在中央与地方以及不同地方之间,各种人、财、物资源成为立法、行政、司法手段追求的目标。这就出现了地方利益法律化的问题,即地方政府通过制定地方性法规、规章等,把地方的局部利益通过法规范明确并固定下来,赋予地方利益以合法的外衣,典型的做法有:(1)行政扩权。通过各种方式强化本地区政府的管理权限,争夺更多行政立法、行政执法和行政司法权力,千方百计扩大地方权力和利益。(2)权责失衡。片面强调行政机关的权力,相对忽略对公民合法权益的保护,忽略了对行政权力的规范和制约,导致了权责不统一。(3)地方保护。通过政府专营、行政准入限制、计划配置资源等方式让行政权力介入市场活动,设立不必要的市场准入壁垒,排斥中央政府宏观调控和外来势力竞争。比较表4所示改革开放前我国中央与地方政府权限的配置,我们可

---

〔1〕 肖金明、尹凤桐:《论部门主义及其危害》,载《山东社会科学》1999年第4期。

〔2〕 竺乾威主编:《公共行政学》,复旦大学出版社2008年版,第50页。

〔3〕 [法]古斯塔夫·佩泽尔:《法国行政法》,廖坤明、周洁译,国家行政学院出版社2002年版,第114页。

以比较明显地看到地方政府权限的扩张。

表4　改革开放前我国中央与地方政府权限配置

经济领域	总体管理体制	施行高度集中的计划经济体制，地方经济受制于中央
	价格方面	中央严格管制有关国计民生的产品的价格，地方只能决定地方主管的产品的价格
	物资分配方面	绝大部分重大物资的分配和调剂权归中央所有
	投资决策方面	固定资产投资权限及项目处于中央政府的严格控制之下，地方政府没有自主决定权
	金融资源方面	由中央政府控制，地方政府无法施加影响
	财政体制方面	以统收统支为主
政治与行政领域	总体管理体制	施行高度集中的一体化管理体制
	干部管理体制	中央对地方厅局级以上的干部实行全面管理
	行政管理权限	中央和地方的权限范围没有制度化、法治化，受领导个人意志影响的权重较大
	立法权限	只有中央一级有立法权

资料来源：周国雄：《博弈：公共政策执行力与利益主体》，华东师范大学出版社2008年版，第90～93页，引用时有调整。

三是从体制方面来讲，主要是机构设置不科学。由于缺乏严格的行政组织法依据，立法授权又不明确，导致我国行政机构设置的随意性很大，行政权限配置也不尽合理，上下级政府之间异体同构现象明显，各种临时性工作机构较多，新设机构与原有机构之间缺乏衔接。比如“温泉属于地热资源还是地下水之争引发管辖权争议”一案，就反映了不同层级的行政法律规范对同一事项确定的主管机关不一致。该案中被告福建省地质矿产厅以原告福州市水利水电勘测设计研究院“无采矿许可证开采地热”等为由，决定处以人民币5000元的罚款。但原告认为，按照我国《水法》以及《福州市地下热水（温泉）管理办法》的有关规定，地下温泉明确是水资源的一种，应当由温泉主管部门即福州市城市建设行政主管部门予以调整，被告的具体行政行为超越了职权。[1] 还有同一层级的行政法律规范对同一事务的管辖权授予了不同的行政机关,同一法律规范将同一行政事务的管辖权授予几个行政机关,行政法律规范对上下级之间相同职能部门的级别管辖没有界定清楚,或者部门立法导致了各部门争权夺利的法律化等,均不可避免地导致行政机关之间的权限冲突。

(三)行政权限冲突的解决规则

在具体的行政管理实务中,我国也探索了一些有效的做法。探索了开展各种综合执法、设立各种协调领导小组或者联席会议、加强行政协助、实行委员会制或者大部门体制等方式。[2] 据统计,2008 年国务院机构改革后设立的国务院层面的议事协调机构就有 29 个,北京市政府设立的议事协调机构和临时机构则达到了 56 个。[3] 客观来讲,上述这些方式都是对解决行政权限冲突的有益探索,有些举措甚至在一定时间、一定范围内发挥了非常有效的作用,为形成具有普遍性、长效性的行政权限冲突解决机制积累了经验。但存在的不足也是显而易见的,一是没有对各种纷繁复杂的行政权限冲突现象进行深入分析,并在此基础上通过一定标准进行统一归类,而更多是采取一种“头痛医头,脚痛医脚”的针锋相对办法,总体上呈现一种杂乱无章的现象。二是缺乏行政过程的视角,更多是在行政权限冲突发生以后,着力于行政权限冲突的事后协商、调解、化解,而没有防患于未然,在行政权限冲突解决之前或者行政权力运行之中,将各种可能产生的矛盾和冲突消除、化解在萌芽状态。三是缺乏体制化的长远考虑,更多采用设立临时机构、一事一议等短视化的方式解决行政权限冲突,没有将现实中行之有效的冲突

---

〔1〕 该案例参见最高人民法院中国应用法学研究所编:《人民法院案例选》(第 21 辑),人民法院出版社 1997 年版,第 313 页。

〔2〕 金国坤:《行政权限冲突解决机制研究:部门协调的法制化路径探寻》,北京大学出版社 2010 年版,第 49 ~ 126 页。

〔3〕 金国坤:《行政权限冲突解决机制研究:部门协调的法制化路径探寻》,北京大学出版社 2010 年版,第 64 ~ 68 页。

解决措施上升到制度层面、法治轨道,建立起行政权限冲突解决机制。四是偏重于行政机构方面的原因,依赖从行政机构改革、完善行政机构设置的角度寻找解决权限冲突,忽视政府与社会、与市场关系等更具有根本性的因素,对于政府职能转变、行政职能法定等未给予应有的重视。

从政府工作规则的角度而言,行政权限冲突不外乎事前行政职权界定不清晰、事中行政权力控制不到位、事后行政权限纠纷裁判不顺畅3种情形。故对行政权限冲突的解决也应当注重从以下3个方面着手。一是明晰行政职责权限。以职设权,权责对等。纵向上,要进一步明确中央和地方的事权以及财权,以行政许可改革为突破口,加大简政放权力度,通过列举、排除等多种方式,明示中央事权、地方事权、中央与地方共有事权,列明各级政府的权力清单。横向上,要进一步加大机构改革力度,以大部制改革为方向(见表5),科学设定部门间行政权限范围,明确不同部门的权力和责任清单,加大部门内部行政协调的力度,形成统一明确的行政管辖制度。二是强化行政过程中的协调。通过在横向上没有隶属关系的行政机关之间设立联席会议、在纵向上具有隶属关系的行政机关之间设立领导小组等方式,从总体上增强行政首长负责制下分工协调功能,完善行政协助制度,发挥行政机关内部的综合协调优势,通过健全有效的行政内部程序,将大量的行政权限冲突消解在行政过程之中。三是畅通行政权限冲突形成后的救济渠道。从立法渠道上来讲,主要是建立中国特色的宪法监督制度,充分发挥全国人大常委会对行政权限冲突型违宪案件的解释、裁决作用。从行政渠道来讲,主要是行政机关可以通过向上级人民政府法制机构申请裁决、行政相对人可以通过向有关机构申请行政复议、行政机关规范性文件审查备案等举措,加强行政内部裁决,而且从尊重行政权的角度出发,应当明确行政裁决是行政权限争议的前置程序。从司法渠道上来讲,就是要扩大行政诉讼受案范围,将行政权限冲突列入行政诉讼中,发挥司法权对行政权的客观制约、监督作用。

表5 2018年国务院机构改革情况

组建的部委	整合的职能
自然资源部	国土资源部的职责,国家发展和改革委员会的组织编制主体功能区规划职责,住房和城乡建设部的城乡规划管理职责,水利部的水资源调查和确权登记管理职责,农业部的草原资源调查和确权登记管理职责,国家林业局的森林、湿地等资源调查和确权登记管理职责,国家海洋局的职责,国家测绘地理信息局的职责
生态环境部	环境保护部的职责,国家发展和改革委员会的应对气候变化和减排职责,国土资源部的监督防止地下水污染职责,水利部的编制水功能区划、排污口设置管理、流域水环境保护职责,农业部的监督指导农业面源污染治理职责,国家海洋局的海洋环境保护职责,国务院南水北调工程建设委员会办公室的南水北调工程项目区环境保护职责
农业农村部	中央农村工作领导小组办公室的职责,农业部的职责,以及国家发展和改革委员会的农业投资项目、财政部的农业综合开发项目、国土资源部的农田整治项目、水利部的农田水利建设项目等管理职责
文化和旅游部	文化部、国家旅游局的职责
国家卫生健康委员会	国家卫生和计划生育委员会、国务院深化医药卫生体制改革领导小组办公室、全国老龄工作委员会办公室的职责,工业和信息化部的牵头《烟草控制框架公约》履约工作职责,国家安全生产监督管理总局的职业安全健康监督管理职责
退役军人事务部	民政部的退役军人优抚安置职责,人力资源和社会保障部的军官转业安置职责,以及中央军委政治工作部、后勤保障部的有关职责
应急管理部	国家安全生产监督管理总局的职责,国务院办公厅的应急管理职责,公安部的消防管理职责,民政部的救灾职责,国土资源部的地质灾害防治、水利部的水旱灾害防治、农业部的草原防火、国家林业局的森林防火相关职责,中国地震局的震灾应急救援职责,以及国家防汛抗旱总指挥部、国家减灾委员会、国务院抗震救灾指挥部、国家森林防火指挥部的职责
科学技术部(新)	科学技术部、国家外国专家局的职责

续表

组建的部委	整合的职能
司法部(新)	司法部和国务院法制办公室的职责
审计署(优化)	将国家发展和改革委员会的重大项目稽查、财政部的中央预算执行情况和其他财政收支情况的监督检查、国务院国有资产监督管理委员会的国有企业领导干部经济责任审计和国有重点大型企业监事会的职责划入审计署,对派出审计监督力量进行整合优化
市场监督管理总局	国家工商行政管理总局的职责,国家质量监督检验检疫总局的职责,国家食品药品监督管理总局的职责,国家发展和改革委员会的价格监督检查与反垄断执法职责,商务部的经营者集中反垄断执法及国务院反垄断委员会办公室等的职责
国家广播电视总局	国家新闻出版广电总局的广播电视管理职责
中央广播电视总台	中央电视台(中国国际电视台)、中央人民广播电台、中国国际广播电台的职责
中国银行保险监督管理委员会	中国银行业监督管理委员会和中国保险监督管理委员会的职责
国家国际发展合作署	商务部对外援助工作的有关职责,外交部对外援助协调等职责
国家医疗保障局	人力资源和社会保障部的城镇职工和城镇居民基本医疗保险、生育保险职责,国家卫生和计划生育委员会的新型农村合作医疗职责,国家发展和改革委员会的药品和医疗服务价格管理职责,民政部的医疗救助职责
国家粮食和物资储备局	国家粮食局的职责,国家发展和改革委员会的组织实施国家战略物资收储、轮换和管理,管理国家粮食、棉花和食糖储备等职责,以及民政部、商务部、国家能源局等部门的组织实施国家战略和应急储备物资收储、轮换和日常管理职责
国家移民管理局	公安部的出入境管理、边防检查职责

续表

组建的部委	整合的职能
国家林业和草原局	国家林业局的职责，农业部的草原监督管理职责，以及国土资源部、住房和城乡建设部、水利部、农业部、国家海洋局等部门的自然保护区、风景名胜区、自然遗产、地质公园等管理职责
国家知识产权局（新）	国家知识产权局的职责，国家工商行政管理总局的商标管理职责，国家质量监督检验检疫总局的原产地地理标志管理职责
水利部（新）	国务院三峡工程建设委员会及其办公室、国务院南水北调工程建设委员会及其办公室的职责

第三节　行政组织中的人、财、物手段

一、行政组织中的人的手段——公务员激励工作规则

（一）公务员的内涵与外延

行政组织中的人的手段内涵比较丰富，既包括正式工作人员，即国家公务员，也包括非正式工作人员，比如工勤人员等辅助人员。国家公务员的外延涵盖了：（1）中国共产党机关的工作人员；（2）人大机关的工作人员；（3）行政机关的工作人员；（4）政协机关的工作人员；（5）审判机关的工作人员；（6）检察机关的工作人员；（7）监察机关的工作人员；（8）民主党派机关的工作人员。本书主要是指国家行政机关的公务员。[1] 法律规定了国家公务员的任职条件、选拔方式和管理要求，目的就是通过提供一定的准入门槛和激励约束方式，将合适的人选拔到公务员队伍中来，组建具有较高素质的公务员队伍，为依法行政提供人的保障。依照我国《宪法》和《公务员法》的有关规定，国家公务员的任职条件主要包括国籍、年龄、守法、政治素质和道德品行、身体条件和心理素质、文化程度及其他法定条件等方面。[2] 公务员

〔1〕《公务员法》第2条。
〔2〕《公务员法》第13条。

的法律地位主要体现在其义务和权利上，法律明确规定了公务员的8项义务和8项权利，而且与众不同的是将义务放在了权利的前面，凸显了公务员的义务属性，其权利也是为了确保其义务的正确履行。[1]

公务员职位关系是国家与公务员之间的基础法律关系，体现了公务员的法律身份，是公务员履行职责的合法性基础。职位一般可以通过考任、选任、聘任、调任等不同方式取得，如国家公务员考试就是考任的一种方式，通过国家权力机关的选举就是选任的一种途径，通过聘任合同可以担任专业技术类公务员职务，而调任则适用于从非行政机关的企事业单位、人民团体中选调一定职级人员到公务员队伍。近年来，江苏、深圳、义乌等地的聘任制公务员试点，以其较高的薪酬待遇成为社会关注的热点。公务员职位关系的具体内容包括人事和待遇两方面，在人事方面主要是考核、奖惩、晋升、回避等，而在待遇方面主要是工资和福利。公务员职位关系的核心是通过建立一套科学合理的约束和激励机制，确保公务员依法履职。

（二）行政不作为与公务员激励不足

所谓行政不作为，就是指行政机关及其工作人员本应积极履行其所负有的法定职责和义务，但由于各种原因没有履行或者拖延履行的现象。构成行政不作为的基本条件有3个：（1）就行政主体而言，存在法定义务是前提，即行政主体负有具体的法定作为义务；（2）就行政相对人而言，进行了意思表示，即行政相对人作出了符合条件的申请等意思表示行为；（3）就行政状态而言，行政主体没有作出相应行政行为，包括没有正当理由明示拒绝或者没有明确意思表示。

就笔者所知，关于行政不作为问题的定量分析非常少见，社会上以及一些学术著作中关于行政不作为现象的讨论更多地还是停留在感性认识或者个案分析的层面上。在一些针对公务员群体的调研数据中，更多地呈现的

---

[1] 《公务员法》第14、15条。

是一种积极作为甚至加班加点的景象。公务员对同事工作状态评价调查统计表相对客观地展现了公务员眼中身边同事的工作状态,结果显示工作积极性很高和一般的分别达到了46.9%和48.3%,两者合计95.2%(见表6)。虽然工作状态与行政不作为不能完全画等号,但我们也可以得出一个基本的结论,也就是至少从公务员自身来讲,对自己及其身边同事的工作态度还是充分肯定的,不认为公务员普遍存在行政不作为的问题。当然,这仅仅是一面之词。综合各方面的情况来看,行政不作为并不是一个新问题,但在全面深化改革的背景下有进一步扩大的趋势,应引起充分关注,特别是对其成因进行深入具体的分析,找准解决问题的办法。

表6　公务员对同事工作状态评价调查统计

选项	类型	政府级别			总计
		省级	地市级	县级	
工作积极性很高,能胜任工作	计数	12	24	31	67
	百分比	37.5%	38.7%	63.3%	46.9%
能胜任工作,但工作积极性一般	计数	16	36	17	69
	百分比	50.0%	58.1%	34.7%	48.3%
难以胜任工作,但工作积极性还是可以的	计数	3	2	0	5
	百分比	9.4%	3.2%	0.0%	3.5%
基本上是得过且过	计数	3	6	1	10
	百分比	9.4%	9.7%	2.0%	7.0%
其他	计数	0	1	0	1
	百分比	0.0%	1.6%	0.0%	0.7%
总计	计数	34	69	49	152
	百分比	100.0%	100.0%	100.0%	100.0%

资料来源:石亚军主编:《中国行政管理体制专项问卷调查数据统计》,中国政法大学出版社2008年版,第253页。据了解,关于公务员激励情况可公开的定量分析比较少,该数据统计虽然不是最新的,但反映的情况对现在仍然具有较强的可参考性,故在此作了较多引用,特此说明。

根据公务员管理缺陷调查数据统计表，公务员管理缺陷中排在前三位的分别是激励制度、退出制度和责任制度，占比分别达到了43.7%、42.3%和42.3%（见表7）。特别是公务员激励制度，在受访的公务员群体中被认为是公务员管理中最重大的缺陷。所谓公务员激励机制，是指通过考核、奖惩、晋升、培训、工资福利等方式，对公务员行为目标选择予以引导和制约，以调动公务员积极性的一系列制度性措施。激励机制不足可能是产生行政不作为现象的一个重要原因。

表7　公务员管理缺陷调查数据统计

选项	类型	政府级别			总计
		省级	地市级	县级	
激励制度	计数	15	23	24	62
	百分比	46.9%	37.7%	49.0%	43.7%
惩戒制度	计数	8	20	13	41
	百分比	25.0%	32.8%	26.5%	28.9%
责任制度	计数	17	27	16	60
	百分比	53.1%	44.3%	32.7%	42.3%
准入制度	计数	3	3	1	7
	百分比	9.4%	4.9%	2.0%	4.9%
退出制度	计数	8	34	18	60
	百分比	25.0%	55.7%	36.7%	42.3%
其他	计数	0	0	0	0
	百分比	0.0%	0.0%	0.0%	0.0%
总计	计数	32	107	72	211
	百分比	100.0%	100.0%	100.0%	100.0%

资料来源：石亚军主编：《中国行政管理体制专项问卷调查数据统计》，中国政法大学出版社2008年版，第255页。

（三）公务员激励工作规则的完善

首先，从最基本的工资福利待遇的角度来看。不同地域和部门之间在工资福利待遇上还是存在一定差别的。总体而言,工资待遇标准并不高。自2004年实行阳光工资以来,国家公务员工资得到了很大规范。公务员工资一般包括岗位工资、级别工资、工作性津贴等。虽然对公务员津贴进行了规范,但公务员工资总额仍然偏低。福利待遇方面,最主要的体现在住房方面。以前福利分房制度已经取消,但现在中央和国家机关还享受统一央产经济适用房的资格,各部门按照公务员级别、职务、工龄、公务员年限等不同因素排队配售,而且不同部门差别巨大,政策掌握尺度也不一样。北京市等地方则取消了统一建设配售公务员经济适用房的办法,采取社会经济适用房、集资建房、团购等方式解决。客观讲,公务员工资标准基本上等同于或者略高于社会平均工资的水平,从工资福利的角度而言,吸引力比较大的还是公务员住房。但住房毕竟不是生活的全部,公务员的货币收入还应当能够维持其基本的生活需求。我国《公务员法》第79条第3款明确规定了公务员工资的正常增长机制。无论是贯彻依法行政要求,还是体现人文关怀、促进反腐倡廉,都应当认真落实法律规定,比照同地域企事业单位同等工资标准,适当提高公务员工资待遇,保障公务员起码的工资福利待遇,这是保障公务员依法履职的基本前提。

其次,从公务员考核的角度来看。考核是公务员奖惩的前提和依据,没有科学客观的考核结果,则难以对公务员予以正确评价和奖惩。我国《公务员法》第五章专章规定了公务员考核问题,明确了公务员考核的内容包括德、能、勤、绩、廉5个方面,重点考核政治素质和工作实绩,考核形式包括平时考核、专项考核和定期考核,考核的结果包括优秀、称职、基本称职和不称职4个档次,定期考核的结果作为调整公务员职位、职务、职级、级别、工资以及公务员奖励、培训、辞退的依据。[1] 但公务员对年度考核的评价调查统计表(见表8)显示,认为年度考核走形式、人人都能过、对工作没有实际影响的

---

〔1〕《公务员法》第五章。

占比达到了59.7%，也就是说，超过一半的公务员认为年度考核的效果不佳，无法科学评判公务员的工作状况，更无法真正左右公务员的奖惩乃至晋升。这份调查统计表基本上是符合真实情况的。由于公务员总体上尚未建立科学有效的行政评价制度，目前的公务员考核基本上仍然停留在定性阶段，大多数的工作成效难以通过定量的方式科学评估，再加上传统机关潜规则所导致的"轮流坐庄""一团和气"的现象，许多地方和单位的公务员考核基本上处于一种走过场的状态，既无法准确体现公务员的工作实绩，更无法同公务员的职务晋升直接挂钩，公务员考核的科学性、权威性均不足。2019年3月，中共中央办公厅印发《公务员职务与职级并行规定》，在这方面进行了一些改进，特别是明确了公务员职级晋升的量化标准。比如，明确"公务员晋升职级所要求任职年限的年度考核结果均应为称职以上等次，其间每有1个年度考核结果为优秀等次的，任职年限缩短半年；每有1个年度考核结果为基本称职等次或者不定等次的，该年度不计算为晋升职级的任职年限"，[1]努力将考核结果与职级晋升直接挂钩，但具体实施情况如何，还有待观察。公务员考核制度如要真正发挥作用，需要具备若干基本条件：一是要有明晰的岗位职责；二是要有科学的行政评价；三是要有独立的考核机构；四是要强化考核结果的运用，特别是要将考核的结果与公务员奖励、提拔直接挂钩，否则，难以取得实效。

表8　公务员对年度考核的评价调查统计

选项	类型	政府级别			总计
		省级	地市级	县级	
基本上是走形式	计数	12	16	10	38
	百分比	35.3%	25.8%	20.8%	26.4%

[1]《公务员职务与职级并行规定》第19条。

续表

选项	类型	政府级别			总计
		省级	地市级	县级	
大家都很重视考核	计数	10	23	17	50
	百分比	29.4%	37.1%	35.4%	34.7%
所有人都会通过,大家都是合格的	计数	4	11	14	29
	百分比	11.8%	17.7	29.2%	20.1%
确实发生过有人没有通过考核的	计数	4	1	4	9
	百分比	11.8%	1.6%	8.3%	6.3%
考核对工作确实有促进	计数	10	29	15	54
	百分比	29.4%	46.8%	31.3%	37.5%
考核对工作没有实际影响	计数	6	9	4	19
	百分比	17.6%	14.5%	8.3%	13.2%
总计	计数	34	62	48	144
	百分比	100.0%	100.0%	100.0%	100.0%

资料来源:石亚军主编:《中国行政管理体制专项问卷调查数据统计》,中国政法大学出版社 2008 年版,第 250 页。

再次,从公务员培训的角度来看。公务员培训是公务员提高职业素养、改善个人综合素质的重要内容,也是公务员激励机制的重要组成部分;更多的培训机会往往意味着更好的职业发展前景。我国《公务员法》第十章也以专章规定了公务员的培训问题,明确了公务员培训的类别、机构、方式和管理。[1] 在实践中,各级党校、行政学院、干部学院以及各个单位的培训中心承担主要培训任务。从公务员培训需求调查统计表(见表 9)的结果看,公务员主观上更需要与工作技能相关的培训,占比是 77.6%。但从政府组织的培训内容分布调查统计表(见表 10)的数据来看,我国政府组织的培训内容中思想政治培训占据主导地位,占比达到了 66.7%,工作技能培训占比仅

〔1〕《公务员法》第十章。

45.3%。也就是说,培训的供求存在明显的差别。从依法行政、正确履职的角度来讲,应当统筹兼顾政治素养与业务技能,特别要重视依法行政理论和能力的培训;适当提高新时代中国特色社会主义法治理论,特别是习近平总书记关于全面依法治国重要论述在公务员培训中所占的比重。

表 9　公务员培训需求调查统计

选项	类型	政府级别			总计
		省级	地市级	县级	
与工作技能相关的培训	计数	26	52	36	114
	百分比	74.3%	80.0%	76.6%	77.6%
与个人素养相关的培训	计数	16	43	25	84
	百分比	45.7%	66.2%	53.2%	57.1%
提高思想政治觉悟的培训	计数	3	11	9	23
	百分比	8.6%	16.9%	19.1%	15.6%
其他	计数	1	2	1	4
	百分比	2.9%	3.1%	2.1%	2.7%
总计	计数	35	65	47	147
	百分比	100.0%	100.0%	100.0%	100.0%

资料来源:石亚军主编:《中国行政管理体制专项问卷调查数据统计》,中国政法大学出版社 2008 年版,第 249 页。

表 10　政府组织的培训内容分布调查统计

选项	类型	政府级别			总计
		省级	地市级	县级	
思想政治培训	计数	16	47	37	100
	百分比	44.4%	72.3%	75.5%	66.7%
工作技能培训	计数	17	27	24	68
	百分比	47.2%	41.5%	49.0%	45.3%

续表

选项	类型	政府级别			总计
		省级	地市级	县级	
法律知识培训	计数	14	22	17	53
	百分比	38.9%	33.8%	34.7%	35.3%
一般素质训练	计数	3	12	14	29
	百分比	8.3%	18.5%	28.6%	19.3%
没有培训	计数	4	9	1	14
	百分比	11.1%	13.8%	2.0%	9.3%
总计	计数	36	65	49	150
	百分比	100.0%	100.0%	100.0%	100.0%

资料来源：石亚军主编：《中国行政管理体制专项问卷调查数据统计》，中国政法大学出版社2008年版，第248页。

最后，从公务员职务晋升的角度来看。对于公务员来讲，职务的晋升、仕途的发展无疑是有效的激励手段，特别是在当前物质激励手段严重不足的情况下。我国《公务员法》明确了对公务员实行物质奖励与精神奖励相结合、以精神奖励为主的奖励制度，[1]实践中，中央和国家机关的公务员年终考核所得的物质奖励极为有限，一般为增发一个月的基本工资，也就是职务工资与级别工资。在贯彻中央八项规定过程中，地级市以下一律取消了原有的评比表彰项目，精神激励的手段也被压缩。公务员对激励措施的需求调查统计表（见表11）显示，80.1%的公务员选择的是提拔晋升，而精神奖励仅占到15.8%，其中的对比差别非常大。由于我国对公务员实行的是科层制的管理体制，不同层级的公务员之间均存在一种职务级别晋升的“天花板”现象。在成长过程中，大多数官员达到一定级别后，晋升空间越来越小，从而在不同阶段上遇到自身仕途的“天花板”。特别是对于县级以下基层公

[1] 《公务员法》第51条：“……奖励坚持定期奖励与及时奖励相结合，精神奖励与物质奖励相结合、以精神奖励为主的原则。……”

务员而言,由于级别有限、人数相对较多、晋升空间狭小,终其一生可能也就是个科级干部,而工资待遇又与行政职务、级别严格挂钩,级别上不去,工资待遇也无法提高,迫使很多人过早地考虑退路,造成干部资源的严重浪费。为此,中共中央专门制定了《关于县以下机关建立公务员职务与职级并行制度的意见》,并于2018年修改了《公务员法》,试图通过打破这种基层公务员职务与职级严格挂钩的局限,以非领导职务为突破口,即使职务没法晋升,但是职级和工资待遇可以随着服务年限的增长而逐步提高,为破解基层公务员"天花板"问题提供了一条可能的路径。但由于规定的晋级年限为15年,年限标准过高,实际适用范围很窄,同时对于中央和国家机关而言,则可能出现处长领导巡视员、调研员和巡视员比例高等问题。

表11 公务员对激励措施的需求调查统计

选项	类型	政府级别			总计
		省级	地市级	县级	
物质奖励	计数	10	20	17	47
	百分比	29.4%	31.3%	35.4%	32.2%
提拔晋升	计数	30	50	37	117
	百分比	88.2%	78.1%	77.1%	80.1%
精神奖励	计数	6	12	6	23
	百分比	17.6%	18.8%	10.4%	15.8%
总计	计数	34	64	48	146
	百分比	100.0%	100.0%	100.0%	100.0%

资料来源:石亚军主编:《中国行政管理体制专项问卷调查数据统计》,中国政法大学出版社2008年版,第251页。

二、行政组织中的财的手段——公共财政保障工作规则

(一)公共财政保障工作的内涵

一般而言,财政保障制度主要包括4个方面的内容:一是财政管理机构

问题,也就是确定主责部门,我国目前主要对应不同政府层级设为中央级、省级、市级、县级和乡镇级五级财政主管部门;二是财政管理权责问题,即不同层级的财政主管部门的不同权利和义务,主要是根据公共需要的覆盖面和受益范围的不同,确定各级政府之间的事权、财权及其相应责任;三是财政收支范围问题,也就是明确不同层级政府的财权归属,通常情况下财政收入主要侧重于中央政府,财政支出则依赖于地方政府;四是政府间转移支付问题,也就是不同政府间财政收支的转移使用问题,既包括上级政府转移给下级政府,也包括下级政府转移给上级政府。[1]

(二)我国财政体制的改革与不足

中华人民共和国成立以来,我国财政体制大体上经历了5个阶段的发展演变:高度集中、统收统支阶段—划分收支、分类分成阶段—划分收支、总额分成阶段—划分收支、分级包干阶段—分税制阶段。[2] 特别是于1992年开始试点,1994年全面铺开的分税制改革,对我国财政保障制度产生了极为深远的影响。分税制是分税分级财政的简称,是指根据中央与地方的不同事权,从税种上区分中央税与地方税,并以此为基础建立相应的财政管理制度。分税制包括3个方面:首先,区分中央与地方,在保障中央财权的基础上调动中央和地方的积极性,确保财政收入保持合理增长;其次,区分不同税种,将全部税种划分为中央税、共享税和地方税,通过国税系统和地税系统分别征缴,解决好财权划分问题;最后,统筹财力分配,兼顾中央与地方、不同地方之间的财力,通过税收返还、转移支付等途径调剂财政资金。分税制改革的基本内容包括:一是改革和完善增值税、消费税、营业税、所得税、资源税,扩大增值税在整个税制中的比重,适当补充流转税,提高税制结构的合理性和科学化;二是重新划定中央税、地方税和中央地方共享税3种类别,

---

〔1〕 邓子基主编:《财政学》(第2版),高等教育出版社2005年版,第296~298页。

〔2〕 孙开、彭健:《财政管理体制创新研究》,中国社会科学出版社2004年版,第103~115页;罗慧、王广奇:《中国财政体制的历史演进与改革的必然性》,载《中国总会计师》2007年第3期。

与国家宏观调控关系紧密的税种定为中央税,对地方经济社会发展影响较大的税种定为地方税,兼具两种特点的税种定为中央与地方共享税,理顺税收征管关系;三是调整、明确中央与地方的事权划分,并以此为基础划定财权支出范围,涉及国家安全、外交国防、中央国家机关运转、中央直接管理事项以及宏观调控事宜的均列为中央事权,由中央财政支出,其他涉及地方性经济、社会发展的事项为地方事权,由地方财政保障;四是建立财政统筹调剂制度渠道,确定中央财政对地方税收返还数额,建立中央补助、地方上解、结算补助等事项的处理及过渡期转移支付制度。

分税制改革取得了一定成效,形成了预算管理、支出审批、收支两条线、决算监督等基本的财务管理流程,客观上改进了我国的财政保障体制,保障了中央财政收入,为我国经济社会的快速发展奠定了较好的制度基础,但实行后也出现了这样那样的问题,集中体现在以下几个方面:(1)政府间事权及财权不匹配问题,中央与地方事权财权责任划分不清晰,政府与市场之间的关系没有完全理顺,地方政府之间事权存在交叉现象;(2)地方税体系不健全,地方税体系缺乏有效的主体税种,税收征管权过分集中于中央,地方财政不宽裕;(3)转移支付制度不够规范,法治化、透明度水平有待提高,转移支付平衡地区差距的功能不充分;(4)过分偏重于财政收入制度,相对轻视了财政支出管理制度的改革,客观上导致预算外资金等不规范现象的存在;等等。[1]

(三)公共财政保障工作规则的改进

财政是政府工作的基础,控制政府财权是控制政府的重要切入点,这是人类在长期实践中形成的一条规律性的认识。[2] 系统论是研究系统的一般模式、结构和规律的学问,它研究各种系统的共同特征,用数学方法定量描述其功能,寻求并确立适用于一切系统的原理、原则和数学模型,是具有逻

---

〔1〕 刘亮:《我国行政体制与财政体制的冲突与协调》,载《甘肃社会科学》2004 年第 6 期。

〔2〕 周刚志:《论公共财政与宪政国家》,北京大学出版社 2005 年版,第 156 页。

辑和数学性质的一门科学。它为美籍奥地利人、理论生物学家 L. V. 贝塔朗菲所创立,后扩展并运用到法学等各个学科,其核心思想是系统的整体观念。从系统论的角度而言,任何一个事物在构成自身系统的同时,需要与其他的相关系统发生联系和作用。[1] 财政保障制度对于政府工作具有重大影响,一方面,财政是政府履行职能的基础,现代政府建立在充足的财政保障基础之上,特别是服务型政府更是需要大量的财政经费以确保公共服务、公共产品的提供,以更好地弥补市场失灵、服务社会公众;另一方面,财政也是控制和规范政府工作的重要手段,通过财政预算可以加强权力机关对行政权力的制约,通过税费改革可以规范非税收入、压缩权力寻租空间,通过"收支两条线"、严格财政支出审批可以从源头上控制机构膨胀、预防腐败。

财政工作规则的基本目标是建立公共财政保障制度,保障法治政府运转。从行政法学的角度,改进和完善当前的财政工作规则,以法治手段保障公共财政目标的实现,至少可以在以下几个方面努力:

一是健全公共财政工作的基本规则体系。恰如前文所说,公共财政制度的基本框架包括支出、收入、预算、管理 4 个基本方面,但就目前我国的财政法律资源而言,除了《税法》,主要是《预算法》及其实施细则,其他的则主要是《政府采购法》与有关的会计制度,总体上法律资源相对较少。财政工作的基本规则体系包括立法规则、议会规则和政府内部规则 3 个部分,这 3 个部分相互补充,共同确保公共财政的合规则性、妥当性和钱财用途。[2] 法律上的疏漏必然导致政府工作规则的丛生,我国现行财政制度更多依靠政府特别是财政部门的行政法规、行政规章甚至其他规范性文件补充,如环境保护部就制定有《环境保护部中央级项目支出预算管理实施细则(试行)》《部门预算管理办法(试行)》等。这也导致各级人大对于政府财政预算案

---

〔1〕 魏宏森、曾国屏:《系统论——系统科学哲学》,清华大学出版社 1995 年版。

〔2〕 [英]特伦斯·丹提斯、[英]阿兰·佩兹:《宪制中的行政机关——结构、自治与内部控制》,刘刚、江菁、轲翀译,高等教育出版社 2006 年版,第 161~169 页。

“看不懂”或者审查效果欠佳等现象产生。

二是明确公共财政保障范围。从总体上进一步压缩公共财政的供给范围,主要限定在弥补市场失灵的领域,特别是具备外部性、垄断性、支柱性、波动性的领域,以及城乡、区域经济发展不平衡的领域,集中于提供公共产品、保障公共支出,更多地发挥市场在资源配置中的基础性作用。具体来说,就是要细化界定中央政府、地方政府以及中央与地方共同承担的事权和财权范围,积极推行“省直管县”和“乡财县管乡用”改革试点以减少财政级次,体现受益范围、适度集权与分权相结合、兼顾公平与效率、相对稳定与适当调整相结合等基本原则,确立事权与支出范围的细则,提高资金使用效率。

三是完善财政收支管理。在财政收入方面,主要是通过完善增值税、改革所得税、改进消费税、健全地方税等优化税收制度结构,优化中央与地方税构成,合理分配税收权限,根据公共需要和支出规模确定合理的收入规模与结构;在财政支出方面,主要是规范部门预算管理,针对预算编制内容不完整、方法欠科学、程序太粗陋、法制化水平较低、定额计算标准不合理、部门预算监督力度不强等问题,采行零基预算编制方法,[1]确保预算内容的完整性、科学性。所谓零基预算编制方法,是指在编制预算时,对每年(或每一项目)预算收支的规模进行重新审查和安排,而不考虑上年度的实际支出水平,即以零为起点测算计划年度预算收支指标的一种方法。该方法能够很好地弥补传统基数预算的缺陷和不足,使“吃饭”和“办事”经费分开,提高资金的使用效益,提高预算分配的科学性。

四是规范各项财政专门工作。比如转移支付工作,应以贯彻落实《国务院关于改革和完善中央对地方转移支付制度的意见》为契机,采用因素法确定转移支付数额,优化结构,规范使用,强化管理,加快立法,进一步发挥转移支付制度的优越性。所谓“因素法”,是相对于目前的“基数法”而言的,是

---

〔1〕 曹荣庆:《中国政府职能转型的财政学透视》,中国财政经济出版社2004年版,第196页。

指选取不易受到人为控制的、影响各地财政收入和财政支出需要的客观性因素,如人口数量、城市化程度、人均 GDP 等,对这些变量综合地加以测算和分析,并以此为依据确定各地的转移支付数额。因素法是国家规范转移支付的主要标志。国库集中收付工作,应改进国库单一账户设置方式,强化对财政现金的管理,加强国库管理信息系统建设,提高国库管理的科学化水平。政府采购制度,针对目标短期化、范围较窄、方式单一、随意性大、缺乏监督、专业人才匮乏等问题,应逐步扩大规模及范围,实现国库集中支付,推进采购网络和信息化建设,加强从业人员资格管理。

三、行政组织中的物的手段——机关事务管理工作规则

(一)机关事务管理工作的含义

机关事务管理,是指为保障政府机关正常运转所需要的经费、资产和服务管理以及服务性事项进行组织安排的活动,也就是行政机关根据服务对象、管理目标和保障需求,为保障行政职能活动正常开展而对有关的人、财、物等资源进行有效的管理和配置,更好地为政府工作提供服务保障的行政管理活动。[1]

一般认为,机关事务管理包括四大基本要素:(1)人员。机关事务工作,既是一项理财管物、服务保障的事务性工作,又是一项政策性、技术性、专业性工作,需要具备一定专业知识的专业人员。(2)经费,即为保障政府机关正常运行所用于购买有关货物和服务的各项资金,包括编制经费预算、阶段性用款计划、经费使用审批、执行预算和决算评价等具体工作。[2] (3)资产,主要是机关经济资源的获得、配置、管理、分配和利用,包括资产配置,非固定资产使用管理,办公用房管理,公车配置与管理,公务员住宅的建设、分配和管理。(4)服务,包括公务接待、公务会议、供水供暖供电供气、公务用

---

〔1〕 王德:《机关事务管理思考与前瞻》,中国人事出版社 2012 年版,第 17 页。

〔2〕《机关事务管理条例》第 9 条。

餐、安全保卫、文印服务等。

从我国历史看，机关事务管理在国家政权建设中始终居于基础地位，设有宰、少府、内侍省、侍正府、内务府等专门的管理机构。[1] 虽然中国古代尚未形成现代意义上的政府，但机关事务管理的实质却是政府行为。从国外的情况看，机关事务管理也都是政府行政管理的重要范畴。比如，美国联邦政府的机关事务均由联邦总务署负责，加拿大由公共工程和政府服务部负责，俄罗斯由联邦总统事务管理局负责等。我国政府一般将机关事务管理工作划归事业单位或者参照《公务员法》管理的事业单位负责。

长期以来，关于机关事务管理的行政法属性，我国行政法学界并未给予充分的重视，甚至将其放在行政法学研究的范畴之外。近年来，随着我国《机关事务管理条例》等行政法规的出台，这一领域的研究逐渐受到重视。首先，机关事务管理是重要的行政内部行为，是政府工作的重要内容。从行为主体看，机关事务管理的主体是行政机关；从行为对象看，机关事务管理主要针对的是行政机关和公务员，影响行政机关和公务员的权利义务；从行为内容看，机关事务管理是依据行政隶属关系或行政职务关系所作的行政权力行为；从行为效果看，机关事务管理是具有法律效果的行为，涉及机关团体和公务员的权利义务。其次，机关事务管理是行政组织法的重要研究内容。机关事务管理涉及对保障行政机关运转的人、财、物实施有效的组织配置和有效使用的管理活动，是行政组织的具体化和物化，必须有专门的部门和人员，对机关运转涉及的资产资源、设备设施、经费资产以及人员编配、工作手段等，进行科学合理的组织、指挥、协调、配置。最后，机关事务管理还是公物法的重要研究对象。德国法上的公物，广义上包括所有直接供大众福祉或者行政主体自身需要使用的财产，它们受公法的目的性约束，尤其

---

〔1〕 余大芹：《古人是怎样搞宫廷服务的？》，载《秘书工作》2007 年第 12 期。

是公物支配权的约束。[1] 日本行政法学者则认为,公物是指基于公共利益,由国家或者公共团体等特定行政主体使用的有体物。[2] 从我国的实际情况看,机关事务作为机关行政的手段,更多地属于公物分类中的行政财产部分,即行政主体为达到行政目的而直接供各机关公务使用的物件,如办公用房、职工宿舍、办公用品、电脑设备、公务用车等。[3] 从公物法的角度,机关事务管理包含着公物的所有权与管理、公物的使用与使用人的权利、公物行政的监督与救济等内容。

(二)机关事务管理的行政法问题

一是机关事务管理的职能问题。机关事务管理职能,主要指的是机关事务管理部门为保障机关正常有序运转,满足机关和公务员办公及生活需要而负有的职责和所应发挥的作用。我国机关事务工作职能经历了3次转变,即由政务、事务不分向政务、事务分开转变,由管理、服务不分向管理、服务分开转变,由管后勤、办后勤不分向管后勤、办后勤分开转变。[4] 当前存在的问题主要是:(1)内涵外延界定不清。从“机关事务管理”到“机关后勤”,再到“机关事务管理”,反映的是对机关事务工作本身还没有一个清晰的认识和把握,这也导致具体工作中的“缺位”、“越位”和“错位”现象比较多。比如,机关国有资产监管职能不到位,造成管理缺位、奢侈浪费、行政成本高乃至国有资产流失等问题。(2)具体内容庞杂。机关事务具有综合性、服务性、保障性等特点,不同层级、不同地域的机关事务的具体内容千差万别。有的工作内容非常饱满,包括了办公用房、公务用车、政府采购、公共机构节能、住房资金监管等一应俱全;也有的只负责机关大院的保卫和物业服务工作。(3)职责权限不清晰。比如,在国有资产管理、政府采购和基建投

---

〔1〕 [德]汉斯·J.沃尔夫等:《行政法》(第2卷),高家伟译,商务印书馆2002年版,第455~456页。

〔2〕 [日]盐野宏:《行政组织法》,杨建顺译,北京大学出版社2008年版,第237页。

〔3〕 姜明安、余凌云主编:《行政法》,科学出版社2010年版,第685页。

〔4〕 王德:《机关事务管理思考与前瞻》,中国人事出版社2012年版,第54~57页。

资等问题上，中央政府与地方政府之间存在交叉重叠、重复配置等现象，特别是各级机关事务管理机构之间各自为政，导致不同地域、不同部门之间保障标准差距过大、资源配置不公，产生一些消极腐败现象。机关事务工作职能所要解决的是“干什么”的问题；如果解决不好，会导致“乱干”“不干”等现象。[1]

二是机关事务管理机构的设置问题。除国务院原机关事务管理局外，全国共设有 28 个省级机关事务管理机构、249 个地市级机关事务管理机构和 1633 个区县级机关事务管理机构，设置率随省市县逐级递减，从机构性质上看，省级以行政单位为主，地市级以参公单位为主，区县级以事业单位为主；从规格级别上看，国务院原机关事务管理局为副部级机构，省级机关事务管理局以正厅为主，地市级以正处为主，区县级以正科为主；从机构隶属关系上看，机关事务管理机构大多隶属同级政府；从中央国家机关来看，一般是通过办公厅（室）、机关服务中心或机关事务管理局等管理各部门的机关事务；从编制上看，有的使用行政编制，有的使用事业编制，还有的是行政、事业编制混合使用。当前机关事务管理机构存在的问题主要是：（1）机关事务管理机构的设置与法律所赋予的职能地位不适应。我国《人民防空法》《节约能源法》《城乡规划法》《公共机构节能条例》等法律法规，均规定了机关事务管理机构的有关职责问题，国务院在公务用车、资产管理、办公用房、住房资金等管理事项中也制定了大量政策性文件，但现有机关事务管理无论是机构设置还是人员配备，总体上还是呈现“后勤化”的特点，管理和服务跟不上要求。（2）制度标准不统一，缺乏有效统筹规划。2012 年《机关事务管理条例》颁布以后，将国务院原机关事务管理局更名为国家机关事务管理局，并赋予其指导全国机关事务管理的职能。但机关事务工作复杂琐碎，长期存在多头管理、政出多门的情况，导致机关事务工作服务保障标准

[1] 王德：《科学把握当前机关事务工作的定位与职能》，载《中国行政管理》2005 年第 1 期。

不一致,重复建设和浪费现象严重,资产部门化、部门利益化的现象比较严重。(3)机关事务工作法规范体系不健全,没有形成有效的监督制约体系。机关事务工作涉及面比较宽,缺乏统一的规范机关自身建设和各类行政资源配置使用的法律法规,处置上也缺少行之有效的追责手段和法律依据,导致机关事务工作的规范化水平不高、监督制约体系不健全。

三是中央与地方政府机关事务工作的权责划分问题。机关事务工作关系是中央与地方政府关系的一个缩影,不同的府际关系决定了中央与地方政府在机关事务工作中的不同权责,体现在事权、财权、物权等各个方面。关于中央与地方政府的关系问题,已经在之前的章节中有所论述,在此不再赘述。

(三)机关事务管理工作规则的完善

完善机关事务管理规则,包括明确职权责任、规范管理行为和健全体制机制等主要内容,尤其需要从以下几个方面努力:

第一,完善规则体系。目前,我国机关事务工作的法规范依据呈现两个方面的不足。一是法规范的效力不高。主要是行政法规和内部规范性文件,没有专门的法律和规章,现有的法规范除了《机关事务管理条例》外,基本都是对机关事务的某些领域和某些方面作了规定,没有系统化的制度成果。二是法规范的体系不全。法律和部门规章的缺位,导致机关事务法规范体系存在断层,除法规范的效力不高之外,具有直接可操作性的行政规则也缺位。比如,在管理标准方面,缺乏通用的资产配置标准、实物定额标准、资产使用和处置标准;在节能指标方面,公务用车配备更新办法已经落后;在保障规范方面,办公用房、职工住宅和公务接待等方面的规定已经过时;在服务规范方面,机关餐饮、机要交通、物业服务方面缺乏规制。

第二,健全规则领域。尽管当前中国特色社会主义法律体系已经形成,但在机关事务工作领域仍然存在许多法规范空白,有些管理事项仍然无法可依,有些管理事项缺乏制度约束,有些很不健全,一些新的管理领域亟须通过法规范来约束。虽然《机关事务管理条例》作为综合性的机关事务行政法规,从总体上明确了机关事务管理的原则、经费管理、资产管理和服务管理的总体要求,但是相关的配套规定极不健全,欠缺机关运行保障计划[1]、公务接待标准、节约型机关细则、行政成本控制办法、行政资产处置流程、机关事务标准化操作指南等,难以有效控制行政成本、提高行政效能、遏制行政浪费等问题。

第三,提升规则质量。由于管理体制的局限和条块的分割,我国机关事务管理的相关法规范在效力上欠缺应有的权威性,在内容上缺乏统一性和系统性,在指导思想上缺乏市场化、社会化的指向,无法发挥统一标准、规范内容、平衡差异的应有作用。比如,将机关事务管理完全等同于行政管理,习惯用审批的方式履行管理职责,服务意识和能力有限;比如,一些规范性文件不够具体明确,原则要求多,具体规则少,可操作性不强,难以实施有效的监管;比如,有的制度办法事权边界不清,理解上容易出现歧义,执行起来比较困难等。

第四,加强监督制约。机关事务工作直接涉及大量人、财、物资源的购置和调配,在具体实施过程中存在较大的"寻租"可能和廉政风险。一方面要综合运用各种监督制约模式,明确机关事务管理系统内部的监督制约关系,确立报告工作、备案审查、行政复议、执法监督检查、审查批准等多种监督方式,落实权力机关、司法机关、行政监察、审计及社会监督的途径。另一方面要完善行政法律责任,根据机关事务管理的实际,综合运用行政合同、行政许可、行政征收、行政处罚、行政强制等不同方式来确立法律责任,落实行政机关和具体责任人的法律责任。[2]

---

[1] 封蔚然:《论机关运行保障计划的法治化》,载《中国行政管理》2020 年第 3 期。
[2] 应松年:《行政法与行政诉讼法》,法律出版社 2005 年版,第 310～311 页。

第四章　政府决策工作规则

决策在政府工作中占据十分重要的地位,行政决策既是行政行为的一种具体形式,也是许多行政行为的起点。行政法视野下,对行政决策的研究主要在于明确其科学化、民主化、法治化的基本目标,并为这一目标的实现构筑合法合理可行的实现规则。行政决策涉及行政决策咨询、政府法律顾问等辅助手段,也包括重大行政决策的听证、合法性审查、会议讨论等程序控制方式。总体来看,我国行政决策目标十分明确,但实现这一目标的辅助规则和程序规则尚处于起步阶段,行政独断专行、决策过程"任性"的问题仍然十分突出。针对行政决策咨询机构独立性差、咨询质量不高、咨询制度化不够等问题,需要从行政理念、行政立法、咨询环境、成果转化等方面完善制度规则。通过比较中外政府法律顾问制度的不同模式,应当根据建立法律顾问队伍的实际需要,明确具体的聘请规则和业务范围。重大行政决策听证、合法性审查以及会议讨论等程序在适用范围、主体职责、具体流程、形式要件及法定效力方面均存在不同程度的欠缺,也应当进一步明确具体科学有效的工作规则。

第一节　行政法视野下的政府决策

一、政府决策的含义和类别

政府决策，即行政决策，是现代政府工作的中心环节，是行政权力运作的重要体现，对建设法治政府有着重要而积极的现实意义，也是行政法学研究的重要内容。"（行政）决策是典型的行政行为，没有'决策'，'行动'将是不可能的。"〔1〕从行政法学的角度来讲，所谓行政决策，是指国家行政机关围绕特定行政目标，根据法定职权和程序，就行政活动进行方案设计、咨询、论证、评价、选择以及决定的行政行为过程。〔2〕 行政决策具有以下几点基本属性：一是公共性。各级行政机关是行政决策的特定主体，虽然也有学者认为行政决策的制定主体包括行政机关和个人两种形态，但行政官员，包括行政首长，只是在行政决策决定阶段享有对决策方案的最终选择决定权，但依然是以其所在机关名义对外发布和发生法律效力的，在责任追究上也仍然是首先由行政机关承担责任，然后才是追究内部行政法律责任；〔3〕调整公共利益是行政决策的主要内容；行政决策主体、决策事项、决策范围、决策过程、决策结果等一般须向社会公开。二是合法性。行政决策是国家公权力运行的活动、过程与结果，以国家权力作后盾，通过各项规则和具体制度得以保障，行政决策的产生、运作合乎现行法律的安排，体现的价值取向也要合乎民意，既为社会公众提供行为模式，也对行政机关自身行为予以约束。三是过程理性。行政决策的目标是公共利益的最大化、行政效率的最大化，行政

---

〔1〕［美］詹姆斯·W. 费斯勒、［美］唐纳德·F. 凯特尔：《公共行政学新论：行政过程的政治》，陈振明、朱芳芳等译，中国人民大学出版社2013年版，第218页。

〔2〕周实、齐宁：《行政决策的法制化研究》，东北大学出版社2014年版，第1～19页。

〔3〕江必新主编：《法治政府的建构：〈全面推进依法行政实施纲要〉解读》，中国青年出版社2004年版，第105页；刘莘主编：《法治政府与行政决策、行政立法》，北京大学出版社2006年版，第77页。

决策的过程通过确定目标、设计方案、衡量结果、决定选择等不同环节确保获取理性的决策结果,同时将行政决策权力限定在特定的范围之内,避免过多地干预市场和社会。

行政决策根据不同的标准可以划分为不同的类别,以行政决策的目的为标准,可以分为3类:(1)执行性行政决策,是指直接执行本级权力机关的决议,以及上级国家行政机关的决定、命令等而进行的决策,主要是对法律法规、本级权力机关和上级行政机关的决定精神作出具体适用决策。(2)自主性行政决策,即各级政府为行使法律赋予的行政职权和履行行政职责,根据本级政府确定的发展目标,结合当地的具体情况而进行的决策,是行政机关积极主动地行使职权、履行职责的体现。(3)补充性行政决策,是指行政机关对法律或上级决策中某些不能事先预见或不宜详细规定的事项,在获得授权的情况下,为补充法律或者上级决策不足而进行的决策,创造部分新的决策事项,或新的决策权力,但受法律保留原则和授权法的约束。总体而言,执行性和自主性决策在整个行政决策体系中所占比重较大,补充性行政决策较少。决策类型的多寡、分量轻重与行政级别之高低呈现逆向扩张的格局,行政机关的行政级别越低,执行性决策比重就越大,自主性决策的比重则越小。

二、我国的行政决策

在长期实践中,我国已经初步探索建立了一套独具特色、行之有效的行政决策体系。在行政决策主体方面,包括行政决策主体、决策咨询主体、决策辅助主体,行政决策主体主要是行政机关及其职能部门,负责提出行政决策议题、确立决策目标、制订决策方案;行政决策咨询主体,是行政决策主体的"智囊团""思想库",是为决策进行咨询、论证、评估等服务的机构,包括特定政府机构、科研院所和中介组织、专家学者;决策辅助主体,是指为行政决策收集、处理、传递决策信息、反馈决策执行情况的主体,包括各级政府的综合服务机构、信息机构、社会信息单位及新闻媒体，主要承担信息输入、反馈的任务。在行政决策方法方面，广泛采用现代的行政决策理论、方法和手段，包括过程论、系统论、控制论、信息论、未来学、行政生态学等一批新兴理论，通过问卷调查、数据统计、模型分析、定性定量分析等决策方法，应用计算机技术和电子政务等信息手段。在行政决策机制方面，形成了一套规范行政决策活动的规则和制度体系，注重发挥咨询机构的智囊作用，建立决策决议规则和程序设计。[1] 在行政决策监督方面，形成了多角度、多方位、多层次的监督体系，包括权力监督、法律监督、社会监督、经济监督等。

现代决策理论的奠基者西蒙（Simon）认为，决策过程包含 4 个阶段：第一阶段，情报活动，即探查环境，寻求决策条件，捕捉决策信息；第二阶段，设计活动，即创造、制订和分析可能采取的行动方案；第三阶段，抉择活动，即从可资利用的方案中选出一个特别方案；第四阶段，审查活动，即对过去的抉择进行评价。[2] 对比这些阶段，当前，我国行政决策存在的问题主要集中在 3 个方面：在行政决策的组织上，主要是行政决策权与执政党决策权、权力机关决策权的界分不明确，民主集中制、行政首长负责制、专家咨询制度等行政决策制度没有形成合力，决策咨询机构独立性不足，决策信息不对称，容易陷入地方主义和部门主义的泥沼。在行政决策的程序上，对比一般决策所包含的情报、设计、抉择、审查等各阶段，情报信息处理存在行政依附、能力不足和方法落后等问题，行政决策具体工作规程不健全，咨询组织的智囊作用有限，择优选择的方案空间受到制约，事后跟踪缺位。在行政决策的监督上，如表 12 所示，责任追究机制大多束之高阁、形同虚设，监督滞后并且缺位，没有形成普遍的决策法律责任意识，而且存在以道义责任、政治责任代替法律责任的实践偏好。

---

〔1〕 桑玉成、孙琳：《制度程序是民主决策的保证》，载《江苏行政学院学报》2006 年第 1 期。

〔2〕 参见［美］赫伯特·西蒙：《现代决策理论的基石》，杨砾、徐立译，北京经济学院出版社 1989 年版。

表 12 领导责任追究机制在不同级别政府的表现

选项	类型	政府级别			总计
		省级	地市级	县级	
有领导责任追究机制,但从来没有启动过	计数	15	38	21	74
	百分比	46.9%	62.3%	43.8%	52.5%
有领导责任追究机制,曾经启动	计数	9	12	12	33
	百分比	28.1%	19.7%	25.0%	23.4%
没有领导责任追究机制	计数	4	3	0	7
	百分比	12.5%	4.9%	0.0%	5.0%
没必要制定领导责任追究机制	计数	0	1	1	2
	百分比	0.0%	1.6%	2.1%	1.4%
没注意有这方面的规定	计数	4	10	14	28
	百分比	12.5%	16.4%	29.2%	19.9%
总计	计数	32	64	48	144
	百分比	100.0%	100.0%	100.0%	100.0%

资料来源:石亚军主编:《中国行政管理体制专项问卷调查数据统计》,中国政法大学出版社 2008 年版,第 245 页。

三、我国行政决策规则的目标

行政决策是政府各项行政工作的基础。长期以来,我国始终高度重视改进和完善行政决策,1986 年 7 月,时任国务院副总理万里作了题为《决策民主化和科学化是政治体制改革的一个重要课题》的讲话,首次对决策"科学化、民主化"作了专题性的深入探讨。2004 年国务院颁布《全面推进依法行政实施纲要》,提出建立科学化、民主化、规范化的行政决策机制,实行依法决策、科学决策、民主决策。自此,依法、科学、民主便成为我国行政决策的发展方向。最终,经过长期实践探索形成了科学化、民主化、法治化的行政决策规则目标。[1] 所谓决策科学化，是指行政决策过程要建立在科学论证的基础之上，利用现代科学技术、决策方法、决策程序进行，其实质就是要坚持客观真实、信息完备、切实可行和评估择优。所谓决策民主化是指行政决策主体在决策过程中与社会公众保持着密切联系，最大限度地让社会公众参与到决策中来，各项决策信息向社会公开，充分吸收各种意见和建议，确保决策结果符合民意。[2] 所谓决策法治化是指通过宪法和法律来规定和约束决策主体的行为、决策机制和过程，保障行政相对人参与行政决策的民主权利，使行政决策受到有效监督。行政决策的民主化、科学化、法治化相互联系、相互促进，其中基础是民主化，为行政决策提供最可靠的合法性来源、基本的议决规则，提高行政决策的效率，使决策更加公平。科学化是主导，只有运用科学的决策理论、技术、方法，才能增强决策的社会效果。法治化是保障，通过制度规范决策主体和参与主体的行为模式，从而提升行政决策的可持续性。

第二节　行政决策的辅助手段

现代民主政治制度下，行政决策已绝非行政主体一方能够单独完成的，公民参与行政或者说参与型行政作为一种重要的行政方式，在行政决策中发挥着重要作用，成为辅助行政决策科学化、民主化、法治化的有效手段。而所谓参与型行政，亦称互动型行政，是指行政机关及其他组织在行使国家行政权，从事国家事务和社会公共事务管理的过程中，广泛吸收私人参与行政决策、行政计划、行政立法、行政决定、行政执行等行政过程，充分尊重私人的自主性、自立性和创造性，承认私人在行政管理中的一定程度的主体

---

〔1〕 杨建顺：《政府决策：依法科学民主》，载《人民日报》2004年5月15日，第6版。

〔2〕 彭程甸、罗伊平：《行政决策民主化、科学化、法治化及其辩证关系》，载《湖南财经高等专科学校学报》2002年第5期。

性,明确私人参与行政的权利和行政机关的责任和义务,共同创造互动、协调、协商和对话行政的程序和制度。[1]

一、行政决策咨询制度

(一)行政决策咨询制度的含义

所谓行政决策咨询制度,是指为适应决策科学化、民主化、法治化要求,提高行政决策质量,而就行政决策的目的、原则、具体举措及影响等有关问题向专家、专业机构等进行咨询,并对决策咨询的地位、职能、作用、组织程序、运作方式、参与决策方法等方面所作出的系统规范。

决策咨询制度在前资本主义时代,一般被称作"幕僚制度",是围绕着巩固和完善统治者或君主的权力而在国家正规制度之外发展起来的一种特殊制度。按照其字面意思,"幕"是与所谓的"公堂"相对应,是当政者自设的政治机构;"僚"是与国家正式官吏相对应,是行政首长的私人班子。幕僚运用自己的知识、经验与智慧,"挟术怀策",辅佐领导者决策或者直接参与决策。[2]

(二)发达国家行政决策咨询制度

从机构设置来讲,发达国家政府决策咨询机构总体上可以分为决策内部咨询机构和决策外部咨询机构两类。

所谓决策内部咨询,是指行政机关设立,供行政决策时进行自我咨询,咨询机构和人员都是行政决策主体的下级机构或者下级官员,一般有明确的国家法规范作为设立依据的咨询机构。比如,《法兰西共和国宪法》(1976年6月18日修订)第七章第56~63条规定了作为第五共和国最重要的决策咨询机构——宪法委员会的权力、组织和任命办法;美国国会1972年10月6日通过的《联邦咨询委员会法》对咨询委员会的必要性、宗旨、定义、工作原

---

〔1〕 杨建顺:《行政规制与权利保障》,中国人民大学出版社2007年版,第171页。

〔2〕 李海生、完颜绍元:《幕僚政治》,上海人民出版社1993年版。

则、工作程序及其与总统、国会的关系等都作了明确规定；日本《国家行政组织法》明确规定了各行政机关设立审议会、协议会等咨询机构的权力。

内部咨询机构包括4种类型：一是隶属于最高行政长官个人的决策咨询机构，比如，美国的白宫办公厅、总统顾问和总统顾问委员会；二是隶属于最高行政机构的决策咨询机构，比如，英国1971～1983年设立的中央政策审查组（Central Policy Review Staff）；三是隶属于政府部门的决策咨询机构，比如，部际磋商性咨询机构、部长办公厅、部门咨询机构；四是全国性独立研究咨询机构，比如，意大利的国务会议、国家经济与劳动会议、德国的经济发展鉴定专家委员会等。

所谓决策外部咨询机构，一般是指民间设立的独立于官方的咨询机构，可以分为半官方的决策咨询机构和纯民间的决策咨询机构。半官方的决策咨询机构，包括政府资助建立的决策咨询机构（如德国的基尔世界经济研究所），与政府有合同关系的决策咨询机构（如美国的兰德公司），与政府部门对口挂钩的研究咨询机构（如美国的对外关系委员会）。纯民间的决策咨询机构，按照所研究问题的性质，也可以大体分为4类：经济和公共政策研究咨询机构（如加拿大的公共政策研究所），对外政策研究咨询机构（如美国的乔治城大学战略与国际问题研究中心），军事咨询机构（如瑞典的斯德哥尔摩国际和平研究所），国际性公共问题研究机构（如美国的国际应用系统分析研究所）。政府向外部咨询机构进行咨询，一般通过公开或非公开招标方式进行。

虽然发达国家决策咨询机构的性质和领域差别很大，但其组织结构与运行方式却有很大共性，比如一般都坚持效率至上、成本最少、善于协调、灵活多变、讲究时效等原则，组织机构一般采取直线型、职能型、直线参谋型、双重领导型等几种模式。[1] 决策咨询机构的经费来源具有多元化的特点，

---

〔1〕 杨诚虎、李文才：《发达国家决策咨询制度》，时事出版社2001年版，第92～118页。

包括个人、法人或基金会的捐款，政府、企业委托研究的合同收入，政府或附属机构的财政拨款，股息收入，成员会费，自身刊物出版费等都可以成为其资金渠道。其工作程序一般包括咨询业务的洽谈和受理、进行咨询研究、撰写咨询报告、咨询的善后工作4个环节。从实际情况看，决策咨询制度主要发挥着6个方面的功能，包括：研究咨询功能，参与决策功能，利益协调功能，知识宣传功能，人才培训功能，参与民主功能。从发展趋势来看，将来这些决策咨询机构的功能会进一步社会化、作用将进一步国际化、能力将进一步综合化、人才将进一步合理化、机构也将进一步超脱化与规范化。

（三）我国行政决策咨询规则的完善

2015年1月，中共中央办公厅、国务院办公厅联合印发了《关于加强中国特色新型智库建设的意见》，对加强和完善新形势下行政决策咨询制度进行了总体设计，从政府工作规则的角度，尤其需要注意以下几个方面：一是优化行政决策观念，应充分认识到决策咨询是政府依法科学民主决策的重要支撑，是国家治理体系和治理能力现代化的重要内容，更是制定实施重大行政决策的必经程序，从思想上真正树立起尊重咨询、信赖咨询、依靠咨询的行政理念。二是在立法上确立咨询机构在决策过程中的地位，通过完善咨询业相关法规范、行政组织法和程序法，细化行政决策工作规则，明确行政决策咨询程序，规范行政决策咨询方式，确保决策咨询工作有法可依。三是创建优良的咨询环境，包括社会观念、政策支持和经费保障，确保咨询机构的独立研究地位，尊重专家个人意见，实现咨询客体、咨询过程、咨询成果三独立，引导培育专业性的决策咨询队伍，保障行政决策咨询业的繁荣发展。四是重视咨询机构研究成果的转化，扩大政府咨询范围，提高咨询质量，建立市场交换机制，重视中央和国家机关所属研究咨询机构，党校、社科院、行政学院、高校等科研院所，以及企业、中介机构等民间咨询机构的发展与联合，实现个体咨询—集体咨询—集体间合作咨询的模式转换，提高咨询成果向行政决策的转化率。

二、政府法律顾问制度

（一）政府法律顾问的含义

政府法律顾问有广义和狭义两种理解。广义的政府法律顾问，既包括各级政府的法制机构及人员等内部法律顾问，如原国务院法制办，各部委办局的政策法规司、法规处，是政府内部负责从事法制工作的部门；也包括政府系统外的法律顾问，即政府聘请的法制工作专家、律师及法律专家。狭义的政府法律顾问仅指政府聘请的法制工作专家、律师及法律专家。[1]

（二）我国政府法律顾问制度的发展

政府法律顾问在我国起源较早，清末以及民国时期就已经产生了包括法律顾问在内的各行业外国顾问，比较著名的便是袁世凯的法律顾问古德诺。中华人民共和国成立后，周恩来总理根据苏联的经验，在1955年1月的国务院常务会上发出在机关、企业要建立法律顾问室的指示，国务院法制局随后起草了《关于法律室任务职责和组织办法的报告》，一些政府部门和企事业单位陆续建立法律顾问机构。1980年8月通过的《律师暂行条例》明确律师可以担任国家机关的法律顾问，并为后来的《律师法》所继承。《律师暂行条例》第2条第1款规定，律师的主要业务之一是接受国家机关、企事业单位、社会团体、人民公社的聘请，担任法律顾问。《律师法》虽然删改了相关规定，但第25条仍然将律师接受法人的聘请担任法律顾问作为律师的首要任务之一，而国家机关也是法人之一种，故继承了关于律师担任政府法律顾问的立法意旨。1989年12月《司法部关于律师担任政府法律顾问的若干规定》，具体规定了实施细则。政府聘请律师担任顾问始于1985年6月山西省原副省长白清才。随后，吉林省延边朝鲜族自治州、山东省曲阜市和河北省迁安市等地政府，也相继聘请律师担任法律顾问。[2] 1999年4月，吉林

[1] 赵耀：《政府法律顾问实务》，法律出版社2011年版，第8~9页。
[2] 王进喜、程滔主编：《政府律师》，北京大学出版社2007年版，第45页。

省政府常务会议决定，组建吉林省人民政府法律顾问团，在全国率先组建了由律师和法学专家组成的省政府法律顾问团，并颁布实施了《吉林省人民政府法律顾问团工作规则（试行）》。2004 年《全面推进依法行政实施纲要》中明确了政府法制机构在依法行政方面的法律顾问作用，第 42 条明确规定："……各级人民政府和政府各部门要切实加强政府法制机构和队伍建设，充分发挥政府法制机构在依法行政方面的参谋、助手和法律顾问的作用，并为他们开展工作创造必要的条件。"2013 年 11 月，在党的十八届三中全会通过的《中共中央关于全面深化改革若干重大问题的决定》中明确，要普遍建立法律顾问制度。2014 年 10 月，党的十八届四中全会强调要积极推行政府法律顾问制度，其主要目标是建立以政府法制机构人员为主体，吸收专家和律师参加的法律顾问队伍。据有关资料统计，目前组建了法律顾问团（组）的地方政府达到了 4195 个，聘请律师担任法律顾问的行政首长达到了 8356 个。[1]

虽然存在质疑，但不可否认，政府法律顾问已在我国蓬勃发展，并向着规范化、专业化的方向发展。[2] 实践中，我国政府法律顾问存在的形式有 3 种：一是设立公职律师制度，即在国家行政部门设立的政府律师，由政府支付薪水，属于国家公务员序列，主要办理本机关法律事务，以提高政府机构依法行政水平，在法律上维护国家利益。公职律师不得为社会提供有偿法律服务，一般由司法行政机关负责管理。二是聘请律师担任，由各级政府直接聘请。三是政府法制机构自行担任，适当吸收优秀律师和其他法律专家，组成政府法律顾问机构。虽然 3 种模式各有特点和优劣，但总体来看，存在以下共性特征：（1）主体特定，即法律顾问是由政府聘请的，作为聘方的政府机关与作为应聘方的政府法制专家、律师、法学专家等为权利义务主体。（2）行政合同，即双方的权利义务由依法订立的法律顾问聘用合同所规定，

---

〔1〕 赵耀：《政府法律顾问实务》，法律出版社 2011 年版，第 105 页。
〔2〕 赵耀：《政府法律顾问实务》，法律出版社 2011 年版，第 22 ~ 24 页。

其本质是行政委托,具有行政合同属性。(3)有偿服务,即政府法律顾问服务依法获得相应的报酬。存在的问题是:(1)顾问工作滞后。政府法律顾问大多只是参与影响社会稳定和经济行政纠纷案件的后期处理工作,成了法律专业的"救济队""灭火队",在行政决策的初始阶段、过程之中没有发挥应有的审查、把关、论证、建议和预防作用。(2)顾问机构虚设。政府法律顾问数量有限且往往身兼数职,"诉讼性"法律顾问比较普遍,客观上导致政府法律顾问工作积极性不高、机构形同虚设。(3)职能界定不清。政府法律顾问的服务范围与法制机构的职责任务存在较大关联性,甚至重合,政府法律顾问需要依赖政府法制机构的支持与配合。(4)操作规则不明。具体工作程序和操作规则五花八门,尚没有一套切实可行、较为适用的制度体系,法律顾问资格、服务范围、工作标准、保障措施实用性不强。

(三)国际上政府法律顾问制度

国际上不少国家都存在政府法律顾问制度。美国的政府律师分为两部分:一部分是联邦司法部及总统、各部门、独立机构内设的法律顾问办公室,各自负责本部门政府律师的招募和管理;另一部分是选任私人律师,联邦政府机构根据法律授权、通过政府采购程序公开聘请私人律师。[1] 英国的政府法律顾问源自 King's Attorney 和 King's Sergeant,前者后改名为总检察长(Attorney General),是中央政府的法律官员;各级政府可以自行聘请律师担任顾问。[2] 日本的政府法律顾问主要由法务省这一专门的法制机构担任,律师不得兼职成为政府法律顾问,但日本司法改革正在朝着容许律师自由从事政府法律代理人等公益活动的方向发展。[3] 澳大利亚的政府律师又称为"皇家律师",是国家司法部和州司法部门聘请的检察官及律师援助署的

〔1〕 王小耘、刘峻:《中美政府法律顾问制度之比较——兼论构建更为合理及有效的中国政府法律顾问制度》,载《上海律师》2002 年第 6 期。

〔2〕 Paul Brand. *The Origins of the English Legal Profession*. Blackwell . 1992. p. 105.

〔3〕《关于日本、新加坡律师制度的考察报告》,载中国普法网,http://www.legalinfo.gov.cn/moj/lsgzgzzds/2003-06/17/content_33307.htm。

律师,主要为政府担任法律顾问,提起刑事公诉,提供法律咨询和帮助,属于政府雇员。[1]

(四)我国政府法律顾问工作规则的建构

就我国而言,党的十八届四中全会已经明确了政府法律顾问制度架构的基本方向,那就是建立以政府法制机构人员为主体、吸收专家和律师参加的法律顾问队伍。这是一种综合了我国实际和国际经验的折中性做法,其合理性还需要经过实践的检验,但在具体的制度设计上,面临的问题主要是对专家和律师的聘请,以及政府法律顾问的业务范围。关于聘请专家和律师作为政府法律顾问,既有的法规范依据主要是《律师法》第 28 条,即律师可以"接受自然人、法人或者其他组织的委托,担任法律顾问",以及《司法部关于律师担任政府法律顾问的若干规定》及有关地方政府规章,可以通过政府采购的方式由政府法制机构与拟聘专家和律师签订行政服务合同。政府法律顾问的主要职责应当包括两种类型 6 个方面,第一种类型是综合业务,包括就有关行政决策提供法律咨询及专项法律论证,主要是为政府决策提供法律咨询,就政府行政管理中的问题提出法律意见,协助政府进行法治宣传教育及培训工作,推动政府职能转变;起草或论证行政规范性文件;对政府重大项目投资进行合法性论证;协助政府预防及处理各种纠纷。第二种类型是具体业务,又包括两个方面:参与政府决策中的重大事项社会稳定风险评估;参与涉法信访处理,包括提供法律咨询、引导舆论流向、依法授权代理、提出处理建议。

政府法律顾问需具备良好的政治素养和道德品行、丰富的法律实务经验,既了解政府工作和市场经济,也体察社会公众基本需求,具体工作中要能够遵守维护政府合法权益、依法独立履行职务、优质高效提供服务等基本原则。政府法律顾问既拥有一般律师所拥有的权利和义务,也享有一些特

---

〔1〕 石毅主编:《中外律师制度综观》,群众出版社 2000 年版,第 365 页。

殊的权利。比如,独立提供法律意见权,不受行政机关及其工作人员干涉,只依据法律和事实;发表或反映法律建议权,如认为行政决策等存在法律问题,可以向行政机关发表法律意见书或建议书;获得行政信息权,特别是在参与重大行政决策和处理涉法事件时,有权获得相关行政决策和涉法事件的必要信息;获得工作保障权,可以收取适当法律顾问费,并要求行政机关提供必要工作条件。同时政府法律顾问也应当履行一些特殊的义务,比如保守秘密、职务回避、反不正当竞争等。

第三节　重大行政决策的程序控制

一般而言,重大行政决策指的主要是县级以上政府及其职能部门作出的涉及本地区、本领域经济社会发展全局,社会涉及面广,专业性强,与社会公众利益密切相关的行政决策事项。重大行政决策与经济、社会发展关系密切,直接影响行政相对人乃至社会公共利益,对其予以一定的程序控制十分必要。2005 年国内首部规范政府重大行政决策程序的规章,即《重庆市政府重大决策程序规定》公布实施。2008 年《湖南省行政程序规定》也专门明确了重大行政决策程序。2008 年《国务院关于加强市县政府依法行政的决定》专门提出要完善市县政府行政决策机制,包括听取意见、听证、合法性审查、集体决定、实施情况评价、责任追究 6 项制度,构成了我国重大行政决策程序控制的主要内容,其中尤为重要的是听证、合法性审查和集体决定 3 项。据不完全统计,截至 2012 年年底,我国从国务院到各级地方政府已经制定了 70 余部专门规范行政决策的行政规范性文件。[1] 经过长期酝酿,2019 年 9 月 1 日,司法部《重大行政决策程序暂行条例》正式施行。

---

〔1〕 周实、齐宁:《行政决策的法制化研究》,东北大学出版社 2014 年版,第 51～56 页。

一、重大行政决策的判断标准

如何确定重大行政决策的具体标准，理论界和实务界都进行了很多探讨和探索。有学者根据听证结果影响的是特定人还是不特定人，将听证的适用领域区分为行政决定类和行政决策类，但本书不作类似区分，统称为行政决策。[1] 有的学者提出了决策涉及利害关系人范围、决策将产生的不利影响程度、决策的实施成本、决策的事项等5项标准。[2] 而在实践中，比较常见的表述便是“三重一大”事项，即重大问题决策、重要干部任免、重大项目投资决策、大额资金使用。这来自1996年党的十五届中央纪委六中全会对党员领导干部在政治纪律方面提出的要求，随后被广泛应用于行政实践中。不少地方关于重大决策程序的规定，直接进行了事项列举。比如2013年《广东省重大行政决策听证规定》（粤府令第183号）第4条规定：“下列情形属于重大行政决策，应当组织听证：（一）法律、法规、规章规定应当听证的行政决策事项；（二）编制重要规划等涉及重大公共利益的行政决策事项；（三）教育、医疗等社会涉及面广、与人民群众利益密切相关的行政决策事项；（四）行政机关认为需要听证的行政决策事项。”2009年《大连市重大行政决策听证办法》第4条则规定：“决策机关行政决策涉及下列事项之一的，均应举行听证：（一）编制城市总体规划、土地利用总体规划、城市地名规划和道路交通规划等专项规划方案经公示有较大争议的；（二）拟定或者修改城市房屋拆迁、农村土地征用补偿方式和标准；（三）调整水、电、气、路桥、教育、卫生、公共交通、污水处理、垃圾处理、电视网络等公共事业收费标准；（四）改造城市主干道路；（五）可能对生态环境、自然及人文景观、城市功能造成重大影响的政府投资项目的立项；（六）对居民生活环境质量可能造成重大影响的建设项目的环境影响评价；（七）制定与公共安全直接相关、人民群

[1] 姜明安、余凌云主编：《行政法》，科学出版社2010年版，第522页。
[2] 刘莘主编：《法治政府与行政决策、行政立法》，北京大学出版社2006年版，第85～87页。

众普遍关注的重大行政措施或者规范性文件;(八)其他重大行政决策事项。”

在综合分析上述理论探讨和实践经验的基础上,“重大”行政决策的标准应当包括以下几项:

一是法规范标准,也就是有没有法律、法规、规章等法规范的明确规定。如果法规范明确规定了重大行政决策的事项,如我国《行政处罚法》《行政许可法》的有关规定等,则需要按照法规范的规定确定。

二是利益衡量标准,也就是看行政决策所影响到的利益范围、利益数量。比如水电煤气、公共交通等公用事业价格调整,制定行政规范性文件等,广泛影响社会公众日常生活,牵涉面比较广,行政决策的利益影响范围比较大。或者某项行政决策虽然影响面不大,但是涉及资金数额比较巨大,如某项较大数额的政府投资项目等。

三是决策事项标准,即有的行政决策可能法规范并没有明确要求,社会影响面、利益影响力也不大,但是由于该项事件性质本身就比较特殊,事关地区或行业发展全局,也应当属于重大行政决策的范围。比如,有关行政规划、生态环境保护、房屋拆迁、土地征收征用等特定事项。

四是兜底标准,也就是行政机关认为属于重大行政决策事项或者行政相对人要求作为重大行政决策事项,行政机关认可的事项。这主要是为了避免疏漏,作为最后的兜底标准予以补救。

如果进行更深入一步的类型化分析,重大行政决策应当包括以下7种主要类型:一是行政立法类事项,主要是提出地方性法规、规章等行政规范性文件的立法事项。二是行政规划类事项,包括编制本行政区域内社会经济、政治和文化发展的综合规划,以及城市发展、土地利用、资源开发、环境保护等专项规划。三是经济调节和公共服务类事项,主要包括政府大额投资项目、重大行政合同、国有资产处置、重大财政资金安排。由于各地经济社会发展程度差别很大,“重大”合同行为等的具体标准还可以再深化,比如深圳市政府规定市政府的重大合同行为包括:“1. 市政府签订的金额巨大的合同,包括但不限于承包合同、发包合同、股权转让合同、买卖合同、服务合同、授权经营合同、信托合同以及招标、投标事宜。2. 报告给市政府,需要市政府决策的金额巨大的合同。3. 法律关系复杂,需要法律顾问等专业人士提供法律意见的合同。4. 涉及国家利益或者公共利益,需要提供法律意见的合同。5. 市政府认为应当提供法律意见的其他合同。"[1]四是重大行政行为类事项,主要是指直接针对特定的公民、法人或其他组织作出的重大行政决定。五是社会事务类事项,主要包括劳动就业、社会保障、科技教育、文化卫生等重大政策和举措。六是行政应急类事项,主要是指各种突发性公共事件应急方案的制订和调整。七是基层民主政治建设类事项。我国《重大行政决策程序暂行条例》第一章第 3 条第 1 款即明确规定,"本条例所称重大行政决策事项(以下简称决策事项)包括:(一)制定有关公共服务、市场监管、社会管理、环境保护等方面的重大公共政策和措施;(二)制定经济和社会发展等方面的重要规划;(三)制定开发利用、保护重要自然资源和文化资源的重大公共政策和措施;(四)决定在本行政区域实施的重大公共建设项目;(五)决定对经济社会发展有重大影响、涉及重大公共利益或者社会公众切身利益的其他重大事项"。并在本条第 2 款、第 3 款进一步规定了兜底和排除条款,即"法律、行政法规对本条第一款规定事项的决策程序另有规定的,依照其规定。财政政策、货币政策等宏观调控决策,政府立法决策以及突发事件应急处置决策不适用本条例。决策机关可以根据本条第一款的规定,结合职责权限和本地实际,确定决策事项目录、标准,经同级党委同意后向社会公布,并根据实际情况调整"。

二、重大行政决策:听证程序

听证,是指以召开听证会的方式对重大行政决策听取意见的制度。

---

〔1〕 深圳市人民政府法律顾问室编:《政府法律顾问实务》,海天出版社2004年版,第14页。

1996年,我国《行政处罚法》第五章第三节以专节规定听证的3种适用范围。[1] 2003年,我国《行政许可法》第四章第四节也以专节的形式规定了法律、法规、规章规定或行政机关认为需要听证的其他涉及公共利益的重大行政许可事项的听证程序。在这两部法律的指引下,许多地方政府和部门纷纷在行政决策、行政立法、行政处罚、行政许可等不同领域制定了各自的听证制度或试行办法。应当指出的是,作为一项准司法的行政程序制度,听证的人、财、物制度成本较高,在各国的适用范围都非常有限。[2]

也正因如此,根据我国有关法律、法规、规章的规定,行政决策听证制度一般也仅限于价格调整等一些对公共利益和行政相对人切身利益产生较为重大不利影响的行政决策事项,且主要以会议形式举行。我国的《重大行政决策程序暂行条例》也明确规定了听证会程序。作为一项法律程序,重大行政决策听证制度一般包括以下内容:听证的范围、听证的主体、听证的程序、决策的作出。

(一)听证的范围

所谓重大行政决策听证的范围,是指重大行政决策听证的适用范围,就是哪些行政决策事项需要采取听证的形式,其核心在于确定"重大"行政决策的标准。因为行政听证的适用范围是有限的,首先,法定行政听证的范围有限,比如就行政处罚来讲,局限于大额罚款、吊销证照、停产停业3种情况,尽管关于较大数额罚款的具体数额,不同部门、地区的规定差别比较大。比如,《林业行政处罚听证规则》规定的较大数额罚款为10万元以上(含10万元),而《测绘行政处罚程序规定》的较大数额罚款是对公民处以1000元以上、对法人处以10,000元以上。《江苏省行政处罚听证程序规则(试行)》,对非经营活动中公民处以500元以上、法人或其他组织处以1000元以上,对经营活动处以20,000元以上为较大数额罚款,而《哈尔滨市行政处罚听证

[1] 《行政处罚法》第五章第三节第42、43条。

[2] 王名扬:《美国行政法》,中国法制出版社1995年版,第537页。

规则》的较大数额罚款则指对非经营行为处以1000元以上、对经营行为处以10,000元以上。其次,行政听证的成本较高,行政听证采用准司法式的会议形式,需要较多的参与人员,程序严谨庄重,无论是经济成本还是人力成本都比较高。最后,重大行政决策的影响面和社会关注度不同,法律规制的严格程度也不一样,行政决策本身的“重大”程度将直接影响听证的程序设计。

应当指出的是,近年来我国行政决策听证范围整体上呈现扩张的趋势,虽然这对于保护行政相对人的合法权益、提高行政决策的民主化、科学化、法治化水平而言,值得肯定,但同时应当清醒地认识到,行政听证并非越多越好,每一种制度应当予以辩证的分析,繁杂的听证程序、过高的听证成本必然会影响行政决策的效率。所以,我国《重大行政决策程序暂行条例》第二章第16条专门规定,只有“决策事项直接涉及公民、法人、其他组织切身利益或者存在较大分歧的”,才可以召开听证会。

(二)听证的主体

所谓重大行政决策听证的主体,是指参与重大行政决策听证会的人员。由于听证会一般采取两造对抗的准司法模式,因此正式的行政听证主体一般包括以下3个方面:

1. 听证主持人。听证主持人是负责主持整个听证过程的人员,是行政听证的核心要素,主导着整个行政听证的过程,很大程度上影响行政听证的结果。所以很多国家的有关法规范,对听证主持人提出了严格的要求。从我国相关法规范的规定来看,在实行内部机构职能分离的机关,听证主持人一般由负责法制工作的人员担任;而在没有实行内部机构职能分离的机关,则一般由非本案调查人员的工作人员担任即可。由行政机关工作人员担任主持人的好处是熟悉行政工作和听证流程,提高行政效率,但不足是有可能影响公正性。听证主持人的职权又包括两种类型:一种是纯程序性的主持人,对听证实质内容没有决定权;另一种是具有决定权的听证主持人,一般是相关机构的负责人。

2. 听证当事人。听证当事人是指与听证调查人相对应,在听证会上发表意见、表达观点的听证参与人。听证当事人包括两种情况:一种是听证利害关系人,是指与行政听证事项有直接利害关系、要求参加行政听证的当事人,比如行政处罚听证中的受处罚人,行政许可听证中的许可申请人等。另一种是听证代表人,是指与听证事项没有直接利害关系、作为社会公众代表应邀参加听证会的人员,在我国主要是指人大代表、政协委员及其他应邀参加听证的人员。

3. 听证调查人。听证调查人是指在听证中与行政相对人相对抗的政府机关代表,一般为具体的行政执法人员。

实践中听证主体存在的主要问题有两个方面:一是听证主持人的中立性不足的问题,听证主持人一般是行政机关的工作人员,虽然采取了职能分离或者岗位分离的控制模式,但是总体上而言仍然是行政机关的一分子,这就从客观上导致听证本身的公正性受到质疑。改进的方式可以考虑引进行业协会、中介机构等独立第三方作为听证主持人。二是听证当事人代表性不强的问题,听证当事人的选择过程不透明,代表的能力、素质、代表性、广泛性缺乏保障,何况在利益日益多元化的今天,利益的一致性大大降低,如何让参与听证的当事人真正代表最大多数人的意见,是个值得探讨的问题。《政府制定价格听证办法》取消了《政府价格决策听证办法》中听证会代表的提法,而代之以听证会参加人,估计就有这方面的考虑。

(三)听证的程序

一般而言,重大行政决策听证程序主要包括:(1)启动,主要是依行政相对人申请启动和行政决策机关决定启动;(2)公告与通知,即将听证会的时间、地点、内容、准备事项、申请回避等相关信息提前公之于众。比如,《江西省重大行政决策事项听证办法》第16条第1款规定:“听证组织机关应当在听证会举行30日前,在本机关门户网站、本地主要报刊、广播电视上发布听证公告。听证公告包括听证目的、内容、方案、依据和背景资料,听证时间、地点以及听证代表产生方式等内容。”(3)公开举行,除涉及国家秘密、商业秘密和个人隐私外,听证公开进行,包括主持人宣布开始,行政调查人员作案情陈述,当事人陈述和申辩,行政调查人与当事人就有关情况开展辩论,当事人作最后陈述,主持人宣布决定或结束听证会等环节。(4)制作听证会笔录和纪要。听证会笔录是在听证会现场制作的记载听证会进行情况的书面文件,是对听证会现场的即时记载。听证会纪要是由听证会组织方在听证会结束后根据听证会笔录整理制作而成的听证会主要内容。我国《重大行政决策程序暂行条例》第二章第 17 条明确,听证会应当按照下列程序公开举行:(1)决策承办单位介绍决策草案、依据和有关情况;(2)听证参加人陈述意见,进行询问、质证和辩论,必要时可以由决策承办单位或者有关专家进行解释说明;(3)听证参加人确认听证会记录并签字。

实践中,我国重大行政决策听证程序中存在的问题主要是信息公开不够以及信息不对称的问题。信息公开不够是指行政机关在行政过程中所掌握,作为行政决策依据的有关信息,没有及时充分向听证当事人公开。及时充分的信息公开是公民、法人和其他组织实现有效参与的前提条件,是平等原则在程序上的基本要求。法规范要求听证会于一定期限之前公告或者通知的主要目的,我国《重大行政决策程序暂行条例》明确的是提前 7 天,就是要让当事人提前了解和掌握有关信息,做好材料收集、资料核实等准备工作,以确保听证质量。信息不对称与信息公开不够是一个问题的两个方面,信息对称是平等对话的前提,也是确保听证质量的基础。现在很多的价格听证会之所以会成为“涨价会”,很大程度上就是因为行政机关与听证当事人之间信息存在严重的不对称,使本来是听取意见的过程变成了行政机关进行有关的形势政策教育,听证当事人无力辩解也无法辩解。

(四)听证的效力

既然经过了听证会,作出重大行政决策时必然要吸收和反映听证会当事人的陈述、申辩和有关意见建议。但我国现行法规范在这方面的规定比较原则和模糊，只是赋予了其“应当考虑”的效力。这点在《规章制定程序条例》和《政府制定价格听证办法》等有关法规范中都得到了体现。比如《规章制定程序条例》第16条第2款第4项规定：“起草单位应当认真研究听证会反映的各种意见，起草的规章在报送审查时，应当说明对听证会意见的处理情况及其理由。”《政府制定价格听证办法》第28条第1款规定：“定价机关作出定价决定时应当充分考虑听证会的意见。”我国《重大行政决策程序暂行条例》有了一定进步，在第二章第18条明确“充分采纳合理意见”，但仍有两点不足：

1. 没有明确听证笔录的约束力。听证笔录的约束力，是指听证笔录对于行政机关决策的法律效力问题，对此，国外有两种不同的做法：一种是美国的案卷排他原则，即行政决定必须根据听证案卷作出，未纳入听证案卷的事实不得作为决定依据，否则该裁决无效，这是美国正式听证的核心内容。另一种是充分斟酌原则，即除非法律有其他明确规定，行政机关在作出行政决定时只需充分斟酌听证记录，但并非必须以其为依据，主要是德国、日本、韩国的做法。比如《德国联邦行政程序法》第69条第1项规定：“官署应斟酌全部程序的结果，决定之。”韩国《行政程序法》第35条第5项规定：“行政机关充分讨论听证记录及其他相关资料后，若认为有相当理由，应在为处分时，积极反映听证结果。”日本《行政程序法》第26条规定：“行政机关为不利益处分决定时，应充分斟酌笔录内容及报告书中主持人意见。”[1]我国并没有关于听证笔录约束力的统一规定，《行政许可法》及一些行政规章中对听证笔录的规定也略有差别。《行政许可法》第48条第2款的规定：“行政机关应当根据听证笔录，作出行政许可决定。”《劳动行政处罚听证程序规定》第16条规定：“所有与认定案件主要事实有关的证据都必须在听证中出示，

---

〔1〕 转引自应松年主编：《行政程序法》，法律出版社2009年版，第129页。

并通过质证和辩论进行认定。劳动行政部门不得以未经听证认定的证据作为行政处罚的依据。”《上海市行政处罚听证程序试行规定》第26条规定："听证笔录应当作为行政机关作出行政处罚决定的依据。”综上所述,就一般情况而言,听证笔录应当是行政决策的充分斟酌对象,但在涉及对行政相对人作出不利决定时,应当实行严格的案卷排他原则。这既能体现听证的公正性,也能兼顾行政的效率性。也有学者根据听证笔录的对象不同,将听证分为司法型听证和立法型听证,前者是针对特定主体就已经发生的事实进行辩论,因此通常采用案卷排他;后者是面向未来作出决定的行为,更加注重综合效果,因此通常不采用案卷排他,被称为立法型听证。行政决策通常属于后者。但这种划分是建立在抽象行政行为和具体行政行为划分的基础上,随着《行政诉讼法》的修改,这种区分已经受到严重批判,在此不作类似区分。

2. 没有有效回应听证意见。与听证笔录约束力不明确相关联的,便是缺乏对听证意见的有效回应,这也使重大行政决策听证屡遭信任危机。在社会高度关注之下花费高昂成本举办了听证会,听证会上都提了哪些意见,哪些意见采纳了,哪些意见没有采纳,采纳或不采纳的理由是什么,最终为什么作出这样的决定,往往都没有说法,给公众留下了走过场、走形式的印象。重大行政决策听证的价值在于吸收社会不同意见,给社会大众提供参与行政的机会,并在民主的基础上梳理意见、谨慎选择、凝聚共识、增强可接受性。即使没有达成一致意见,也应当将决策的理由和过程向公众讲清楚,这是对公众参与、关注听证的起码尊重。正确的方式应当是在作出最终决策时,对听证会意见情况、对每份意见的考虑、最终采纳或没采纳的理由作出说明。

三、重大行政决策合法性审查程序

(一)重大行政决策合法性审查的含义

所谓重大行政决策合法性审查,是指行政机关在作出重大行政决策前要交由法制机构或者组织有关专家对行政决策的职权职责、形成过程、具体内容等的合法性予以审查,并作出有关决策建议的制度。我国重大行政决策合法性审查制度晚近提出,但发展比较迅速。2004 年《全面推进依法行政实施纲要》首次提出要在重大行政决策过程中进行合法性论证,2008 年《国务院关于加强市县政府依法行政的决定》正式提出要在市县级政府建立该制度,并明确为重大决策的必经程序,未经合法性审查或者合法性审查未通过的不能作出决策,可以说是明确了合法性审查的排他效力。《国务院关于加强市县政府依法行政的决定》第 9 条规定,“建立重大行政决策的合法性审查制度。市县政府及其部门做出重大行政决策前要交由法制机构或者组织有关专家进行合法性审查,未经合法性审查或者经审查不合法的,不得做出决策”。随后,一些市县政府陆续制定和公布了本地区本部门的重大行政决策合法性审查制度。2010 年,《国务院关于加强法治政府建设的意见》再一次强调了建立这项制度的具体要求,并明确由政府法制机构作为合法性审查的主体。该意见第 11 条规定,“……要把公众参与、专家论证、风险评估、合法性审查和集体讨论决定作为重大决策的必经程序。……重大决策事项应当在会前交由法制机构进行合法性审查,未经合法性审查或者经审查不合法的,不能提交会议讨论、作出决策”。2011 年发布的《国民经济和社会发展第十二个五年规划纲要》进一步规定要建立健全包括合法性审查在内的行政决策程序。2014 年党的十八届四中全会通过的《中共中央关于全面推进依法治国若干重大问题的决定》中,将包括合法性审查在内的若干程序确定为重大行政决策法定程序,并着重强调要建立行政机关内部的重大决策合法性审查机制。随后,湖南省、广州市等省市都以地方政府规章的形式规范了行政决策程序。2017 年 1 月,《国务院办公厅关于印发推行行政执法公示制度执法全过程记录制度重大执法决定法制审核制度试点工作方案的通知》,确定在天津市、河北省、安徽省、甘肃省、国土资源部以及呼和浩特市等 32 个地方和部门开展重大行政执法决定法制审核制度试点。2019 年 1

月,《国务院办公厅关于全面推行行政执法公示制度执法全过程记录制度重大执法决定法制审核制度的指导意见》(国办发〔2018〕118 号),[1]经过将近两年的试点,我国正式确立了重大行政执法决定法制审核制度。我国《重大行政决策程序暂行条例》也用第三章专章明确合法性审查程序。

重大行政决策合法性审查是法治政府的题中之义。2005 年北京市圆明园湖底防渗工程之所以受到人们广泛批评,就是因为在决策过程中没有经过合法性审查,既没有得到北京市文物局的审批,也没有向原国家环保总局报批,违反了国家有关法律的明文规定。重大行政决策合法性审查能够有效保障依法行政,避免部门利益、地方利益干扰行政决策导致违法行政。因此,对重大行政决策的合法性进行审查既是实现依法治国的一个重要方面,也是依法行政不可缺少的内容,更是法治政府建设的重要一环。

重大行政决策合法性审查也是实现决策科学化、民主化的前提条件。现代行政决策是一种民主化的、科学型的决策过程,但决策科学化的关键在于决策过程的科学化,避免决策者非理性的因素所导致的决策"偏向"。如何控制决策者的非理性因素,一是靠民主,二是靠法治。作为一种制度手段,重大行政决策合法性审查是确保行政机关作出的重大决策合法有效的关键环节,为行政决策科学化、民主化建立了一种长效机制,从而成为保障决策科学化、民主化实现的有效途径,能够起到固化行政决策实践成果的作用,因为"法律恰恰正是免除一切情欲影响的神祇和理智的体现"[2]。

重大行政决策合法性审查也是保护行政相对人合法权益的客观要求。从公私两造的视角来看,私法自治的实现建立在政府理性自制的基础之上,行政权力既不能过分软弱,也不能随便滥用,否则,都会破坏正常的私法秩序。公法秩序的核心要义在于约束与控制行政权力,通过权力法定的方式避免行政权力的滥用。现代社会,法律是主要的社会调控机制,通过法律来

---

〔1〕 参见中国政府网,http://www.gov.cn/zhengce/content/2019-01/03/content_5354528.htm。

〔2〕 [古希腊]亚里士多德:《政治学》,吴寿彭译,商务印书馆 1981 年版,第 163 页。

规范行政权力，是行政相对人权益的最有力保障。

(二)重大行政决策合法性审查的内容

目前，据不完全统计，我国已经有319个市级政府和2229个县级政府建立了合法性审查制度，占全国市县总数的80%以上。综合起来，重大行政决策合法性审查制度的内容包括以下几个方面：

1. 审查的主体，也就是说，谁来对重大行政决策进行合法性审查。根据有关学者的分析，主要有4种模式：一是由决策机关内的法制机构审查；二是由决策机关外法制机构审查；三是由决策机关同级政府法制机构审查；四是由社会独立机构审查。[1] 上述4种模式基本上概括了我国目前关于重大行政决策合法性审查主体的制度性规定。应当说，这4种模式各有优点和缺点。决策机关内的法制机构比较了解行政决策的信息，比较专业，但问题是独立性不足；决策机关外法制机构相对独立，但问题在于行政效率会受到影响；同级政府法制机构更具权威性，但困难在于难以承接得了繁重的工作任务；社会独立机构的立场相对客观中立，但对行政管理业务不熟悉。《国务院办公厅关于全面推行行政执法公示制度执法全过程记录制度重大执法决定法制审核制度的指导意见》规定，各级行政执法机关要明确具体负责本单位重大执法决定法制审核的工作机构，加强法制审核队伍的正规化、专业化、职业化建设，充分发挥法律顾问、公职律师在法制审核工作中的作用。[2] 我国《重大行政决策程序暂行条例》也作了类似规定。这表明，我国的重大行政决策合法性审查的主体为第一种模式，即由决策机关内的法制机构审查。

2. 审查的范围，即合法性审查主要针对哪些行政决策，实质上是要确立"重大"行政决策的具体标准。由于该部分内容在前文已论述，在此不再赘

---

[1] 宋艳慧、周兰领：《重大行政决策合法性审查的主体模式及其选择》，载《领导科学》2011年第21期。

[2] 参见中国政府网，http://www.gov.cn/zhengce/content/2019-01/03/content_5354528.htm。

述。《国务院办公厅关于全面推行行政执法公示制度执法全过程记录制度重大执法决定法制审核制度的指导意见》通过3种方式进行了界定：一是总体性概括，包括5类，涉及重大公共利益，可能造成重大社会影响或引发社会风险，直接关系行政相对人或第三人重大权益，经过听证程序作出行政执法决定，以及案件情况疑难复杂、涉及多个法律关系的，都要进行法制审核。二是目录式清单，各级行政执法机关要结合本机关行政执法行为的类别、执法层级、所属领域、涉案金额等因素，制定重大执法决定法制审核目录清单。三是指导性标准，上级行政执法机关要对下一级执法机关重大执法决定法制审核目录清单编制工作加强指导，明确重大执法决定事项的标准。[1]

3. 审查的内容，主要是指重大行政决策合法性审查的具体要件。一般包括决策主体是否适格、决策程序是否合法、决策依据是否正当、适用法规是否恰当、决策形式是否完备等方面。《国务院办公厅关于全面推行行政执法公示制度执法全过程记录制度重大执法决定法制审核制度的指导意见》明确审查的内容主要包括7个方面：行政执法主体是否合法，行政执法人员是否具备执法资格；行政执法程序是否合法；案件事实是否清楚，证据是否合法充分；适用法律、法规、规章是否准确，裁量基准运用是否适当；执法是否超越执法机关法定权限；行政执法文书是否完备、规范；违法行为是否涉嫌犯罪、需要移送司法机关。而我国《重大行政决策程序暂行条例》第三章第27条则明确，合法性审查的内容包括：(1)决策事项是否符合法定权限；(2)决策草案的形成是否履行相关法定程序；(3)决策草案内容是否符合有关法律、法规、规章和国家政策的规定。

4. 审查的程序，主要是指重大行政决策合法性审查的时间、步骤和方式等。一般而言，重大行政决策合法性审查应当包括提出审查请求、开展审查

[1] 参见中国政府网，http://www.gov.cn/zhengce/content/2019-01/03/content_5354528.htm。

活动、作出审查结论等主要环节。提出审查请求,一般是指决策主体就决策方案向审查主体提出请求,具体包括决策方案的必要性、可行性、合理性、规范依据、决策资料、各方面意见及其他所需材料。开展审查活动,主要是指审查主体受理审查请求后,根据所提交的有关材料,具体审查该重大行政决策的权限、程序、内容是否符合有关法律规定。作出审查结论,是指审查主体根据有关法律法规在认真核查决策机关所提交材料的基础上,对该重大行政决策作出合法或不合法的判断。需要特别指出的是,基于行政效率的原则,重大行政决策合法性审查程序不宜过于烦琐,且应当以书面形式进行,必要时可请决策承办单位具体说明有关情况。我国《重大行政决策程序暂行条例》第三章第 28 条也明确,"负责合法性审查的部门应当及时提出合法性审查意见,并对合法性审查意见负责。在合法性审查过程中,应当组织法律顾问、公职律师提出法律意见。决策承办单位根据合法性审查意见进行必要的调整或者补充"。

5. 审查的标准,主要是指审查主体据以认定重大行政决策合法与否的判断标准。总体来看,主要有 3 种观点:一是内容合法标准,主张合法性是指"行政权的存在、行使必须依据法律,符合法律,不得与法律相抵触"。[1] 据此,要对决策权限、程序、结果是否符合法律规定等进行审查。二是过程合法标准,主要认为依法决策的过程必须依法进行,坚持法律保留和法律优先原则。[2] 三是形式合法标准,认为重大行政决策的合法性"最终体现为法制办主任签字"。这些观点分别从合法性的内容、过程、表现形式等方面阐述了合法性审查的部分标准,但是都或多或少地存在一定的片面性,并不能包含全部标准。具体审查标准有区别,但概括起来讲,应当包括 4 个方面:决策权限合法性、决策内容合法性、决策过程合法性、决策(执行)效果合法性。这些标准也在实践中得到了认可。

---

〔1〕 罗豪才主编:《行政法学》,北京大学出版社 2005 年版,第 30 页。
〔2〕 杨建顺:《政府决策:依法科学民主》,载《人民日报》2004 年 5 月 15 日,第 6 版。

6. 审查的效果。审查的效果包括两层含义:一是指合法性审查的结论,也就是对审查主体决策合法与否所作出的最终判断;二是指合法性审查的效力,也就是合法性审查的行为及其结论是否有法律效力,对行政决策部门是否有拘束力。实践中,行政决策合法性审查的结论通常有 3 种形式,即合法、不合法、部分合法(或部分不合法)。所谓合法,是指审查主体认为重大行政决策符合法律规定或者符合法律精神;所谓不合法,是指重大行政决策违反法律规定或者违背法律精神;所谓部分合法(或者部分不合法),则是指重大行政决策的某些方面在法律上存在瑕疵,这种瑕疵一般可以补正。关于审查结论的效力问题,我国一些地方性法规、地方政府规章已经明确,合法性审查是重大行政决策的必经程序,是作出行政决策的依据。因此合法性审查的结论应当对决策具体承办部门具有拘束力,行政决策主体也应当依据审查结论作出最终决策。《国务院办公厅关于全面推行行政执法公示制度执法全过程记录制度重大执法决定法制审核制度的指导意见》规定,法制审核机构完成审核后,要根据不同情形,提出同意或者存在问题的书面审核意见。行政执法承办机构要对法制审核机构提出的存在问题的审核意见进行研究,作出相应处理后再次报送法制审核。因行政执法承办机构的承办人员、负责法制审核的人员和审批行政执法决定的负责人滥用职权、玩忽职守、徇私枉法等,导致行政执法决定错误,要依纪依法追究相关人员责任。[1]

(三)重大行政决策合法性审查规则的完善

当前,我国关于重大行政决策合法性审查的具体规定散见于《国务院组织法》《立法法》《规章制定程序条例》《国务院工作规则》《国务院办公厅关于全面推行行政执法公示制度执法全过程记录制度重大执法决定法制审核制度的指导意见》《重大行政决策程序暂行条例》《湖南省行政程序规定》等

---

〔1〕 参见中国政府网,http://www.gov.cn/zhengce/content/2019-01/03/content_5354528.htm。

各种法律、法规、规章和规范性文件当中。[1] 完善的方向主要是以建立行政机关内部重大决策合法性审查机制为突破口，改进相关的工作规则，具体应从以下几个方面进行完善：

第一，明确合法性审查的适用范围。所谓重大行政决策，主要是指由行政机关以法定会议形式决定的关系本地区、本部门、本行业全局性、战略性和基础性的经济调节、市场监管、社会管理、公共服务等行政事项，概括起来讲，包括行政立法、行政规划、经济调节和公共服务、重大行政行为、重要社会事务、行政应急、基层民主政治建设7个方面。根据《国务院办公厅关于全面推行行政执法公示制度执法全过程记录制度重大执法决定法制审核制度的指导意见》和《重大行政决策程序暂行条例》，这7个方面的具体内容需要各行政机关根据部门职责予以细化并明确规定，各级行政机关按照要求制定重大执法决定法制审核目录清单的任务还很重。

第二，明确法制机构在合法性审查中的职责任务。虽然关于合法行政审查主体的设置，有学者建议针对不同级别、不同类型的行政机关作出不同的制度安排。[2] 但作为制度突破的起点，还是应当注重挖掘现有制度资源，特别是发挥行政机关内部法制机构的主体作用，它们对行政机关的内部运行比较熟悉，对行政决策也有相当了解，工作人员也具备一定的法律素质。而且，政府法制机构的职能定位就是本级政府、本部门领导依法行政的参谋、助手和法律顾问。因此，应由政府或行政机关内部法制机构来承担合法性审查工作，其具体的职能应当包括调查研究、组织协调、依法履职。《国务院办公厅关于全面推行行政执法公示制度执法全过程记录制度重大执法决定法制审核制度的指导意见》和《重大行政决策程序暂行条例》无疑是采纳

[1] 王万华：《科学设置决策机关　建立健全行政决策运行机制》，载《中国机构改革与管理》2011年第5期。

[2] 宋艳慧、周兰领：《重大行政决策合法性审查的主体模式及其选择》，载《领导科学》2011年第21期。

了这种建议,但关键是要把政治素质高、业务能力强、具有法律专业背景的人员调整充实到法制审核岗位,配强工作力量,使法制审核人员的配置与形势、任务相适应,真正达到指导意见要求的原则上各级行政执法机关的法制审核人员不少于本单位执法人员总数的5%。

第三,丰富合法性审查的具体形式。在主要依靠政府或行政机关内部法制机构工作人员进行合法性审查的同时,应当充分发挥专家学者的作用,吸收法律专家或者相关领域专家参与合法性审查,或者委托有关专家学者、独立机构进行合法性审查,并明确有关的权利义务。当然,在审查的过程中,在主要进行书面审查的同时,审查主体也可以邀请决策承办单位询问有关情况,开展一定的调查研究。

第四,改进合法性审查的程序。在提出审查请求的环节,必须要充分准备所有行政决策的相关材料,包括该行政决策的基本情况、政策法律依据、备选方案、可行性说明以及参考经验、调查分析资料、各方面意见、法律意见等。在具体审查过程中,要确保质量和效率,既要备足充分的审查时间,也要兼顾行政效率,明确工作时限。在提出审查结论时,要明确具体,由审查主体主要负责同志签名确认,并提交有关决策机关。

第五,明确合法性审查的标准。既要兼顾内容、过程与形式,也要增强可操作性,区分规则行政与非规则行政,全面考察行政决策权限、程序、内容是否符合法律规定;还要看决策实施效果是否合法,尤其是决策是否符合《宪法》精神。

第六,要明确合法性审查的效力。将重大行政决策合法性审查上升到法定程序的高度;未经过合法性审查或者合法性审查未通过的,不得作出行政决策。合法性审查主体作出的结论、提出的意见建议,决策承办部门应当充分尊重,特别是对于不合法或者部分不合法的结论,决策承办部门应当充分吸纳,并据此对决策内容进行有针对性的修改。未通过合法性审查或者拒不接纳审查结论的决策部门负责人应当承担有关责任。

四、重大行政决策的会议讨论程序

（一）行政会议的含义

会议是政府工作最常见的形式，也是重大行政决策的另一控制手段。会议是指按照法律规定和既定规则要求，特定人员围绕具体议题进行商讨的有目的有组织有领导的集会。[1] 行政会议也称政府会议，是由国家法规范规定，由行政机关及其工作人员主办和参加的会议。按照政府级别，可以划分为国务院会议、省部级政府会议、地市（厅局）级政府会议、区县（处）级政府会议。按照会议规格和规模，划分为一类会议、二类会议、三类会议和四类会议。财政部《中央和国家机关会议费管理办法》第6条规定："中央和国家机关会议分类如下：一类会议。是以党中央和国务院名义召开的，要求省、自治区、直辖市、计划单列市或中央部门负责同志参加的会议。二类会议。是党中央和国务院各部委、各直属机构，最高人民法院，最高人民检察院，各人民团体召开的，要求省、自治区、直辖市、计划单列市有关厅（局）或本系统、直属机构负责同志参加的会议。三类会议。是党中央和国务院各部委、各直属机构，最高人民法院，最高人民检察院，各人民团体及其所属内设机构召开的，要求省、自治区、直辖市、计划单列市有关厅（局）或本系统机构有关人员参加的会议。四类会议。是指除上述一、二、三类会议以外的其他业务性会议，包括小型研讨会、座谈会、评审会等。"其中国务院会议制度在政府会议中最具典型性、代表性和示范性，故本书将主要以国务院会议制度为例探讨我国的行政会议制度。

国务院会议制度由我国《宪法》《国务院组织法》规定，并经过《国务院工作规则》细化。根据《宪法》有关规定，国务院会议主要包括国务院常务会议、全体会议两种形式，均由总理召集和主持，差别体现在参会人员上，还有

---

[1] 廖雄军主编：《会议组织规范与技巧》，广西人民出版社2007年版，第1页。

一种是国务院各部门的部务会议、委员会会议和委务会议。[1]《国务院组织法》进一步明确,国务院全体会议由国务院全体成员组成,也就是国务院总理、副总理、国务委员以及各部部长、各委员会主任、审计长、秘书长,实践中还包括中国人民银行行长等国务院组成部门的主要负责同志,[2]主要任务是讨论决定国务院工作中的重大问题,而且强调这是"必须"途径,明确了国务院常务会议和全体会议的法定地位。《国务院工作规则》以专章详细规定了国务院的会议制度,进一步明确了国务院全体会议、常务会议的具体任务、会议频次、列席人员、议题制以及具体会务工作等。[3]

通过对比分析2013年以来历次国务院全体会议和常务会议,我们可对国务院会议制度有更直观的认识。从会议的时间、地点、主持人、参加人、议题等基本要素考虑,国务院常务会议一般每周三上午举行,地点均在国务院会议室,主持人为总理,参加人为总理、副总理、国务委员、秘书长,议题包括通报、讨论、审议、决定关于宏观调控、经济调节、社会发展、民生保障、政府自身建设等重要公共政策、法律法规等重要事项。与国务院常务会议相区别,国务院全体会议出席会议人员范围更广,时间不固定,频次也不确定,但议题往往更为重大,主要涉及国务院领导分工、政府工作规则、政府工作报告、港澳行政长官任命等重大事项。

存在的问题主要包括3个方面:一是中国人民银行行长出席国务院全体会议的合法性问题,我国《国务院组织法》明确总理、副总理、国务委员、各部部长、各委员会主任、审计长、秘书长组成国务院全体会议,实际上没有承认中国人民银行的国务院组成部门的法律地位。但《国务院工作规则》则明确将中国人民银行行长列为国务院全体会议的组成人员,实践中,中国人民银行行长也的确是国务院全体会议的正式成员。考虑到中国人民银行的重要

---

[1] 《宪法》第88、90条。
[2] 《宪法》第86条、《国务院组织法》第4条。
[3] 2013年《国务院工作规则》第八章第35~41条。

地位,应当修改《国务院组织法》,明确中国人民银行的国务院组成部门地位,以及主要负责同志的国务院全体会议成员资格。二是国务院全体会议和常务会议的任务区别,无论是《宪法》还是《国务院组织法》均对此没有过多论述,《国务院工作规则》虽然进行了进一步细化,但是“重大”与“重要”的一字之差,仍然难以将此问题解释清楚,哪些事项该由国务院全体会议或者常务会议审议决定,其背后其实涉及行政决策体制的重大问题。在这个问题上的模糊性,也是当前国务院常务会议成为主要决策方式,而国务院全体会议较少召开的一个重要原因。三是关于国务院会议的议事规则缺位,无论是《宪法》、《国务院组织法》还是《国务院工作规则》,均对这一问题采取了回避的态度,实际上对于会议这种决策形式来讲,如何保障行政决策的科学化、民主化,议事规则发挥着决定性的作用,但恰恰是在这个问题上,我国立法和行政均保持了缄默。

(二)会议议事规则的发展

现代社会,会议是公共行政的重要方式,与公文并称为政府工作的两大主要内容。行政机关一般通过召开会议、组织会议、实施会议、贯彻会议来通报情况、部署工作、讨论事项、决策任务。既然会议如此重要,那么如何召开会议、议事规则如何便成为决定会议成效的关键。会议本身便是民主的体现,但民主的真义是审慎的“多数决”,既要形成多数共识,也要尊重少数人意见。这就使开会成为一门“艺术”,其精华就是议事规则。所谓议事规则,原意是指英国议会协商议事时所遵循的规则和惯例,是通过先例和习惯经长期积累发展而成的,在本书的语境下,主要是指召开会议商讨确定有关事项的步骤、程序、方法和规矩。议事规则决定着会议的进程和效果,是会议制度的核心内容。

从实践来看,在会议议事规则方面,相对而言,代议机构(立法机关或权力机关)的议事规则更为健全,不同国家之间虽然差别很大,但其主要的内容一般包括会议种类,参加人员、主持人等的职权,各类会议的主要任务、程序、辩论规则,各类议题的审议程序,会议记录,选举,等等。我国全国人大常委会于1987年11月审议通过了《全国人民代表大会常务委员会议事规则》,包括总则、会议的召开、议案的提出和审议、听取和审议工作报告、询问和质询、发言和表决、附则7章内容,并于2009年4月修订,修订的主要内容是规范议事程序、提高议事效率。比如,规范了发言规则,明确发言要围绕议题、发言时间不超过10分钟或15分钟;任免案要附拟任免人员的基本情况和任免理由,并可接受质询;明确了会议列席人员。

当然,基于法律属性的不同,议会议事规则与行政会议议事规则还是有很大的差别。首先,行政会议更强调行政首长负责制,行政首长具有最终决定权,会议的更主要价值在于发挥集体的智慧、民主的优势,为行政首长最后决策提供参考,而议会议事规则更需要参会人员充分发表意见,按照多数人的意见作出决定。其次,行政会议对效率的要求更高,行政效率原则决定了行政会议不可能久拖不决,任参会人员无限期地讨论下去,一般都有较为明确的结果导向,所以相对而言,行政会议的议题一般准备较为充分,上会之前相关的会议材料准备更为周到齐全。最后,会议在具体内容上也会有很大区别,比如行政会议一般不会有"选举"任务、"质询"议题、"投票"程序,程序也没有议会那么复杂,参会人员范围也要小一些。

我国《重大行政决策程序暂行条例》第三章第30条在这方面取得了一定进展,明确规定,"决策草案应当经决策机关常务会议或者全体会议讨论。决策机关行政首长在集体讨论的基础上作出决定。讨论决策草案,会议组成人员应当充分发表意见,行政首长最后发表意见。行政首长拟作出的决定与会议组成人员多数人的意见不一致的,应当在会上说明理由。集体讨论决定情况应当如实记录,不同意见应当如实载明"。但实践中,行政会议议事规则比较常见的问题主要有:(1)议题准备不充分,包括时间仓促、缺乏必要论证或听证、未与有关部门达成一致意见、书面材料不完善、有关意见建议不明确等;(2)议事程序不民主,无法让与会人员充分发表意见,更多是行政首长"一言堂",或者无法调动参会人员的积极性,有意见不愿意发表,影响了议事的科学性;(3)议事效率低下,会议久议不决、无法形成统一意见,严重影响行政决策的效率;(4)会议纪要不规范,应当写入会议纪要的内容没有写入,或者本不应当写入会议纪要的写入了会议纪要,权威性不足;(5)会议决策事项难以得到及时有效落实,督查检查力度不够等。这些都跟议事规则不科学有关。

(三)行政会议议事规则的完善

基于上述分析,并结合我国各级政府工作规则和一些地方政府会议议事规则,行政会议议事规则一般包括以下主要内容:

一是会议种类。政府会议数量比较多,根据不同的标准可以划分为不同的类型,不同的会议类型适用不同的议事规则。而恰当地确定不同会议的类型,对会议予以类型化,则是确定政府会议议事规则的前提和基础。在《罗伯特议事规则》一书中将会议划分为例行会议、临时会议、后续会议、年度会议、保密会议、公开会议等具体类型。[1] 从地方各级政府的层面来看,一般包括省(市、县)政府全体会议、常务会议、省长(市长、县长)办公会议和政府专题会议。比如,根据1994年《黑龙江省人民政府例会议事规则》的规定,黑龙江省政府例会包括5类,分别是全体会议、党组会议、常务会议、省长办公会议、秘书长办公会议。[2] 从政府职能部门的角度来看,则一般包括部(厅局、科处)务会议、部长(厅局长、科处长)会议和部(厅局、科处)专题会议等。

二是会议任务。会议任务,一般是指会议所要实现的目标或者解决的问题,其实质是会议议事或者决策的范围。政府会议的任务一般包括以下3

---

〔1〕［美］亨利·罗伯特:《罗伯特议事规则》(第10版),袁天鹏、孙涤译,格致出版社、上海人民出版社2008年版,第64~69页。

〔2〕《黑龙江省人民政府例会议事规则》(黑政办发〔1994〕22号),载110网1994年8月3日,http://www.110.com/fagui/law_277159.html。

类:一类是传达通报类,主要是传达上级指示、决定或者精神,通报本地区本部门需要了解的重大事项。比如,根据河南省《卢氏县人民政府常务会议议事规则》的规定,卢氏县政府常务会议的首要任务是传达贯彻中央及上级党组织重要会议、文件精神,研究贯彻落实意见。二类是审议决定类,主要是审议重大行政规范性文件,讨论决定政府工作中的重大事项。比如,2013 年《国务院工作规则》第 36 条规定,讨论决定国务院工作中的重大事项是国务院全体会议的主要任务之一。三类是总结部署类,主要是总结有关政府工作,部署有关重点工作任务。比如,根据浙江省《金华市人民政府常务会议议事规则》第 6 条第 3 项的规定,讨论决定市政府工作中的重大事项,是金华市政府常务会议的主要任务之一。

三是参会人员。参会人员即实际参与会议议事决策的人员范围,包括正式会议人员和列席人员,前者是指不但有资格参加会议,而且可以就会议内容发表意见,而后者一般只是参加会议,不能发表意见。参会人员的范围由会议性质、会议内容决定。2010 年《兰州市人民政府常务会议议事规则》第 3 条就明确了市政府常务会议的组成人员、固定列席人员和可列席人员,比如市长、副市长、市长助理、秘书长为组成人员,固定列席人员为市政府其他党组成员、市政府副秘书长、办公厅主任、副主任、市监察局、市审计局主要负责人及市政府法制办、研究室、督查室、新闻办主要负责人,可列席人员为有关县区、部门主要负责人,市委、市人大、市政协、市法院、市检察院及人民团体等有关方面的负责人。[1] 参会人员的范围影响着会议的合法性、民主性、科学性,一般而言应到会人员占到 2/3 以上多数,会议才可以正常召开;参会人员过少,则表明民主性基础不足,决策的科学性也难以保证。

四是议题确定。现代会议基本上都是以议题形式进行的。所谓议题,就是指会议通报、讨论、决定的具体事项的外在表现形式。议题是会议的核

〔1〕《兰州市人民政府常务会议议事规则》(兰政发〔2010〕94 号),载法邦网 2010 年 7 月 25 日,http://code.fabao365.com/law_491852_1.html。

心,议题的准备、讨论和决定质量最终决定着会议的质量。行政会议的议题,一般由各职能部门申报,经分管政府副职协调或审核后,报经行政首长确定。一个议题最后能否达到一定层次的行政会议,是由该议题的重要性决定的,其背后实质上反映的是决策权的范围。议题的确定一般需要经过议题动议、研究、论证、审批等若干环节。辽宁省《东港市人民政府常务会议议事规则》以专章 12 条的内容,较为详细地规定了提交常务会议议题的确定规则,包括了议题的动议、形成、条件、论证与听证、法律审查、书面材料、汇报人、排除范围等,是所收集到的最为详尽的议题确定规则。[1]

五是议事程序。议事程序是会议审议议题的程序性规则,主要环节包括确定主持人、提交议题部门汇报、相关部门发言、分管领导发言、表决或行政首长决定。首先是确定主持人,一般情况下会议召集人即主持人,且一般为行政首长。如《国务院工作规则》明确,国务院全体会议和常务会议均由总理召集并主持,而地方各级政府的相关会议除明确由政府主要负责人为主持人外,受主要负责人委托的副职也可以主持会议。其次是提交议题部门汇报,汇报的主要内容一般包括:提出该议题的根据,即提请决议事项的必要性和主要法律、政策依据;该议题的形成过程,包括可行性分析、其他分歧意见、可能影响分析;提请决议事项的内容,主要是议题的具体建议。再次是参会人员发表意见,顺序一般为议题相关部门发言、其他部门发言、分管领导发言,发言的内容主要围绕议题的法律政策依据、议题的形成过程的合法性合理性、所提建议的可行性、建议方案的可能影响、是否同意该议题、修改的建议或者不同意的理由等。发言的要求一般是直陈主题,言简意赅,并且限定发言时间。最后是表决或行政首长决定,行政首长可以根据参会人员的意见,或者通过投票或举手表决的方式以多数人的意志决定,也或者可以综合参会人员的意见作出独立的判断。《青岛市崂山区人民政府会议

---

〔1〕《关于印发东港市人民政府常务会议议事规则的通知》(东政发〔2013〕11 号),载东港市人民政府网,http://www.donggang.gov.cn/mshtml/2013-7/44605.html。

议事规则(试行)》还以列举的方式,明确了行政首长暂不作出决定或提交上级研究决策的情况。

六是会议纪要。会议纪要作为一种下行公文,综合分析、概括提炼了会议的基本情况和主要精神,主要作用在于确认会议过程和所作决定,向上级报告会议情况,向下级传达会议精神。[1] 会议纪要记录协商会议主要的过程和成果,在立法机构中一般叫作"议事录"。行政会议纪要一般主要记录会议取得的成果,不能掺杂起草者本人的意见或好恶。[2] 会议纪要一般由会议组织方起草,并经会议主持人签发。比如《国务院工作规则》就明确,国务院全体会议和常务会议的会议纪要均由国务院总理签发。《东港市人民政府常务会议议事规则》还规定了会议纪要的审签程序、发放范围和信息公开。

七是会议督办。会议督办是指针对会议议决事项的督促办理,特别是对于决策会议而言,会议督办是提高会议实效、提高行政效率的保障手段。《国务院工作规则》的很大缺憾便是没有规定会议督办的内容,在一定程度上导致了议决事项的实施问题。相反,一些地方政府的工作规则或者会议议事规则却明确了相关内容。比如,2005 年《青海省人民政府办公厅关于进一步规范省政府常务会议议事程序的通知》就明确,一方面,议题建议部门或分管领导要抓好会议决定事项的贯彻落实;另一方面,办公厅特别是督查室要加强对会议决定事项贯彻落实情况的督促检查,并对贯彻落实提出时限要求。《东港市人民政府常务会议议事规则》还进一步明确了督办的具体结果,即已经落实的,向上级报告;没有落实的,通报批评或限期落实;推诿扯皮造成严重影响的,追究责任。

---

[1] 廖雄军主编:《会议组织规范与技巧》,广西人民出版社 2007 年版,第 63 页。

[2] [美]亨利·罗伯特:《罗伯特议事规则》(第 10 版),袁天鹏、孙涤译,格致出版社、上海人民出版社 2008 年版,第 330 页。

第五章　政府执行工作规则

本书所指的政府执行，即行政执行，不同于行政执法或者行政强制执行，主要指的是国家行政机关及其公务员依据《宪法》、法律、行政法规规章和其他行政规范性文件，灵活运用各种行政资源，通过特定的行政手段，逐级贯彻国家权力机关或上级行政机关的政策、决策，以推动国家政务和执行行政决定，落实公共事务管理和提供公共服务各项任务的内部活动过程。简言之，政府执行就是贯彻落实政府决策的内部过程。政府决策，特别是重大决策，不可避免地要为具体执行预留一定的裁量空间，以应对行政执行过程中可能出现的各种情况。制定政府执行工作规则的目的在于确保行政决策得到准确、及时、高效的贯彻，因此，其规制的根本在于规范行政执行的具体过程，控制行政执行中裁量权的滥用，包括行政裁量基准、行政执法体制、行政惯例 3 种实质控制手段和公文审批的形式控制手段。

第一节 行政裁量基准

一、行政裁量基准概述

行政裁量是为了个案正义,而由行政机关从若干法效果中选择它认为最为妥当的法效果的行政行为。[1] 控制行政裁量权,是行政法学研究的核心问题,也是影响行政改革成败的关键所在,但正如有关学者所指出的,无论是从实体还是从程序来看,仍然没有得到普遍适用的方案。[2]

(一)行政裁量基准的含义

行政裁量基准,也称行政裁量标准格次化,是行政机关在法定裁量空间内,基于公平正义原则和具体执法经验,将裁量权细化为若干具体幅度、区间或格次,并根据不同情节设定相应适用标准,以进一步规范行政裁量行为的制度设计。[3] 简言之,行政裁量基准就是为了更好地实现个案正义,在行政裁量的法规范空间内再细化设置若干的阶格,作为行政裁量的基本准则,以进一步限缩行政主体的裁量余地,增强法规范的可操作性。[4]

理论上,对行政裁量基准的研究存在两种截然相反的态度。肯定者认为,行政裁量基准具有行政自我控制的价值,有助于规范相对宽泛的行政裁量权,值得推广;[5]质疑者认为,行政裁量基准可能因为过度规则化而导致行政裁量的僵化。[6] 但即使同样在肯定态度之下,也存在两种行政裁量基

---

〔1〕 杨建顺:《行政裁量的运作及其监督》,载《法学研究》2004 年第 1 期;周佑勇:《行政裁量的治理》,载《法学研究》2007 年第 2 期。

〔2〕 [美]理查德·斯图尔特:《美国行政法的重构》,沈岿译,商务印书馆 2002 年版,第 189 页。

〔3〕 周佑勇:《行政裁量治理研究:一种功能主义的立场》,法律出版社 2008 年版,第 112 页。

〔4〕 郑雅方:《行政裁量基准研究》,中国政法大学出版社 2013 年版,第 36 页。

〔5〕 周佑勇:《裁量基准的正当性问题研究》,载《中国法学》2007 年第 6 期;余凌云:《游走在规范与僵化之间——对金华行政裁量基准实践的思考》,载《清华法学》2008 年第 3 期。

〔6〕 王锡锌:《自由裁量权基准:技术的创新还是误用》,载《法学研究》2008 年第 2 期;崔卓兰、刘福元:《析行政自由裁量权的过度规则化》,载《行政法学研究》2008 年第 2 期。

准观:一种称“具体裁量”观,即行政裁量基准实质是对行政法规范的具体化,主要作用在于补充判断基准;[1]另一种称“规范裁量”观,认为行政裁量基准的存在形式限定在“规范性文件”,其性质为行政立法权的行使。[2] 相比其他的行政裁量控制手段,行政裁量基准具有灵活性、程序性、规范性、可问责性、可接受性的特点,可以为相对宽泛的行政裁量提供具体依据,既规避“僵化”,又解决“执法不一”的问题,符合行政主体和行政相对方的共同要求,也可以为行政执法的监督与审查提供依据。

(二)我国行政裁量基准的发展

实践中,基于我国目前立法密度不够、行政裁量空间过大的现状,从中央政府到地方各级行政机关都在不断认可和推进行政裁量基准制度,并相继制定实施了一些规范性文件。就中央政府而言,2004 年《全面推进依法行政实施纲要》中首次提出行政裁量权的合目的性要求,排除不相关因素干扰;2006 年中共中央办公厅、国务院办公厅联合下发《关于预防和化解行政争议　健全行政争议解决机制的意见》,要求从防止裁量权滥用的角度,细化、量化和规范行政裁量权;2008 年《国务院关于加强市县政府依法行政的决定》明确提出要树立行政处罚、行政许可中的裁量幅度,细化、量化裁量标准,并予以公布。就地方政府而言,2004 年浙江省金华市公安局颁布的《关于推行行政处罚自由裁量基准制度的意见》,是我国行政裁量基准制度在基层执法中的初试;2006 年郑州市颁布了《关于建立罚款自由裁量阶次制度的意见》,对行政处罚阶次以及升降标准予以了细化;2008 年《湖南省行政程序规定》专节规定了裁量权基准的含义、制定、执法依据等。中共十八届四中全会通过的《中共中央关于全面推进依法治国若干重大问题的决定》中明确提出建立健全行政裁量权基准制度。

---

〔1〕 王天华:《裁量标准基本理论问题刍议》,载《浙江学刊》2006 年第 6 期。

〔2〕 王天华:《裁量基准与个别情况考虑义务——周文明诉文山交警不按“红头文件”处罚案评析》,载《交大法学》2011 年第 1 期。

二、行政裁量基准的正当性

一是行政裁量基准存在的必要性。如果说永不消逝的行政裁量权的存在,构成了行政裁量基准存在的基本前提,那么立法和司法控制行政裁量权的不足则构成了行政裁量基准存在的必然条件。就立法控制而言,再精密的立法也无法消灭行政裁量,何况立法者对行政实践的了解远没有行政机关熟悉。就司法控制而言,其审查的限度永远无法超越合法性的范围,更难以驾驭复杂多变的行政执法活动,立法授权的局限性也是客观存在的。[1]在这种情况下,行政自我规制便成为一种具有普遍性的必然结果。而且从比较行政法上看,德国已经明确,行政裁量准则制度属于行政规则的范畴,能够确保行政裁量的统一和平等。[2] 日本 1993 年实施的《行政程序法》第 5 条第 1 款规定,“行政厅为了依据法令的规定判断是否给予申请请求的许可等,应制定必要的基准”,第 12 条第 1 款规定,“行政厅对于根据法令的规定判断是否作出不利益处分或作出怎样的不利益处分,必须努力制定必要的基准”。韩国 1996 年颁布的《行政程序法》第 20 条第 1 款规定,“行政机关应依法处分之性质,将必要之处分基准尽可能详细地决定并公告之。变更处分基准时亦然”。美国和英国虽然没有行政裁量基准的说法,但是也存在行政规则、行政政策等类似制度。

二是行政裁量基准渊源的法治化。行政裁量基准的形式渊源主要是行政规则或者其他规范性文件。在立法中,《宪法》《地方各级人民代表大会和地方各级人民组织法》《立法法》等称其他规范性文件为“决定”“命令”“行政措施”等。在司法中,“其他规范性文件”指的是法律、法规、规章之外的规范性文件。虽然对创设性、解释性还是指导性行政规则的法律渊源地位并

---

〔1〕 Kenneth Culp Davis, *Discretionary Justice: A Preliminary Inquiry*, Louisiana State University Press, 1969, p. 45.

〔2〕 [德]哈特穆特·毛雷尔:《行政法学总论》,高家伟译,法律出版社 2000 年版,第 594 页。

未达成一致的意见,[1]但是这并不能抹杀行政规则在行政实践中的独特作用,以及其在行政管理中的特殊角色。[2] 然而,关于行政裁量基准形式渊源的争论,往往可以从其实质渊源上得以澄清。行政裁量基准的实质渊源包括公共政策和行政惯例。公共政策宣告了特殊的社会情境及其特定行政任务,构成裁量基准必须遵循公共政策的基本要义,而且契合行政科层制和行政传统的长期浸润。行政裁量基准的另一实质渊源——行政惯例,将在下一节中予以统一阐释。

三是行政裁量基准技术的有效性。作为法规范的细化,制定行政裁量基准的过程中必然需要应用特定的技术手段。以《浙江省公路路政行政处罚自由裁量执行标准》中对"擅自挖掘公路"设定的行政处罚裁量基准为例,可以总结出裁量基准的技术主要有:(1)阶格划分,如"轻微""一般""较重""严重""特别严重"5 个阶格;(2)具体解释,如对"轻微"这一违法程度,具体解释为"擅自挖掘公路 2 平方米以下,或挖掘深度在 30 厘米以下"等;(3)数量公式,如"处罚幅度"中的具体罚款数额;(4)情景权衡,如"情节与后果"中对各种不同违法情节的描述。然而,国内外学术界均对格次化技术存在强烈质疑,认为将导致行政裁量的过度规则化乃至"僵化",[3]从而影响行政裁量的有效性,现实中也存在一些行政裁量基准僵化的个案。如根据《〈杭州西湖风景名胜区管理条例〉行政罚款自由裁量权适用规则》(杭西管〔2007〕372 号)的规定,在风景区内新建和擅自改建、翻修坟墓的,罚款额 = 最低额 + 自由裁量度 ×(新建面积/10 平方米)×100%(面积以平方米为单位,10 平方米以上按最高额 99% 处罚)。这样的裁量基准过于僵化,背离了立法授予的行政裁量原旨。但行政裁量基准技术本身并不会导致僵

[1] 叶必丰、周佑勇:《行政规范研究》,法律出版社 2002 年版,第 78 页。
[2] Robert Baodwin, *Rule and Government*, Clarendon Press, 1995, p. 7.
[3] 崔卓兰、刘福元:《析行政自由裁量权的过度规则化》,载《行政法学研究》2008 年第 2 期;王锡锌:《自由裁量权基准:技术的创新还是误用》,载《法学研究》2008 年第 5 期;Harvard Law Review Association, *Administrative Discretion in Zoning*, 82 HARV. L. REV. 668(1969).

化,恰恰是对其技术的运用才可能产生僵化。

三、行政裁量基准的法效力

无论是理论上还是实践中,均无法消灭行政裁量的存在空间,而行政裁量基准的出现,在一定程度上弥补了这种立法空间,让行政行为在“法规范”刻画的“骨架”基础上,增加了应有的“血脉”。虽然行政裁量基准在本质上是立法权的必然延伸,但本身并不是法律,对立法机关没有拘束力。当然,这并不否认裁量基准对立法的借鉴意义。行政裁量基准的法效力体现在:

首先,对行政机关的拘束上。行政裁量基准的制定主体,一般是享有行政裁量权的行政机关或者其上级机关,行政的统一性要求必然对本行政机关及其下级行政机关产生拘束效力,并受到裁量基准的约束。比如,《湖南省行政程序规定》第 91 条第 2 款规定:“裁量权基准由享有裁量权的行政机关制定,或者由县级以上人民政府制定。裁量权基准的制定程序,按照规范性文件的制定程序办理。裁量权基准应当向社会公开。”虽然也有学者对行政裁量基准的位阶提出质疑,[1]但其对下级行政机关的拘束力还是应当予以承认的,这也符合行政科层制和行政救济的要求。裁量基准的拘束效力可以通过行政复议、执法检查、个案指导、行政评价等多种方式予以保障,其目的便是确保裁量基准在一定行政区域内得到统一实施。

其次,可成为行政相对人的抗辩理由。比如,在周文明诉文山交警不按“红头文件”行政处罚案中,就有《道路交通安全法》和《云南省道路交通安全违法行为罚款处罚标准暂行规定》两个规范依据。一审中,原告就是以后者作为依据予以抗辩的。原告认为,该文件由云南省公安厅制定,对文山交警队具有拘束力,因为该文件区分了超速未到 50% 的以及超过 50% 的不同裁量标准,按此标准原告虽然超速但并未达到 50%,故仅应当承受 50 元以

[1] 郑雅方:《行政裁量基准研究》,中国政法大学出版社 2013 年版,第 68~71 页。

上100元以下的罚款,被告所作出的200元罚款决定显失公正。[1] 虽然该案的二审适用了法律位阶更高的《道路交通安全法》,否定了原告的抗辩事由,但该抗辩事由毕竟在一审中得到了承认。行政裁量基准既然是行政机关作出行政行为的直接依据,那么就构成了行政相对人的合理预期,自然可以成为行政相对人的抗辩理由。

最后,司法审查的可引用地位。虽然行政裁量是立法留给行政的自主空间,但并非排除了司法审查的可能性。一方面,我国《行政诉讼法》明确规定了对于显失公正的行政处罚的判决方式。《行政诉讼法》第77条第1款规定:"行政处罚明显不当,或者其他行政行为涉及对款额的确定、认定确有错误的,人民法院可以判决变更。"另一方面,最高人民法院的有关司法解释也赋予了法院对行政裁量基准等行政规则的可引用地位。《最高人民法院关于执行〈中华人民共和国行政诉讼法〉若干问题的解释》第62条第2款规定:"人民法院审理行政案件,可以在裁判文书中引用合法有效的规章及其他规范性文件。"特别是有关司法解释,明确规定了对行政裁量基准等行政规则的合法性审查权。实践中,这样的案例并不少见。比如,在北京金洋天蓝科技发展有限公司诉北京市工商行政管理局撤销行政处罚决定一案中,法院就明确裁判将参考北京市工商局行政处罚裁量标准酌定变更行政处罚的具体数额。[2] 而在某公司诉许昌市某局撤销质量监督行政处罚纠纷一案中,法院则对被告提供的裁量基准作出了合法性审查,并认可其作为裁判的依据。[3]

四、行政裁量基准的限度

实践中,行政裁量基准主要有两种制定方式,即行政机关自我制定方式

〔1〕 有关该案件的具体情况,参见陈娟:《云南省公安厅红头文件引争议》,载《人民日报》2008年4月2日,第15版。

〔2〕 北京市海淀区人民法院《行政判决书》(〔2006〕海行初字的58号)。

〔3〕 河南省许昌市魏都区人民法院《行政判决书》(〔2010〕魏行初字第13号)。

和公众参与方式。客观地看,单纯的自我制定和公众参与各有其优缺点,难以单独应对复杂多变的行政活动,因此,理想化的行政裁量基准应当兼顾自我制定和公众参与。[1] 这种理想模式既能代表最大多数人理性,又能考量行政机关的独立立场。[2] 当然,此处所谓的公众参与,是一个广泛的概念,包括法律专家、行业专家和技术官僚的共同参与。

在理想模式下制定的行政裁量基准必须合理适度。因为行政裁量基准制度采取的是一种规则细化的路径,并习惯性地将违法行政裁量出现的原因归结到法律规定不够明确、法律概念不够具体,从而进一步限缩行政机关的裁量空间,僵化就会在这种无限细化中产生。[3] 因为裁量基准的过度细化会使行政人员以基准为目的而忽视行政活动本来的目的,还会限制行政人员的主观能动性,变成裁量基准的僵化执行机器,从而提高行政成本并导致行政效率低下。[4] 行政裁量基准的适度原则还可以从政府规制改革的理论中得到更多支持,即过度的规则控制在限制不良行为方面并非特别有效,应当对行政机关及其工作人员保持必要的信赖,避免过度规则化所可能带来的行政僵化,加强行政人员特别是基层人员的裁量权。[5]

第二节 行政执法体制改革

一、推进综合行政执法

2014 年 10 月,《中共中央关于全面推进依法治国若干重大问题的决定》

---

〔1〕 郑雅方:《行政裁量基准研究》,中国政法大学出版社 2013 年版,第 138 页。

〔2〕 D. J. Galligan, *Discretionary Power: A Legal Study of Official Discretion*, Clarendon Press, 1986, p. 333.

〔3〕 [美]科尼利厄斯 · M. 克温:《规则制定——政府部门如何制定法规与政策》,刘璟、张辉、丁洁译,复旦大学出版社 2007 年版,第 33 页。

〔4〕 刘福元:《行政自制:探索政府自我控制的理论与实践》,法律出版社 2011 年版,第 174 ~ 179 页。

〔5〕 王叶臣:《行政法视野下政府规制改革的比较研究》,载《河北大学学报(哲学社会科学版)》2014 年第 4 期。

专门部署了深化行政执法体制改革的明确任务。2018 年 3 月,《深化党和国家机构改革方案》进一步明确,深化行政执法体制改革,统筹配置行政处罚职能和执法资源,相对集中行政处罚权,是深化机构改革的重要任务。

行政执法体制,是指行政执法机关的组织制度,主要包括行政执法机关的结构体系、职能配置、权限划分和行政职权的运作方式等,是享有行政权力的行政执法机关共同构成的一个紧密联系整体、层次分明系统。〔1〕深化行政执法体制改革对我国法治政府建设意义重大,可以起到进一步明晰政府权力边界范围、巩固加强对政府行为的程序流程规范、加强落实政府责任的追诉机制、整肃政府人员的作风形象等作用。〔2〕

我国当前的行政执法体制经历了较长时间的历史沿革,虽然总体上保障了我国这些年来经济社会的持续发展,但客观而言,随着形势任务的不断发展变化,行政执法体制中存在的一些问题有所显现,我国行政执法体制改革也在争论中不断深化。总体而言,这些年我国行政执法体制改革的总体方向是明确的,就是根据不同层级政府的事权和职能,按照减少层次、整合队伍、提高效率的原则,合理配置执法力量,推进综合行政执法,主要集中在两个方面:一是机构职能的整合,根据相近职能适当集中、不同职能适当分离的原则,整合现有的执法机构,合并职能相同相近的机构;二是执法层级和人员的缩减,尽量减少中间层级,明确上下层级之间的分工,减少交叉重复和多头执法。

所谓综合行政执法,是指一个行政机关或法定组织通过一定的法律程序,集中行使有关几个行政机关的行政检查权和行政处罚权的一种行政执法体制。特别是在市县基层政府,更有必要大幅减少政府执法队伍种类,推进综合行政执法机构。重点是 3 项:(1)整合组建综合执法机构,要依据所

〔1〕 马凌云:《行政执法体制比较研究》,中央民族大学 2007 年硕士学位论文。

〔2〕 吴琼华:《深化行政执法体制改革　加快推进法治政府建设》,载《陕西行政学院学报》2015 年第 1 期。

承担的职能是否必须政府行使、所承担的职能是否适宜与其他机构合并、所管理的事务是否具有普遍性和长期性等标准，重点在食品药品安全、工商质监、公共卫生、安全生产、文化旅游、资源环境、农林水利、交通运输、城乡建设、海洋渔业等领域内推进综合执法，有条件的领域可以推行跨部门综合执法。(2)理顺条块关系，根据《行政处罚法》的规定，综合执法的权限可能因国务院批准、法律法规授权以及行政机关委托而获得，但无论是授权还是委托，综合执法机构必须彻底从原有部门"剥离"开来，方向就是条块结合、以块为主。(3)健全配套制度，建立健全综合行政执法相应的责任制、公示制、过错责任追究制、评议考核和监督制度。

二、完善基层执法管理

根据2018年《深化党和国家机构改革方案》的规定，我国整合组建了5支综合执法队伍，分别是市场监管综合执法队伍、生态环境保护综合执法队伍、文化市场综合执法队伍、交通运输综合执法队伍、农业综合执法队伍。现在中央国家机关层面的改革已经基本到位，下一步工作的重点在完善基层执法管理。为此，2019年2月，中共中央办公厅、国务院办公厅专门印发了《关于推进基层整合审批服务执法力量的实施意见》，率先以审批服务执法力量为重点，启动了基层执法管理改革。笔者认为，关键在于以下3个方面：

1. 推进执法重心下移。这是提高执法效率的需要，也是执法体制改革的重点，包括执法事项和执法机构、执法力量下移。从实际需要和技术装备条件看，当前大部分行政许可以及绝大部分处罚、执行、给付执法事项都可以放到基层实施。有的机构在基层已设置的，在省一级不再设置相同机构，或把其相应指导性职责合并在其他综合部门中。充实基层执法力量，减少上级机构人员数量，把人员编制、职权、经费、装备真正放到一线去。在推进执法重心下移的同时，要注重发挥地方基层政府统筹功能，完善两级政府行政执法管理,加强统一领导和协调。要把现在城市街道办事处、乡镇政府改变为市县各部门的“腿”,使它们能够协调各执法部门在辖区所设立的分支机构,充分发挥统筹协调作用,形成整体合力,提高执法服务效率。[1] 2019年2月,北京市专门印发了《关于加强新时代街道工作的意见》,明确街道作为执法主体可以直接开展执法工作,提出进一步推进行政执法权限和力量向基层延伸和下沉,除上级明确要求实行派驻体制的机构外,整合现有站所、分局执法力量和资源,组建街道综合行政执法机构,逐步实现“一支队伍管执法”,推动解决“看得见的管不了、管得了的看不见”的问题。

2. 理顺行政强制执行体制。一是科学合理配置行政强制执行权。除涉及重大公共利益的执行案件由法院审查执行以外,应该坚持由行政机关统一行使执行权的原则。也就是说,在一般情况下,应由行政机关统一行使执行权,其中涉及重大公共利益的执行案件,应当由行政机关提交人民法院审查执行,以切实维护相关主体的合法权益。[2] 二是建立专门的强制执行机构,建立裁执分离制度,在县级以上、人民政府之下设置专门的强制执行机构,该机构对行政机关的具体行政行为并无审查义务,只对行政强制执行的程序合法与否负责。应采取更为多样化的强制手段。除了现有的执行和解制度外,还可以考虑设立给付拒绝、受益行政行为的撤回、赔偿损失以及课征金等间接强制手段。此外,还要健全申请人民法院强制执行制度的相关规定、全面完整地设计执行和解制度以及明确行政机关自行强制执行的期限等。[3] 应进一步完善行政强制执行的责任、救济制度,充分发挥司法机关的事后监督功能。[4]

3. 突出完善城管执法体制。一方面,科学界定城管职权。对于职权的

---

〔1〕 周继东:《深化行政执法体制改革的几点思考》,载《行政法学研究》2014年第1期。
〔2〕 马良全、王梦凯:《宪法权力体制与行政强制执行模式调整》,载《湖北大学学报(哲学社会科学版)》2013年第1期。
〔3〕 韩凤然、郝静:《行政强制执行法律体制的缺陷与完善》,载《河北法学》2013年第1期。
〔4〕 章志远:《重构我国行政强制执行体制的理论思考》,载《南京社会科学》2001年第5期。

整合,应以市容环境卫生为主,在市政公用区域内,行使简单、易行、技术性不高的职能。另一方面,建构合理的城管执法层级体制,成立类似城市治理委员会等高规格的城市管理议事协调机构,统一指挥调度全市综合执法资源,组织开展城市管理工作。应进一步理顺市、区县、乡镇街道三级城管执法事权分工,市级城管机关主要承担决策、指导执法,从事跨区域、特殊区域或者特殊领域的执法,开展行政执法人员的监督和管理等;区级城管机构主要承担具体执法任务;区县执法机构派出分支队伍到乡镇街道,探索落实区县、街道乡镇双重领导制度。[1]

三、改进行政执法保障

第一,加强组织保障。各级政府和行政执法部门把行政执法工作摆在更重要的位置,完善执法制度和机制。在实行综合执法和相对集中行政处罚权的地方,建立健全由政府统一领导、相关行政执法部门共同参与的组织、指导、协调工作机制,及时研究和解决执法中的问题。

第二,加强经费保障。保障行政执法工作经费,改善执法工作条件。严格执行罚缴分离和"收支两条线"管理制度,严禁收费、罚没收入同部门利益直接或者变相挂钩。加强对行政执法经费使用的监管,加强执法工作信息化建设。

第三,加强人员保障。加强执法队伍建设,严格实行行政执法人员持证上岗和资格管理制度,未经执法资格考试合格,不得授予执法资格,不得从事执法活动。对被聘用履行行政执法职责的合同工、临时工,应坚决调离行政执法岗位。定期组织行政执法人员参加适用法律知识培训、专门法律知识轮训和新法律法规专题培训,提高运用法治思维和法治方式解决问题的能力。

---

[1] 王敬波:《论我国城管执法体制改革及其法治保障》,载《行政法学研究》2015年第2期。

第四，健全激励机制。对在行政执法工作中表现优异的部门和人员，特别是对一线和基层执法中表现突出的人员，按照国家和省有关规定给予表彰奖励。重视选拔使用依法行政意识强，善于用法律手段解决各类现实矛盾和纠纷的优秀干部。

第三节　行政惯例制度

一、行政惯例的含义及其价值

行政惯例，是指行政机关在长期行政裁量实践中形成的能够反复适用的惯常做法，行政机关及其公务员在类似情境中需要予以遵循以保证行政的统一性和平等性，是控制行政裁量的有效制度形式。[1] 行政惯例是行政自我规制的一种重要方式，也是行政裁量基准的实质渊源之一。奥托·迈耶指出，行政惯例制度是由公权力确定并遵循的在事实上具有足够强制力的某些行政规则，其发挥作用并不需要其他的法律强制力。[2]

行政惯例之所以能够成为行政自我规制的重要方式，主要基于以下原因：首先，行政惯例符合行政行为的经验性。如同法律是经验的总结一样，行政活动本身也是经验的积累过程。特别是相对于书面的行政知识，行政实践中所获取的经验性认知显得尤为重要。因为经验性知识往往分散在不同行政部门、不同公务员手中，社会生活和行政情景的错综复杂，导致一定行政经验的积累是公务员成长的必然条件，这也是行政科层制的一个潜在假设。行政惯例是对行政执法经验的总结，能够彰显出具体行政执法中的治理艺术。其次，行政惯例往往体现出行政行为的规律性。行政实践中，逐渐形成的习惯之所以能够在以后的活动中反复适用，恰恰是因为这种行政习惯所具备的特殊品质，即经过行政机关筛选和考评、既符合法律规范又具

[1] 刘福元：《行政自制：探索政府自我控制的理论与实践》，法律出版社2011年版，第198页。
[2] [德]奥托·迈耶：《德国行政法》，刘飞译，商务印书馆2002年版，第91～92页。

有合理性和高效性的优良事例,体现了行政行为的规律性。因此,行政惯例代表着行政执法中的默认标准,彰显了行政活动的延续性内核。最后,行政惯例也包含着判例法似的正义价值。行政惯例的价值内核实质上就相当于判例法中的遵循先例原则,也就是同等情况同等对待的自然正义。行政惯例制度的存在让行政行为更有连续性和可预测性,对行政相对人赋予了更多的平等价值。

二、行政惯例的辩证性

行政惯例往往隐藏在其他规范性文件的字里行间,并对政府工作发挥着重要的指导作用,但其对行政行为的影响、在行政法中的研究价值也需要辩证分析,既要正视其积极的一面,也要看到其消极的一面,从而建立起妥当的规制措施。

首先,关于行政惯例的积极方面,主要体现在以下 3 个方面:一是能够填补成文政府工作规则的疏漏。在鲜活复杂的行政法领域,立法者根本无法将各种纷繁复杂的行政活动全部纳入成文法的控制体系,这可从迄今没有成文的行政法典面世中得到反证。行政惯例凝结着行政机关及其工作人员长期的实践经验,简明实用、针对性强而且适用灵活,能够为复杂多变的行政实践提供经验性的支撑。特别是当下我国正处于全面深化改革的特殊时期,行政法律规范和行政规则在情势变化多端的现实面前往往显得捉襟见肘,而行政惯例的存在则成为弥补规范疏漏的一种灵活手段。二是能够保障行政相对人的合理预期。行政惯例是行政机关一种心知肚明的自我约束,通常都能够给予行政相对人一种强烈的心理暗示,即在今后的类似情况下,行政机关依然会采取相同的措施,从而形成行政相对人的合理预期。这种合理预期一旦形成,便会形成一种行政法上的信赖保护,行政机关有义务确保这种合理预期的实现。[1] 三是能够推动行政法规范的自我完善。行政惯例本身连接着法律规范和行政规律，并在反复的适用中进一步提高了其内在的合理性，极有可能被立法者吸收到行政法规范的制定和修改之中，从而构成成文行政法规范的一个重要来源。

其次，关于行政惯例的消极影响。比如，可能导致行政机关不行使法定裁量权的现象，不对具体个案事实进行甄别，而是以行政惯例敷衍塞责，其结果是侵害行政相对人的合法权益。行政惯例是过去行政经验的总结和积累，而当其所赖以存在的主客观环境发生变化时，如果仍然机械地固守过去的惯常做法，则可能导致行政活动的僵化守旧。如在超级玛丽组合案中，公安民警固守于不破门而入的惯常情景，尽管接警却没有采取必要措施，间接放任了受害者的死亡。[2] 许多情况下，行政惯例都在一种非成文、非规范，甚至非公开的情况下发挥着作用，成为行政主体一种“心照不宣”的行为规则。如果这种惯例于行政相对人的利益无害则好，而一旦这种惯例有害于行政相对人的合法权益，则可能导致救济无门。比如，行政许可过程中暴露的索贿问题，如果行政相对人“懂规矩”，“跑一跑”“送一送”，可能时间就会加快一些，相反则会拖延下去。

三、行政惯例的规制

政府工作规则应当提炼和总结行政经验，加强对行政惯例的规范，最大限度地发挥行政惯例的正面效应，主要的途径有以下 4 条：

一是典型行政案例指导制度，主要是规范行政惯例的提炼和运用。该制度主要是为行政执法人员提供行使行政权的标杆和模范，通过培训或案例汇编传递下去。既然行政惯例能够产生控制行政裁量的效果，那么就不

---

〔1〕 余凌云：《行政法讲义》，清华大学出版社 2010 年版，第 87 ~ 98 页。

〔2〕 李北陵：《别让“程序”大于生命的悲剧重演》，载新浪网，http://news.sina.com.cn/c/pl/2006-04-14/00059612558.shtml。

能仅仅局限在行政机关内部,而应当向社会公众公开,以便行政相对人预期和监督。比如,《湖南省规范行政裁量权办法》就规定了典型案例发布制度,并规定了发布周期。[1] 当然,行政案例指导制度的更大意义在于,增强典型行政案例的拘束力,以确保"同案同处理"。根据有关学者的分析,典型行政案例的形成应当具备5项标准,即长期反复适用性、行政主体及公众的认可度、内容的确定性、合法性和合理性、公开性。[2]

二是行政说明理由制度,主要是为了规范行政惯例的适用。说明理由制度,是指行政主体应当向行政相对人说明行政行为的具体理由,包括法律依据、事实根据、裁量考虑等,尤其是当这种行政行为会对行政相对人产生不利影响时。法治社会行政可接受性很大程度上建立在"以法服人"和"以理服人"的基础上。就行政惯例而言,主要有两种情形:一种是适用行政惯例的理由说明,主要是对比案件与先例之间的同一性,奠定行政惯例的适用基础;另一种是回避行政惯例的理由说明,主要是讲清案件与先例的差异性,以及当前情势的特殊性。从规范行政裁量的角度而言,第二种说明理由更具有现实意义。具体实践中,我国《行政处罚法》已经明确了说明理由制度,[3]《湖南省规范行政裁量权办法》也已经将无正当理由拒绝参照行政典型案例,作为认定行政裁量违法的情形之一,并明确应当予以撤销。[4] 实行行政说明理由制度,不仅能够遏制行政权力的滥用,而且能够促进个案正义的实现。

三是行政标准操作程序,主要是为了保障行政惯例适用过程的规范性。这项程序首先在美国使用,指的是行政机关对行政实践中发展起来的习惯进行优化,形成标准化的操作流程,并要求行政人员共同遵守的一项制度。

---

[1] 《湖南省规范行政裁量权办法》第14、15条。
[2] 周佑勇:《行政裁量治理研究:一种功能主义的立场》,法律出版社2008年版,第124~125页。
[3] 《行政处罚法》第31、41条。
[4] 《湖南省规范行政裁量权办法》第68条。

标准操作程序是由行政主体本着高效行政的原则，针对某项专门行政活动而设计的操作方式和步骤，不仅能够灵活地应对行政事务的具体细节，同时也能够有效控制行政裁量权。在美国，几乎所有行政机关都制定了标准操作程序，以减少违背重要情境目标或制约的可能性。[1] 我国公安部于2013年施行了《公安机关办理刑事案件程序规定》，从基本原则、管辖、回避、刑事诉讼、证据、强制措施、立案、撤案、侦查、执行刑罚、特别程序、办案协作、外国人犯罪案件的办理、刑事司法协助和警务合作等十几个方面，明确了我国公安机关办理刑事案件的标准操作程序。[2]

四是合法性审查制度，主要是为了确保行政惯例的合法性。行政惯例是行政诉讼的一个重要起因和考虑因素，法院则应当对行政惯例存在与否、合法与否、正当与否、效力如何、适用特点等进行审查处理。[3] 对于行政惯例的合法性审查应当包括3个层次：首先是存在与否，这需要行政机关举证，并由法院根据适用的长期性、反复性予以判断；其次是合法与否，这种合法性判断的标准建立在实质合法性的基础之上，既要形式合法，也要符合法律原则和精神；最后是正当与否，也就是考察该行政惯例是否符合社会公序良俗。

第四节　行政执行的形式控制：行政公文处理制度

一、行政公文概述

（一）行政公文的含义

一般认为，文件是在人类社会活动中为处理各种事务的需要而直接形

---

〔1〕［美］詹姆斯·Q. 威尔逊：《官僚机构：政府机构的作为及其原因》，孙艳等译，生活·读书·新知三联书店2006年版，第175～176页。

〔2〕《公安机关办理刑事案件程序规定》，由公安部于2012年12月13日发布，自2013年1月1日起施行。2020年7月4日，《公安部关于修改〈公安机关办理刑事案件程序规定〉的决定》通过，2020年9月1日起施行。

〔3〕尹权：《论行政惯例的司法审查》，载《法律科学（西北政法学院学报）》2008年第1期。

成和使用的具有规范体式和法定效用的信息记录。[1] 参照我国《党政机关公文处理工作条例》(以下简称《公文条例》)的规定,党政机关公文是党政机关实施领导、履行职能、处理公务的具有特定效力和规范体式的文书,是传达贯彻党和国家方针政策,公布法规和规章,指导、布置和商洽工作,请示和答复问题,报告、通报和交流情况等的重要工具。[2] 而行政公文,指的就是国家行政机关在行政活动中,为行使行政管理职权而制发的具有法定效用和体式的公文,是行政执行裁量控制的重要形式。长期以来,行政法学的研究中一般不会将行政公文及其处理作为考察对象,这一方面是因为固守于内部与外部行政行为的界分,将行政公文作为行政内部行为排除在行政法的研究对象之外;另一方面是因为对行政公文处理的法性质认识不到位,认为其行政管理或者公共政策的色彩更为浓厚,忽视了其作为行政执行的形式控制价值,有意无意地放弃了这块行政法学研究的土壤。

(二)行政公文的特点

从法属性上来看,行政公文具有以下几个特点:(1)由法定主体制发——行政机关及其工作人员。行政公文必须以行政机关的名义或其法定代表人的名义制发,而不是以任何个人、家庭或者其他组织的名义制发。比如,根据我国《公文条例》的规定,行政机关的内设机构除办公厅(室)外也不得对外正式行文。[3] (2)具有法定的体式——行政机关公文格式。如我国先后出台《公文处理暂行办法》(中央人民政府政务院1951年9月29日颁布)、《国家行政机关公文处理暂行办法》(国务院办公厅1981年2月27日颁布)、《国家行政机关公文处理办法》(国发〔2000〕23号)、《公文条例》(中办发〔2012〕14号)、《党政机关公文格式》(GB/T 9704—2012)等规定。[4]

---

〔1〕 赵国俊编著:《公文写作与处理》,中国人民大学出版社2011年版,第4页。

〔2〕 《公文条例》第3条。

〔3〕 《公文条例》第17条第3款规定:"部门内设机构除办公厅(室)外不得对外正式行文。"

〔4〕 《公文条例》第10条规定:"公文的版式按照《党政机关公文格式》国家标准执行。"

(3)适用于法定情景——行政公务活动中。行政公文是直接形成并作用于行政公务活动之中的，存在的价值在于行使公共权力，记录公共活动，处理公共行政事务。(4)履行法定的程序——公文处理程序。公文处理具有严格的法定程序，这些程序规定在我国《宪法》《立法法》《行政法规制定程序条例》《规章制定程序条例》《法规规章备案条例》《公文条例》等具体法规范中。(5)具有法定的效果——具体的法律效力。行政公文的法律效力主要体现为对特定时间、特定空间、特定机构和特定人员行为的强制拘束力。行政公文的这种法律效力，是我国《宪法》、法律、法规所明文规定的。[1]

(三)行政公文的功能

行政公文的功能主要体现在：一是行政意志的传递功能。行政公文的基本功能是传递信息，是抽象的行政机关之间意思传递的主要载体。此外，行政公文还是上下级机关之间沟通联系的基本手段。二是行政规范的承载功能。行政公文是发布行政法规、行政规章和其他规范性文件的物质载体，是行政规范的外在表现形式，在国家行政管理与社会秩序方面发挥着规范性作用，让各种行政法规范从一种抽象的理念转变成为现实的文字、规范的表述。三是行政信息的记录功能。行政公文是行政活动的权威记录，兼具政策性、理论性，记载并宣示各种行政信息。行政公文是不同行政机关之间沟通联系的纽带，通过精确、权威的载体保障行政机关之间相互交流信息、商洽工作、协助公务。

(四)行政公文的效力

如同法规范一样，行政公文的法律效力也体现于时间、空间和对象之上。不同公文之间存在效力等级上的差别，除法规范之间的效力位阶之外，其他通用公文需要按照制作者组织系统或者专业系统的归属及法定级别和权限确定其效力的等级。在同一组织系统或者专业系统内部，制作者级别

[1] 比如，我国《宪法》第90条就明确了国务院各部委发布命令、指示和规章的权力。

越高,公文效力等级就越高。而在组织系统、专业系统之外,公文效力等级则主要取决于制作者的法定权限,权限高的,效力等级就高;有权的,要高于无权的。专用公文的效力等级大都由权威性机构以法规规章的形式予以明确规定,有的则需要遵从本领域内公认的习惯或者惯例。

二、现行行政公文规则体系及不足

我国《公文条例》总则部分明确了行政公文处理的 4 条基本原则,即实事求是、准确规范、精简高效、安全保密,分别对应着公文内容、公文用语、公文程序、公文管理方面的基本要求。在这 4 条基本原则之下,我国行政公文主要有 5 个方面的规则。

(一)文种规则

文种,即公文种类,是在长期公文处理过程中所总结形成的类型化分析,体现了对行政公文的一种规律性认识。选择合适的文种,是公文处理过程的起点。文种具有法律效力,并由法规范明确,任何人不得生造文种,也不得滥用、错用文种,而是要根据工作关系、职务身份、行文目的和公文主题等若干因素选定恰当的文种。我国法定公文文种并非固定不变的,中华人民共和国成立至今,我国党政机关共颁发了 10 部公文处理法规规章,每次都对文种有略微调整,并总体上呈现出缩小公文种类、统一适用范围的规律。《公文条例》将中国共产党和国家机关的公文进行了统一规定,并明确了 15 种文种,即决议、决定、命令(令)、公报、公告、通告、意见、通知、通报、报告、请示、批复、议案、函、纪要,取消了指示、规定、办法、细则、会议纪要等文种,进一步精简了文种,提高了文种的实效性。[1] 在文种选用方面常见的问题

[1] 1996 年《中国共产党机关公文处理条例》就规定了党的机关文种主要有 14 种,分别是决议、决定、指示、意见、通知、通报、公报、报告、请示、批复、条例、规定、函、会议纪要。2000 年《国家行政机关公文处理办法》则规定了国家行政机关的 13 种公文文种,包括命令(令)、决定、公告、通告、通知、通报、议案、报告、请示、批复、意见、函、会议纪要。

是：缺少文种；使用非法定文种；文种重叠；错用文种。

（二）格式规则

公文的格式包括文体、结构和版式。公文作为一种应用文，包括基本和非基本两种组成部分，前者是指标题、正文、作者、日期等必备内容，后者是指秘密等级、紧急程度、签发人等非必备内容。公文的版式是公文内容在纸张上的排列方式。公文的版式要依照《党政机关公文格式》国家标准执行。[1] 公文具体格式，包括纸张规格、区域划分、编排样式、文字符号等，可参见《党政机关公文格式》国家标准执行。公文格式方面存在的常见问题是，需要依靠专门的人员来负责公文的排版和印制，人力成本比较高。

（三）内容规则

公文内容规则，主要包括公文语言风格和写作要求两个方面的具体内容。公文的语词大都为规范化的书面用语，具有庄重、准确、严谨、规范等特征，语句要求明确、清晰、完整。[2] 公文写作要求合法、规范、清晰，写作前要明确行文的目的要求，收集吸收写作材料，明确表达要求；写作中要妥善安排文章结构，认真拟写写作提纲，反复修改完善文稿。公文内容方面存在的突出问题是文风问题，空洞无物、胡编乱造、言过其实，都极大影响公文本身所应承载的事实信息。

（四）行文规则

行文规则，就是机关行文中必须遵守的规则。按照《公文条例》，行政规则主要包含4个层次：(1)行文总规则。行文要有必要性、实效性、针对性和可操作性，根据隶属关系和职权范围，一般不得越权、越级行文。(2)向上级机关行文的规则。原则上主送一个上级机关，明确承办责任，防止推诿扯皮；避免行文升级、升格，强化政府统一领导和职权自负；不得原文转报，强

〔1〕 参见《公文条例》第10条。

〔2〕 关于常用公文专用词语可参见赵国俊编著：《公文写作与处理》，中国人民大学出版社2011年版，第88~93页。

化和落实行文责任;一文一事,保证公文的针对性;避免“倒办件”,不允许以个人名义向上级机关报文。(3)向下级机关行文的规则。实行办公厅(室)等一个窗口对下,除审批事项外不得发布指令性公文。(4)其他行文规则。主要是同级部门之间、不同职权部门之间的行文要以“函”为准。行文规则中常见的问题包括:多头主送、上下级联合行文、平行单位间使用上下行文文种、内设机构对外行文等。

(五)处理规则

公文处理包括收文、发文、传递、归档、管理等不同环节的工作。收文环节要注意区分阅知件和批办件,履行签收、登记、初审、承办、传阅、催办、答复等不同程序。发文环节包括拟制、审批、复核、登记、印制和核发等若干程序。涉密性公文一般通过机要交换的方式进行传递。公文的归档要确保及时、全面和保密,非涉密的文件要按照政府信息公开的要求予以对外公布。而公文的管理则包括密级管理、印发传达管理、翻印复制汇编管理、清退销毁管理、移交管理等若干程序。

三、公文处理规则的完善

行政机关公文处理工作,是行政活动的重要工具——公文得以形成、传递并产生实际效力的重要活动。行政公文是行政机关履行行政职责的产物,是各种行政信息的具体载体,为行政机关实施行政行为提供具体服务,是行政机关存在和活动的必要条件。完善我国公文处理工作,应当在以下几个方面努力:

(一)强化公文法治

所谓强化公文法治是指增强公文处理的法规范性,用法治方式规范公文处理方法和程序,在公文处理工作中做到依法办事。要加强公文处理工作领域的立法工作,以《公文条例》为基础,不断健全公文处理工作的法规范体系,将公文处理工作纳入法治的轨道上来;认真贯彻落实公文处理有关法规范要求，不管是公文内容还是形式，也不管是公文处理的程序还是方法，都要符合相关法规范的规定，特别是各级政府及其部门制定的公文处理实施办法；要加强对违法处理公文行为的责任追究，建立起有效的督促检查机制，务必使各种违法违规行为得到及时的发现和纠正。只有这样，公文才能产生应有的法律严肃性和强制力，确保各项行政活动依法开展。

（二）加大公文公开

行政公开是现代行政法的一条基本原则，行政公文作为政府信息的重要载体，理应按照《政府信息公开条例》的要求，坚持以公开为原则、以不公开为例外，在做好保密工作的基础上，能够公开的尽量予以公开。我国在长期的革命、建设、改革过程中，在公文处理工作中形成了一种保密优先的惯性思维，更多考虑的是国家安全和保守秘密的要求，避免泄密、保守国家秘密的意识根深蒂固。实践中，要进一步加强对依法行政理念的教育，正确理解信息公开与保守秘密的辩证关系，特别是在公文处理工作中，正确处理好信息公开与保密的关系，自觉做好信息公开的工作。

（三）提高公文效率

行政效率原则在公文处理工作中具有重要价值，因为“繁文缛节”“文山会海”现象是当前行政公文处理中比较突出的问题。一方面，要进一步简化公文处理程序，缩减公文审批环节和程序，简化公文格式规范，特别是对于中央国家机关的公文处理，适当放宽审批层级，使行政公文能够更迅速、更有效地被撰写、阅读和办理，更快捷地被印制、传递、管理。另一方面，要进一步明确公文办理时限，及时办文办事，不积压公文，不延误事情办理，实施科学有效的时间管理，减少不必要的重复过程；要尽快处理公文，注意寻找和把握公文处理的有效时机，充分利用有效时间。如果能在公文处理工作中，处处、事事注意及时、适时、简化程序，就可以极大地挖掘并提高时间的利用价值，从而使这项工作活动获得更高的效率。2015 年 5 月，国务院办公厅专门印发《关于贯彻落实国务院常务会议精神有关事项的通知》，明确了经国务院常务会议审议通过的文件区分不同情况务必2~3天或者7~10天内签发。对此,尽管存在争议,但可以说该通知弥补了公文时效制度上的欠缺,为提高公文处理效率迈出了可喜的一步。[1]

(四)加强公文培训

公文是行政机关的主要工作形式之一,写作和处理公文也是公务员的基本功。无论是从行政法治的角度,还是提高公文效率的角度,都十分有必要加强公文写作和处理的培训。实践中,制约公文运行效率的很重要因素,在于公文写作不符合要求,公文处理不够规范,而工作人员对公文的写作和处理规则越熟悉,公文的运转效率也便越高。但遗憾的是,各级行政机关对于公文的培训并没有硬性的要求,一般由各级政府、各个部门自行安排,在公务员岗位培训中未得到应有的重视,培训的内容也与实际操作有很大差别。因此,应当在政府工作规则中明确公文培训的重要地位,并将之作为机关工作人员的基本技能在实际操作中锻炼熟悉。

〔1〕《国务院办公厅关于贯彻落实国务院常务会议精神有关事项的通知》(国办函〔2015〕31号),载中国政府网,http://www.gov.cn/zhengce/content/2015-04/29/content_9679.htm。

第六章　政府监督工作规则

政府工作的完整过程，离不开监督环节。传统意义上，我们对政府监督的理解往往局限于外部监督，即政府以外的特定主体对行政权力的监督，比如，人大的权力监督、政协的民主监督、法院与检察院的司法监督、执政党的党纪监督和新闻媒体的舆论监督等。对政府内部的监督，往往也仅限于政府内部专门机关，比如行政监察部门、审计部门、国家监察委员会等的监督。但实际上，相对于外部监督，由于同属于政府内部，政府内部的制约与监督更具有独特的优势，其制度手段包括行政分权、流程再造、轮岗交流、责任追究。这些制度手段或者没有引起充分的重视，或者没有得到规范的架构，或者内容不够精细，或者没有落到实处，需要建立健全相关的规则体系。

第一节　行政权力的内部制约

作为政府内部监督的一种方式，行政权力的制约更多体现的是一种行政权力的内部制衡，通过这种内部权力制衡，构建一种既相互支持又相互监督的内部约束。具体体现在 3 个方面，即行政分权、政府流程再造及公务员轮岗交流。

一、行政分权

(一)行政分权的含义

所谓行政分权,也称职能分离,是指根据不同的标准,将行政权力分别授予不同层级的政府、政府的不同部门以及同一部门的不同岗位,这既是将行政权力具体化、实现行政管理的需要,也是加强行政权力内部制约、控制行政权力的要求。行政分权意义重大,特别是在行政机关要对行政相对人作出不利处分,影响行政相对人的合法权益时,比如作出行政处罚决定,或者实施行政强制措施时,行政机关既是行政调查者,又要作出行政决定,即使其主观上是公平公正的,仍然不可避免地受到主观情绪或预先判断的影响,作出对行政相对人不利的行政决定。从这个角度讲,行政分权是自然公正原则的必然要求。

行政分权一般包括纵向分权和横向分权。前者是指中央和地方、上级与下级之间纵向的行政权力配置关系,体现为行政权力的层级性,不同层级的政府享有不同内容的权力,是由上而下权力边界的"条条"划分;后者则指同一个政府内部不同职能之间的权力划分,表现在将不同的权力授予不同的行政机关及其部门和岗位来行使,呈现出行政权力部门化、岗位化的"块块"特点。[1] 正如布兰代斯法官所指出的,分权原则的目的是避免专断独行,通过不同部门分享统治权力时不可避免的摩擦来使人民避免遭受独裁的宰制。[2] 特别是相比立法权力和司法权力,行政权力具备更多的侵益性特质,只有在行政权力相对分散的情况下,才可能实现对行政权的内部监督

---

〔1〕 董娟:《试析改革开放30年行政决策的分散化趋势——以行政分权下的中国政府决策为考察对象》,载《天津市政府管理干部学院学报》2008年第3期;[美]海伦·英格兰姆、[美]斯蒂文·R.史密斯编著:《新公共政策——民主制度下的公共政策》,钟振明、朱涛译,上海交通大学出版社2005年版,第35~38页。

〔2〕 Myers v. United States,272 U.S.52,293(1926).

和制约。可以说,没有权力分散就没有行政权的内部制约和监督,而行政内部分权则为行政监督提供了前提条件和基本要件,是行政监督的具体方法之一。

(二)行政纵向分权

行政纵向分权,体现的是行政权力的层级性,最重要的是中央与地方的权力划分,这主要取决于国家结构形式。各个国家的中央政府与地方政府之间,存在多样化的行政关系。

1. 行政领导关系。这是指以权力为基础,上级对下级、中央对地方具有发布命令的权力,而下级政府必须服从,否则,即承担相应的法律责任或政治责任,主要存在于单一制国家。从法律地位上讲,地方政府从属于中央政府,对于中央政府所发布的法律、法规、指示、命令必须服从。比如,我国《宪法》第85条规定了国务院的最高国家行政机关的法律地位,并于第89条第4款明确其统一领导各级行政机关。[1]

2. 行政指导关系。这是指中央和地方政府或上级与下级机关之间是一种行业或业务上的指导关系,中央政府或上级部门享有业务上的指导权,但并不存在直接的命令和指挥权。在一些实行地方分权的单一制构架中,地方政府的权力是法律直接赋予的,因此,保持了与中央政府的相对独立地位,中央政府对地方政府主要是行政指导关系。例如,英国具有长期的地方自治传统,地方政府的自治权是由法律规定的,受法律保护,中央政府不得直接干涉。[2]

3. 行政监督关系。为了保护自己的领土完整和统一,中央政府都必须在一定程度上对地方政府进行监督,单一制国家往往通过行政领导的方式

---

〔1〕 我国《宪法》第85条规定:"中华人民共和国国务院,即中央人民政府,是最高国家权力机关的执行机关,是最高国家行政机关。"第89条规定:"国务院行使下列职权:……(四)统一领导全国地方各级国家行政机关的工作,规定中央和省、自治区、直辖市的国家行政机关的职权的具体划分……"

〔2〕 林尚立:《国内政府间关系》,浙江人民出版社1998年版,第93页。

实现监督,而在联邦制国家,联邦政府则不能对成员政府直接发布命令,因此,行政监督关系就成为政府间上下级关系维系的主要形式。比如,英国中央政府各部对地方行政活动的监督方式主要有:制定行政法规和规章,批准计划,发布命令,视察,行使任职同意权,财政控制,审计监督等。[1]

4. 行政合作关系。在当代高度一体化的社会中,有许多社会问题仅仅依靠某级政府或者某个政府部门难以有效解决,需要各级政府之间通力合作。具体形式包括:委托性合作,即中央或联邦通过政府拨款的形式委托地方或成员政府负责处理某一方面的社会事务;协议性合作,即通过签订协议的方式解决各级政府都面临的大气污染、全国性公路等共同面临的重大问题;计划性合作,即地方政府为了完成中央政府制订的计划,而参与中央计划的实施;参与性合作,地方或成员政府在参与中央或上级政策及其执行中所形成的合作。[2]

我国《立法法》专门设置了第四章“地方性法规、自治条例和单行条例、规章”,第63、64、87条规定,省级、省会市、国务院特批的“较大的市”和经济特区市的人大及其常委会有权针对“地方性事务”制定地方性法规。虽然《立法法》调整的主要是立法关系,但由于立法关系是中央与地方关系的核心,而行政机关又是同级权力机关的执行机关,因此,这仍然为我国地方国家机关的立法和行政管理指明了方向。

(三)行政横向分权

横向分权,体现的主要是行政权力的部门性,主要是根据行政权力的领域和属性将之划分为不同的行政部门。国际上通行的横向分权的做法是按照行政管理的领域进行划分,比如,我国《宪法》第89条就确立了经济工作、城乡建设、生态文明建设、教育、科学、文化、卫生、体育、计划生育、民政、公安、司法行政、对外事务、国防建设、民族事务等众多的领域,而我国各级政

---

〔1〕 童之伟:《国家结构形式论》,武汉大学出版社1997年版,第259~261页。

〔2〕 孙波:《中央与地方关系法治化研究》,山东人民出版社2013年版,第47~48页。

府的机构设置也基本上依照这些不同领域以“职责同构”的方式匹配了相应的主管部门。当然,现在这种分权方式已经开始受到挑战,其集中表现:一是大部门制,二是非政府组织,三是行政决策、执行、监督三分制。前两种方式已经在有关章节中论述,此处专门就第三种分权方式予以进一步阐释。

所谓行政三分制,是指将国家行政权力从结构上划分为决策权、执行权和监督权,形成分工制约并相互配合的运行机制。行政三分制在具体执行过程中有两种模式:一种是所谓的“中三分”,即在部门与部门之间分权,将行政决策权、执行权、监督权分配给不同部门。[1] 比如,我国《行政强制法》在一定程度上就采取了“裁执分离”模式,将一部分行政强制执行权授予了人民法院。我国《行政强制法》第 53 条规定:“当事人在法定期限内不申请行政复议或者提起行政诉讼,又不履行行政决定的,没有行政强制执行权的行政机关可以自期限届满之日起三个月内,依照本章规定申请人民法院强制执行。”另一种是所谓的“小三分”,指在同一个部门的内部机构之间进行分工,将行政决策权、执行权、监督权分别授予不同的内部机构。比如,英国的执行机构改革就属于“小三分”模式,主要做法是在大部制内部设立执行机构(executive agency),将政府的决策制定职能与行政执行职能分离,以改进管理和对公众的服务,实现执行职能的聚合,提升行政执行的效率。我国《行政处罚法》也明确规定行政处罚听证主持人不得由行政处罚调查人员担任。我国《行政处罚法》第 42 条第 1 款第 4 项规定:“听证由行政机关指定的非本案调查人员主持……”我国证监会更是确立了查审分离的行政处罚机制,案件调查阶段由稽查部门负责,案件审理、听证阶段则由行政处罚委员会负责。2009 年我国深圳启动的综合配套改革,可以说是“中三分”的代表,其核心内容是根据行业和系统设立决策部门——称为“委”,主要是负责制定政策、规划、标准等职能的大部门;就每个决策部门关联的业务设立若

---

〔1〕 石佑启、杨治坤、黄新波:《论行政体制改革与行政法治》,北京大学出版社 2009 年版,第 203 页。

干个执行局——称为“局”,主要承担执行和监管职能;监督部门则直接隶属于市长——称为“办”,协助市长办理专门事项。行政三分制,针对的是我国行政机关自定规则、自己执行、自我监督的弊病,实际上就是将政府职能重新组合、职权重新配置、结构重新调整,通过行政权的再分工、再划分,将行政权分解到若干不同的部门或机构行使,实现分权、监督的效果。[1]

(四)小结

无论是纵向分权,还是横向分权,都应当坚持适度和合理的原则。根据行政自我规制原理,行政分权的目的是相互牵制、避免滥用,而不是将行政权力无限细分。第一,过度分权的后果同样是严重的,行政权的无限细分可能导致职能交叉重叠,引发“职无专司”“一事三办”的现象,可能引发部门之间的恶性竞争乃至冲突,可能影响公共部门之间应有的协调和合作。第二,行政分权的适用范围是有限的,公安、海关等行业行政管理具有绝对的专属性,治安管理中的决策与执行行为也往往是一体的。有些案情简单、违法情节轻微、处罚较轻的行政处罚则可使用简易程序,并不适用行政三分制,应当根据各种行政活动的不同情况进行具体分析。第三,行政分权的配套措施必须跟上,如果人力、财力、物力等行政资源的流向过于分散影响了部门行政的必要支撑,或者仍然主要流向某一部门,则难以实现行政分权的目的。

二、政府流程再造

(一)政府流程再造的含义

程序控制是制约和监督行政权力的有效方式。所谓流程再造,即根据一定的原则,对行政程序、行政流程进行重新调整和规范,以更好地实现提高行政效率、改进行政程序、规范行政权力运行的目的。流程再造最早出现

[1] 罗才荣、刘立:《政治文明在当代中国的新发展——论政府行政的分权和制衡》,载《贵州民族学院学报(哲学社会科学版)》2004 年第 3 期。

在20世纪90年代的企业管理中，强调流程导向和流程管理，后逐渐应用到政府管理领域，称为政府流程再造。

“企业再造之父”迈克尔·哈默等最早提出流程再造的定义，认为，为了提高企业质量、服务和效率，应当重新审视企业业务流程中的突出问题，并进行完全再设计。他总结了再造企业业务流程的特点和关键词，并提出了构造改革流程的3种方法，即大胆地采用一项或多项原则，找出存在的问题和摒弃原有的设计思路，寻求创造性应用新技术的机会，进而总结了流程再造的典型做法。[1] 业务流程再造理论一经提出，便得到了极大关注，并被广泛应用于企业管理之中，许多专家在不同领域提出了很多流程再造的所谓“最优做法”（见表13）。

表13　流程再造的最优做法

相关方面	最优做法名称	最优做法内容
顾客	重新定位控制	把控制权向顾客方向移动
	减少接触点	减少同顾客和第三方接触的数量
	整合	考虑将与顾客或供应商的流程整合
运作思想	顺序类型	确定任务是否与同一类型任务的处理顺序相关，如果相关，则区分出新的业务流程
	消除任务	消除流程中不必要的任务
	分类	考虑把总的任务分成两个或更多另外的任务，或把两个或多个任务整合成一个总的任务
	任务组合	把小任务合并成组合任务，把大的任务分成容易完成的小任务

〔1〕［美］迈克尔·哈默、［美］詹姆斯·钱皮：《改革公司：企业革命的宣言书》，胡毓源、徐荻洲、周敦仁译，上海译文出版社1998年版，第29～32页。

续表

相关方面	最优做法名称	最优做法内容
行为观点	重新排序	把任务移到更适合处理的位置
	平行处理	考虑任务是否可能平行处理
	例外情况	为典型顺序设计流程,把特殊序列从正常序列中分离开来
外部环境	信任的合作伙伴	不是确认信息本身,而是利用合作伙伴的处理结果
	外包	考虑外包部分或全部业务流程
	交界	考虑与顾客和伙伴接触界面的标准化
组织结构	顺序分配	让工人操作尽可能多的单一顺序
	灵活分配	资源分配方式保留最大灵活性
	集权	像集中在一个地方一样处理地理上分散的资源
	责任	避免把任务的责任分配给来自不同功能单位的人员
	顾客小组	考虑分配不同部门工人组成的小组,来负责完成具有特定类型处理顺序的任务
	涉及的数量	使流程涉及的部门、小组和人的数目最小化
	项目管理者	任命负责每类顺序的负责人
组织人事	额外的资源	如果能力不足,考虑增加资源的数量
	专才—通才结合	考虑使资源更加专业化或通用化
	授权	给予工作人员大多数决策权力,减少中间管理层
信息	额外控制	检查进来材料的完整性和正确性,在输出到顾客之前检查产品
	缓冲	通过更新来缓冲信息,而不是从外部资源要求或索取信息
技术	任务自动化	考虑使任务过程自动化
	整合技术	通过应用新技术,努力减少业务流程的技术约束

资料来源:Reijers H. A. ,Mansar S. L. ,*Best Practices in Business Process Redesign:An Overview and Qualitative Evaluation of Successful Redesign Heuristics*, Omega,2005,33(4),p. 285 - 292.

林登较早提出了公共组织的再造原则：围绕结果同时进行若干过程，贯通前后阶段的信息，鼓励顾客和供应商单独接触，先再造后自动化；并且提出了决定再造过程优先权的3个标准：对顾客、消费者和支持者的影响，对机构总体表现的影响，可行性。[1] 此后，一些学者还分析了在公立医院、政府部门流程再造的种种情况，以及公共部门和私人部门流程再造的异同点。[2] 国内学者对政府流程再造的研究是近些年的事情，源自对相关理论的借鉴，并具体阐释了中国语境下政府流程再造的概念、分类、理念、原则、目标等，[3] 对行政服务中心以及审计领域进行了具体分析。[4] 有学者认为，政府流程再造是企业业务流程再造理论在政府管理中的应用，但其具体内涵、特性、再造原则、再造方法和推进策略与企业的业务流程再造存在很大差异，而且主要针对的是科层制组织过分听命于上级、偏离服务公众的理念，专业化趋势导致跨部门协调困难，支撑流程工作量高于服务流程，信息失真和信息阻断严重等弊端，而要实现政府流程再造就要区分服务、支撑和管理3类流程，捕获原始信息并实现共享，运用自动化实现服务流程的柔性化等。[5] 有人分析，政府流程再造主要涉及组织结构、运作机制、信息系统、外部环境、政务特点5个方面内容，再造的模式受到环境稳定性、环境复杂性、

---

[1] [美]拉塞尔·M.林登：《无缝隙政府：公共部门再造指南》，汪大海、吴群芳等译，中国人民大学出版社2002年版。

[2] McNulty T., Feilie E., *Process Transformation: Limitations to Radical Organizational Change within Public Service Organizations*, Organation Studies, 2004, 25(8), p. 1389 – 1412. Weeks D., Bruns D., *Pribate-Sector Tools for the Public Sector: Business Process Management Score Big at a Florida State Agency*, Journal of Organizational Excellence, 2005, 24(3), p. 31 – 41. Thong J. Y. L., Yap C., Sesh K., *Business Process Reengineering in the Public Sector: The Case of the Housing Development Board in Singapore*, Journal of Management Information Systems, 2000, 17(1), p. 245 – 270.

[3] 申振东：《以政府流程再造推进地方政府行政体制创新》，载《中国党政干部论坛》2008年第7期。

[4] 徐蕾、李靖华：《公共服务流程再造的决定因素：基于行政服务中心的前沿实践》，载《管理评论》2009年第21期。

[5] 汪玉凯、张勇进：《业务流程再造理论在政府管理中的应用——浅析政务流程再造》，载《电子政务》2007年第6期。

任务规则性和任务独立性的影响,并比较分析了实践中存在的不同流程再造模式。[1]

(二)政府工作流程再造的典型模式

从实践来看,我国政府工作流程再造主要有以下3种代表性的做法:

一是行政服务中心。行政服务中心,也叫作行政审批服务中心、公共服务大厅或便民服务中心,主要是指为了方便公民办事,提高行政效率,促进行政公开,政府设立的集信息与咨询、审批与收费、管理与协调、投诉与监督于一体的综合性行政服务机构。我国行政服务中心的发展大致经历了3个阶段:(1)试点阶段(1995~1999年),主要出现在国家级开发区和经济特区,为快速响应和满足特定服务对象的需求,将一些行政许可单位进行物理性集中,有代表性的便是1995年深圳成立的专业性联合审批服务中心,首次把与外商投资项目审批有关的18个政府部门集中在一起办公。(2)推广阶段(2000~2004年),突破了为特定对象服务的局限,开始面向全体公民,其代表便是浙江上虞于2000年试点设立的行政服务中心,其具有固定办公场所和专职管理人员,并由专业执法部门集体入驻为所有对象提供服务。2001年国务院批转《关于行政审批制度改革工作实施意见的通知》后,综合行政服务机构在全国普遍设立。(3)繁荣阶段(2004年以后),《行政许可法》施行后,行政服务中心在市县两级呈现井喷式发展,其名称、组织机构和运转方式基本固定,其数量也基本上接近了区(县)级行政区划单位的总量。[2]

二是城管综合执法。我国城市管理、农业和文化等领域均存在综合执法的实践,其中尤以城管综合执法最受关注。城管执法总体上经历了从城管监察,到城管联合执法,到城管委托执法,再到城市综合执法、相对集中行

---

〔1〕 张万宽:《政府流程再造:理论框架与典型模式》,清华大学出版社2013年版。

〔2〕 王胜君、丁云龙:《行政服务中心的缺陷、扩张及其演化——一个行政流程再造视角的经验研究》,载《公共管理学报》2010年第4期。

政处罚权的历程。综合执法源自《行政处罚法》确立的“相对集中行政处罚权”制度,[1]并首先选择了城市管理领域作为开展相对集中行政处罚权的试点领域,其本意是将分散在不同部门的城市管理行政处罚权交由一个部门行使,这个部门可能是新设立的、现有的或者是代管机构,以解决职权交叉、执法分散、机构膨胀、效率低下等问题。[2] 各地在试点城市管理综合执法的过程中取得了一定成效,但仍然存在一些问题:(1)法律规范不统一,行政法规的授权不明确,执法依据不充分,城管执法主体地位受到质疑。如北京市城管使用的行政法规有68部,但其中只有市容、燃气、节水、噪声等少数几部新修订的法规将行政处罚权明确授予了城管,其余各行政法规中的行政处罚权都没有授权给城管,如绿化是授权给绿化部门,环保是授权给环保部门,市政是授权给市政部门,等等。(2)工作面太宽,很多职能难以履行,城管的职能缺乏明确界定,城管承担了其他行政部门不愿承担的城市管理职能,从严管理与维护稳定的矛盾突出。[3] 没有从根本上解决多头执法问题,部门脱节、条块分割,执法力量形式上整合了但实际上仍然分散,日常监管缺失,甚至产生了更多的职能交叉和矛盾,也有超越职权和滥用职权等违法现象。对于如何改革城管执法体制,主要有3种观点。第一种观点主张改革现行行政管理体制,比较理想化,难度太大;第二种观点是通过政府机构改革重新配置行政执法权力,但要受制于机构改革和现行法律法规的束缚;第三种观点提出,可以在特定条件下组织联合执法或者委托执法,但存在行政主体不适格的问题。[4] 在此背景下,2008年,北京市原崇文区将25个执法

---

[1] 《行政处罚法》第16条规定:“国务院或者经国务院授权的省、自治区、直辖市人民政府可以决定一个行政机关行使有关行政机关的行政处罚权,但限制人身自由的行政处罚权只能由公安机关行使。”

[2] 张小明、曾凡飞:《“大城管”模式下城市综合执法联动机制研究——以贵阳市为例》,载《中国行政管理》2010年第8期。

[3] 张洪刚、贾瑞全:《新时期城管执法的八大瓶颈》,载《上海城市管理职业技术学院学报》2009年第5期。

[4] 张万宽:《政府流程再造:理论框架与典型模式》,清华大学出版社2013年版,第124~125页。

部门组建为统一的执法队伍,集中维护和管理全区社会秩序,成为一种有价值的探索。

三是审计职能分离。我国审计业务管理模式具有典型的计划经济时期的体制特征,内部机构以财政、农业、经贸等不同审计领域进行划分,一个审计项目的全部环节一般由同一个机构单独完成,包括审前计划、审中实施、审后处理等。审计管理实行统一领导、分级负责,审计项目一般由各业务部门在各自划定的审计对象范围内提出意见,再由计划管理部门汇总安排,立项后由该业务部门组织实施。这种管理模式的弊端在于:封闭式的审计计划管理,业务部门的主观性、盲目性和随意性比较大,导致审计计划宏观性不够;粗放式的审计资源投放模式,缺乏必要的目标控制和成本控制,导致审计力量分散、成本高、效率低;审计权力相对集中,审计质量和监督效果难以保证,存在较大的审计风险,且容易陷入屡审屡犯、屡犯屡审的被动局面。[1] 针对这种情况,湘潭市审计局于 2006 年率先实行审计职能"四分离",即将审计计划、查证、处理、执行 4 项职能分别授予不同部门。随后国家审计署实行了"三分离"改革,并在《审计署 2008 年至 2012 年审计工作发展规划》中进行了推广。

(三)小结

通过前述分析可以看出,政府流程再造不但是行政权力运行方式的变化,更涉及组织结构、决策方式、协调机制和信息系统等要素的整体配置,但政府流程再造并不存在普遍适用的方案和通用的做法,需要根据行政领域、行政特点、行政目的等因事因地因时制宜。总体来看,行政服务中心具有集中、限时、连续的特点,有利于解决传统行政许可中存在的程序复杂、效率低下等问题,是转变政府职能、推进依法行政和行政公开、促进政府管理创新的有效载体和形式。但其缺陷主要在于,适用范围有限,只适用于行政许可

---

〔1〕 贺庆华主编:《审计职权"四分离"模式》,中国时代出版社 2010 年版。

类事项。中共十八届四中全会总体上认可了综合执法的做法,并将其作为深化行政执法体制改革的重要方向,提出要精简市县两级执法队伍,这在2018年党和国家机构改革中变成了现实。但根据职权法定原则,对于综合执法应当秉持谨慎态度,严格限定综合执法的领域和范围,避免综合执法泛化。审计职能分离的做法与前两种重在“合”的做法不同,强调在同一个行政部门内部加强决策、执行、监督等不同权力之间的制约,体现了一种“分”的价值取向,主要适用于同时拥有3种权力且能够彼此分离的部门,但问题是如果划分不合理,极易影响行政效率。

三、公务员轮岗交流

如果说行政分权体现的是一种对权力的制约,流程再造体现的是一种对事务的制约,那么轮岗交流则体现的是一种对人员的制约。对于任何一种权力制约制度架构来讲,最终的落脚点必然还是要归于对人的制约上,因为具体的“人”才是权力的最终承受者,所有的制约手段最后都必然作用到具体的“人”上才可能见到成效。

(一)公务员轮岗交流的含义

公务员轮岗交流,尚缺乏对其全面、权威的概念概括。有的学者将公务员岗位交流定义为“在同一政府工作部门内对担任领导职务和某些工作性质特殊的非领导职务的国家公务员有计划地调换职位任务”,此定义将轮岗交流局限于同一政府工作部门内,将重点聚焦于领导职务的公务员,有失偏颇。[1] 笔者认为,公务员轮岗交流,是指根据国家有关公务员管理制度规定,以公务员岗位职责为基础,对担任领导或非领导职务和某些性质特殊岗位的国家公务员有计划地跨地区、跨部门、跨行业、跨领域、跨岗位调换职位任职,以避免长期担任某一岗位职务所带来的事业发展、职业进步、能力提

---

[1] 傅礼白:《国家公务员制度概论》,山东大学出版社2004年版,第155页。

升和廉政风险等方面问题的制度。公务员轮岗交流实际上包括两个方面的内容:首先是轮岗,主要侧重于同一部门、同一地区、同一单位、同一领域不同岗位之间的轮换;其次是交流,主要侧重于不同部门、不同地区、不同行业岗位之间的交流。

(二)公务员轮岗交流的发展

公务员轮岗交流制度,是我国的一项历史传统。唐代以后,文官3年一任,任满离职另行安置的做法历代相沿,并与考核、升降、奖惩相结合,形成了较为完备的文官流动制度。中华人民共和国公务员岗位交流制度是在长期的革命和建设实践中发展起来的。早在1942年,中国共产党就在军队中实行过政治工作干部轮岗交流。20世纪60年代,我国实行过党政主要领导干部轮换制度,党的八届十中全会还通过了《中共中央关于有计划有步骤地交流各级党政主要领导干部的决定》。1996年,原国家人事部制定了《国家公务员职位轮换(轮岗)暂行办法》。2005年《公务员法》第十一章专章规定了公务员"交流与回避"制度,明确了转任、调任和挂职锻炼3种主要的轮岗交流形式。[1] 其中转任是指国家公务员因工作需要或其他正当理由在行政机关内部进行的平级调动;调任包括了外部人员调入行政机关,以及公务员调出行政机关任职;挂职锻炼是指出于锻炼能力的目的,选派行政机关公务员与基层或者企业、事业单位工作人员短时间内交流任职。实践中,还有一种与挂职锻炼相类似的"借调干部"形式,作为非正式的人才流动和公务协助方式,引起了有关学者的关注。[2] 一些中央国家机关部委和地方政府,也陆续制定实施了关于公务员轮岗交流的制度文件,对于需要通过交流丰富领导经验、提高领导水平,或在一个部门工作时间较长,或因改善领导班子结构、发挥干部特长以及其他原因需要交流的公务员,通过任职、锻炼或挂

---

〔1〕 2005年《公务员法》第十一章第63~67条。

〔2〕 杨建顺:《借调干部尴尬处境透视》,载《人民论坛》2009年第21期。

职3种方式予以交流。合肥市等进行了公务员大规模轮岗的有益尝试。[1]

公务员轮岗交流本身也是一把“双刃剑”，具有很多优点，但同时也存在一定弊端，对此应当辩证分析。

公务员轮岗交流的优点主要有以下几点：一是打破岗位固化的樊篱。无论是考任制、选任制还是聘任制的公务员，都存在一定的部门局限、岗位固化的樊篱，这一方面有利于公务员岗位经验的积累和职业技能的培养，另一方面也会带来事业发展的僵化，轮岗交流制恰恰能够打破这种局面，带来源头活水，促进工作创新。二是有效遏制腐败。长期固定在一个岗位工作的公务员，对行政业务、工作流程、工作环境非常熟悉，容易为利用职务之便贪赃枉法打开方便之门。三是促进公务员素质提升。通过岗位的轮换、部门的互换、地域的交流，公务员经常面临不同的环境，有利于开阔视野、提高素质。四是提高行政工作效率。公务员长期不流动、不轮岗，相对封闭的环境缺乏有效竞争和激励机制，容易导致创新性不足、进取心下降，产生“慵”“懒”“散”等“机关病”，不仅会导致行政效率低下，影响政府部门形象，而且容易导致行政机关缺乏对社会的有效回应，影响机关政治生态。

公务员轮岗交流制度的弊端主要集中在以下3个方面：第一，政府人力资源浪费隐患。公务员需要经验的积累，过于频繁或者跨度过大的轮岗交流并不利于公务员职业技能和素养的提高，不利于培养某行业领域的专才。特别是对于那些跨地域、跨部门、跨行业的轮岗交流，由于工作性质、工作内容差别较大，轮岗交流的公务员需要花费一定时间去学习、适应才能胜任新的岗位，而如果轮岗交流的时间过短，公务员可能对一项工作尚未完全领悟就已经轮岗，无形中造成了人力资源的浪费。第二，增加了岗位寻租的风险。虽然同为国家公务员，但每个职位所拥有和支配的资源差距很大，即所谓“清水衙门”与“实权部门”的区别。轮岗交流给公务员带来了岗位“寻

[1] 刘杰、何聪：《安徽合肥公务员交流轮岗制度》，载《人民日报》2008年9月3日，第1版。

租”的机遇和希望,大部分人都愿意轮岗交流到“实权部门”“有油水的岗位”,而不愿意去“清水衙门”。当前我国公务员轮岗交流的制度化不够,容易产生潜规则滋生的空间和岗位寻租的风险。第三,轮岗交流的行政成本较高。一方面,公务员与岗位的匹配度难以有效契合,强制性的轮岗交流较少考虑公务员本人的意愿、才能和利益,而自愿性的轮岗交流缺乏有效的制度平台,人与岗之间欠缺科学的保障机制;另一方面,轮岗交流往往伴随着人、财、物资源的重新分配,必然带来行政成本的上升。

但从实践中来看,公务员轮岗交流总体上还是利大于弊,特别是对广大公务员而言,都普遍希望建立一种制度化的轮岗交流机制,既能兼顾好人与岗的匹配度,又能为公务员的素质提升提供有效载体和平台。

(三)公务员轮岗交流规则的改进

党的十八届四中全会通过的《中共中央关于全面推进依法治国若干重大问题的决定》中提出,要对财政资金分配使用、国有资产监管、政府投资、政府采购、公共资源转让、公共工程建设等权力集中的部门和岗位实行定期轮岗,防止权力滥用,这让公务员轮岗交流的重要性进一步凸显出来。我国2018年修订的《公务员法》也在第十一章规定了交流与回避,明确规定实行公务员交流制度,完善了公务员交流范围、方式等。

公务员交流轮岗在具体的实施过程中存在着诸多的困难,具体表现在:(1)部门或地方利益不均衡阻碍了公务员轮岗交流。不同地域、部门或单位的政治待遇、经济收入、资源支配均有一定的差异,不同单位处于部门利益或地方保护的考虑,要么对轮岗交流持排斥态度,要么在轮岗交流时“挑肥拣瘦”,客观上存在着跨部门、跨系统、跨地域、跨领域交流难度较大的问题。(2)公务员对轮岗交流存在认识误区。主要表现为两种极端:一种极端是将轮岗交流当作保留优秀公务员、输出不合格或者表现差的公务员的机会,一些部门或单位把不满意的干部交流出去,影响了优秀干部的成长,也给交流的干部带来了心理上的负担;另一种极端是将轮岗交流当作优秀公务员“镀金”的平台或者提拔的前奏，一些有培养前途的公务员频繁交流锻炼，而另一些公务员则始终得不到轮岗交流的机会。(3)岗位的专业技术性制约了轮岗交流。一些技术性、业务性以及政策性较强的部门，轮岗交流进来的公务员，短时间内难以掌握和熟悉该专业和技术，难以有效发挥作用；轮岗交流出去的公务员，也很难适应其他新岗位的工作，客观上导致本部门、本系统交流相对容易，跨部门、跨系统交流难度较大。(4)轮岗交流有关配套措施不健全。公务员教育培训不均衡，中层以上公务员的教育培训机会较多，而基层公务员的教育培训机会较少，实践中，不少关键核心业务岗位公务员脱产培训也难以落实。公务员工资福利标准差距比较大，特别是发达省份与欠发达省份、中央与地方之间还存在相当差距。公务员个人需求难以满足，夫妻两地分居、孩子入托入学等现实困难难以解决。

(四)小结

针对上述问题，应当充分认识公务员轮岗交流对于政府工作改进、公务员成长进步、预防腐败等方面的重要意义，借鉴发达国家的有关经验，真正完善和落实我国公务员轮岗交流制度。当前尤其要注意遵循以下几条原则：一是要突出工作需要。国外许多国家都明确规定公务员轮岗交流必须建立在工作需要的基础上，是因“事”交流而非因“人”交流，尽可能减少轮岗交流中的人为因素，保证轮岗交流的公平公正。奥地利就明确规定，只有确实出于工作需要，才能调动官员。二是要注意发挥个人专长。轮岗交流要注意将岗位特点和个人专长结合起来，无论是为了个人成长进步，还是为了公共行政发展，都要努力将合适的人放到合适的岗位上去，而不能罔顾岗位和个人的特点。比如瑞士规定，可以委派公务员担任与其职业和个人品行相适应的工作，但是可超出其正常任职的范围。三是要照顾个人需求。我国公务员轮岗交流中较为强调组织意图、上级意见，具体执行中较少关注公务员个人的需求,特别是家庭困难和其他实际需求。[1] 这对交流公务员的工作和生活都产生了一定影响,因而,需要有针对性地加强对交流人员工作生活的关心和保障。比如,法国《公务员总法》第48条规定:"公开的分派职务应充分注意到当事人提出的要求和注意使当事人家庭境况与工作利益协调。"[2] 四是要加强轮岗交流监督。我国《公务员法》和《党政领导干部选拔任用工作条例》都对公务员轮岗交流进行了明确规定,特别是在提拔环节提出了量化指标,但实际情况是这些规定在具体执行中落了空,没有真正得以落实。所以,必须增强公务员轮岗交流的"刚性",完善监督制度,保证交流工作的公平性、公正性。

第二节　行政自我监督

一、行政层级监督

(一)行政层级监督概述

行政层级监督,一般是指各级政府及行政机关内部基于隶属关系和组织关系,由上级对下级、政府对部门、行政首长对工作人员等行政主体及其行政行为进行的监督,是包括对抽象行政行为和具体行政行为以及制度建设在内全方位监督,也是贯穿于行政行为事前、事中、事后的全过程监督。[3] 由于行政层级监督属于政府内部监督,相比其他的监督方式,更具有经常性、广泛性和直接性。层级监督的频率远高于审计和监察等专门机关的监督,而且层级监督的范围最大,凡是行政行为,都列入它的监督视线之内。层级监督是以隶属关系为纽带维系的,监督主体与监督对象之间具有更加

---

[1] 我国《公务员法》第73条第1款规定:"公务员应当服从机关的交流决定。"

[2] 傅礼白:《国家公务员制度概论》,山东大学出版社2004年版,第159页。

[3] 黄进、蒋立山主编:《中国特色社会主义法治体系研究》,中国政法大学出版社2017年版,第136页。

直接、密切的联系。行政层级监督的特点非常鲜明，从监督主体上看，行政层级监督的主体，主要是上级机关和行政首长，国务院是最高行政机关，对各级行政机关都有权进行监督；行政机关实行首长负责制，行政首长是特定行政机关监督体系的核心，对行政机关工作人员实施有关监督。从监督方式上看，行政层级监督主体可以通过领导权威进行说服教育，也可以运用监督权力进行管理引导，或强制被监督者服从，甚至予以惩戒。从监督客体上看，被监督者主要是各级行政机关及其工作人员，被监督者是否服从和配合是层级监督成败的关键。行政层级监督主要是一种行为监督，具体包括行政立法行为、行政执法行为和行政裁决行为等，同时还重视对影响行政行为的政治环境进行宏观调控。

行政层级监督根据不同的标准，可以分成不同的类别。从监督层级上分类，可分为中央政府的监督和地方政府的监督。我国《宪法》第 89 条规定，国务院有权改变或者撤销各部、各委员会发布的不适当的命令、指示和规章，改变或者撤销地方各级国家行政机关的不适当的决定和命令。《地方组织法》第 59 条规定，县级以上的地方各级人民政府有权“改变或者撤销所属各工作部门的不适当的命令、指示和下级人民政府的不适当的决定、命令”。从监督主体上分类，有政府监督、部门监督和行政负责人的监督之分。上级政府有权对本级政府所属的各部门和下级政府实施监督，具有业务指导权的上级政府主管部门也有权监督下级政府相关部门，本机关或者本部门负责人有权对本单位的工作人员进行考核与监督。

行政层级监督的主要方式包括：(1)听审。听取、审查本级政府工作部门和下级政府的工作情况报告，是政府内部监督的重要方式。我国《宪法》第 110 条第 2 款规定，“地方各级人民政府对上一级国家行政机关负责并报告工作”。(2)执法检查。监督主体主动了解被监督对象的执法情况并及时纠正违法不当情况的法律制度，具有深入实际、真实客观的优点。(3)审查批准。监督主体按照有关的法律规范对被监督对象的行政行为进行审核确认的活动。(4)备案检查。被监督对象制定的规章及其他规范性文件或者某些行政执法活动都应在事后报上级主管机关备案,以供监督主体了解情况;如果在备案检查中发现违法或者不当之处,可责令被监督对象予以纠正或者由监督主体直接撤销。(5)考核惩戒。监督主体依法对行政执法人员的具体行政行为进行定期考核,如果发现行政执法人员的违纪违法行为,则视情节轻重作出相应的行政处分。从广义上来讲,行政复议也可算作行政层级监督的一种特殊方式。

(二)当前我国行政层级监督的不足

1. 行政层级监督的主观性较强。行政层级监督属于行政机关内部监督,受到人为因素影响比较大,主观色彩比较浓,"具有较为明显的人治化倾向"[1]。各级行政负责人重视且监督机关工作能力强,业务范围就广,监督工作就开展得如火如荼;各级行政负责人不重视或者监督机关的工作能力弱,业务范围就会萎缩。上级对下级的监督有倾向性,监督工作会因为上级领导的倾向而有所侧重,一些领导侧重于监督这些行政领域,另一些领导却侧重于监督那些行政领域,这就容易走向两个极端。

2. 行政层级监督的过程性不足。上级行政机关对下级行政机关的监督应当贯穿于政府管理活动的全过程。但是一般情况下,现在我国行政层级监督没有涵盖政府管理活动的全过程,比较注重对事前和事后的监督,忽略了对事中的监督。事前监督主要体现在事前的审批上,即下级行政机关的决定大多需要向上级请示,得到上级的答复后才去实施。事后监督主要体现在对下级行政机关的违法违纪行为及其相关责任人员的追究,具有明显的"灭火式"特点。这样就导致了事后监督的被动性,只抓两头、忽视事中环节的行政层级监督机制,没有充分体现出行政层级监督的独特优势。

3. 行政层级监督的民主性不足。在行政层级监督中,一般只注重上级

---

[1] 马一超:《行政层级监督法律问题研究》,载《中国集体经济》2011 年第 21 期。

监督下级，不允许或者不注重下级监督上级；下级对上级的决策、命令没有发言权和建议权，只有听命权。一方面，无法发挥下级的主动性和积极性；另一方面，会使下级的意见无法上达，如果下级认为上级的决策、命令不符合本地实际的话，可能会采取敷衍塞责的态度来对待上级的决策和命令；如果上级的决策、命令不正确的话，下级也难以提出意见，那就使上级失去了改正的机会，从而造成决策失误。

4. 行政层级监督的规范性不足。我国行政层级监督没有专门法律制度进行统一规定，行政层级监督法治化、规范化、制度化程度不高。上级行政机关对下级行政机关的监督范围面广域宽，有关行政层级监督的监督体制以及监督的依据、权限、事项、内容、条件、程序等，均没有统一明确的规定。

5. 行政层级监督的组织性不强。我国行政层级监督没有明确的监督组织机构，《行政复议法》规定，由行政复议机关负责法制工作的机构具体办理行政复议事项和履行相应职责。在有关地方政府规章和部门规章中，有的规定行政执法监督检查由行政机关的法制工作机构负责，有的则无明确规定。这样就导致监督机关的设立比较混乱，各地方设立的机关的名称、权限不尽一致，难以配备相应资格和能力的工作人员，导致行政层级监督的虚化和弱化。

（三）行政层级监督的完善

1. 制定行政层级监督的规范性文件。通过制定规范性文件的方式，明确规定行政层级的监督主体、监督权限、监督范围、监督内容、监督程序以及监督结果运用等有关问题。明确各级政府和行政机关实施层级监督的主体由哪个部门担任，对行政执法机关的哪些方面进行监督，采取何种方式监督；以及对被监督单位不服从，层级监督可以采取何种惩罚措施；与之相配套的各项规章制度，如何保证行政层级监督工作顺利开展。

2. 强化下级对上级的监督制约。行政层级监督应当是双向的，既要注重上级监督下级，也应允许下级监督上级，这样才能最大限度地保障行政行为的合法有效。我国《公务员法》明确赋予了下级公务员对上级违法命令的“抵抗权”，我国古代言谏制度的一些做法也值得借鉴。

3. 强化行政层级监督的连带责任。为了避免上级官员对下级官员的监督流于形式，避免现代官僚制度中各级官员各自为政、相互推诿等现象可能带来的责任难以得到有效追究的问题，必须强化行政层级监督的连带责任。比如，上级官员对于其直接管辖领导的下级官员的腐败行为以及其他重大违法违规行为负有连带责任；又如，在选任官员时推荐官员人选的人，对其所推荐的官员所犯的腐败等重大违法违规行为负有连带责任。负有连带责任的官员在其连带对象遭受惩处时，也必须受到相应的惩罚。

4. 明确行政层级监督的主责部门。由于行政权力本身涉及的范围广泛，行政机关及其机构繁多，有必要从组织体制上使行政层级监督的组织体制法律化、制度化。比如，明确各级人民政府及各行政部门的法制工作机构为行政层级监督主体，其代表本级政府及本行政部门行使行政层级监督权，以法律法规的形式明确规定法制工作机构的监督权限、监督程序、监督对象以及对法制工作人员的任职条件、保障等。

5. 整合行政自我监督的不同形式。以国家监察委员会为主，探索既有分工又有协作的“多合一”的监督体制，试行“各类监督联席会议”“定期联合办公制度”“案件移送制度”等，积极强化政府法制监督，克服多部门分散监督的弊端，实现监督的整体效能，特别是发挥监察、审计等专门监督的垂直隶属体制的优势，弥补因同级辖属而无力监督的缺陷；通过沟通协作，使分散的监督形成一个有机的整体。

二、行政专门监督

行政专门监督，一般是指监察、审计、财政等有关职能部门根据法律规范的授权和行政命令，对有关事项和人员进行的专门性监督检查。

(一)从行政监察到国家监察

行政监察有广义和狭义之分。从广义上来说,它是指在行政活动过程中对行政机关以及工作人员的执法、守法情况进行监督。从狭义上来说,它则指在行政体系中设立具有监察职能的机构,对行政机关以及工作人员和国家行政机关任命的人员及其行政活动进行监督管理,不断规范自身的行政行为,严格遵循党纪国法的相关要求。

我国古代监察制度萌芽、发展于夏、商、西周以及春秋、战国时期,言谏和纠举职能形成,巡狩等制度雏形产生;正式产生于秦汉时期,设置了独立的御史机关,形成了言谏制度;逐步发展于隋唐时期,御史台位高权重,并通过门下省等进一步提高言谏官的地位;完备于宋元明清时期,御史台、都察院体制健全,风闻言事监控加强,并不断迈向制度化。中华人民共和国行政监察制度从创立至今,共经历了5个阶段:[1]

1. 起始阶段。1949年9月,中国人民政治协商会议通过了具有临时宪法作用的《中国人民政治协商会议共同纲领》,规定在县市级以上的各级人民政府内设人民监察机关,要求其履行监察职责,并纠举其中违法失职的机关和人员。同年10月,中央人民政府政务院组建人民监察委员会,并拟定了《中央人民政府政务院人民监察委员会试行组织条例》,对人民监察委员会的职权进行了详细规定,主要任务是监察政府机关及其公务人员是否履行职责。同时,各监察机构逐步形成,地方创设了人民监察委员会,中央直属机关、国有企业、人民团体、新闻媒体机关设立了监察通讯员。

2. 发展时期。1954年9月,第一届全国人大制定了中华人民共和国第一部《宪法》,并将政务院改组为国务院,人民监察委员会改组为监察部。监察部的主要职责是,维护国家纪律,贯彻政策法令,保护国家财产,对国务院各部门、地方各级国家行政机关、国营企业、公私合营企业、合作社实施监

---

[1] 《新中国监察机构的历史沿革》,载《中国纪检监察》2018年第6期。

督。各级监察机构随之逐步发展成型,相应的领导管理体制也逐渐趋于完善,监察网络逐渐覆盖了我国的各个角落。此时,我国的行政监察制度逐步走向完备。

3. 挫折时期。监察部自成立以来,对国家行政机关的监督工作有很大的贡献,但仅依靠监察部门的工作人员和人民群众是不够的,还需要各级党委领导和国家机关的支持与关注。1959 年 4 月,第二届全国人大第一次会议通过国务院关于撤销监察部的议案,实践中基本上以中共的纪律检查代替了行政监察,很大程度上削弱了行政监察的作用。

4. 恢复和健全发展时期。1986 年 12 月,第六届全国人大常委会决定恢复建立监察部,并正式挂牌。监察部的主要职责是:检查监察对象贯彻实施国家政策和法律法规的情况;监督处理监察对象违反国家政策、法律法规和违反政纪的行为;受理个人或单位对监察对象违反国家政策和法律法规,以及违反政纪行为的检举、控告;受理监察对象不服纪律处分的申诉;按照行政序列分别审议经国务院任命的人员和经地方人民政府任命的人员纪律处分事项。1988 年 5 月,监察部通过并公布了《监察机关调查处理政纪案件试行办法》。1990 年 12 月,国务院公布了《行政监察条例》,明确行政监察的主要职责是对国家行政机关及其工作人员和国家行政机关任命的其他人员执行国家法律、法规、政策和决定、命令的情况及违法违纪行为进行监察。1993 年 1 月,中共中央、国务院决定中央纪律检查委员会与监察部合署办公,实行一套工作机构、两个机关名称,履行党的纪律检查和政府行政监察两项职能。1997 年 5 月,第八届全国人大常委会通过并颁发《行政监察法》,进一步明确行政监察主要是对国家行政机关、国家公务员和国家行政机关任命的其他人员实施监察。

5. 行政监察到国家监察的提升。党的十八大报告提出,要健全纪检监察体制。党的十八大以来的实践经验告诉我们,国家监察体制改革是全面依法治国的需要。只有坚持全面从严治党,推进国家监察体制改革,才有利于实现党内监督与人民监督有机结合。2018 年,党的十九届三中全会通过《深化党和国家机构改革方案》,决定组建国家监察委员会,同中央纪律检查委员会合署办公,主要职责是维护党的章程和其他党内法规,检查党的路线方针政策和决议执行情况,对党员领导干部行使权力进行监督,维护宪法法律,对公职人员依法履职、秉公用权、廉洁从政以及道德操守情况进行监督检查,对涉嫌职务违法和职务犯罪的行为进行调查并作出政务处分决定,对履行职责不力、失职失责的领导人员进行问责,负责组织协调党风廉政建设和反腐败宣传等。2018 年 3 月,第十三届全国人大第一次会议在总结试点工作经验的基础上,通过了《宪法修正案》和《监察法》,正式组建国家监察委员会,与中央纪委合署办公,实现了由行政监察到国家监察的巨大飞跃。

深化国家监察体制改革是事关全局的重大政治体制改革,是对我国政治体制、政治权力、政治关系的重大调整,是从国情出发强化对权力监督制约的重大制度创新。国家监察是对行使公权力的公职人员最直接最有效的监督,本质上属于党和国家的自我监督。我国 80% 的公务员、95% 以上的领导干部是共产党员,党内监督和国家监察既具有高度内在一致性,又具有高度互补性。在党内监督已经实现全覆盖的基础上,通过深化国家监察体制改革,整合行政监察、预防腐败和检察机关查处贪污贿赂、失职渎职及预防职务犯罪等工作力量,设立国家、省、市、县监察委员会,将进一步完善具有中国特色的监督体系。[1] 从行政监察到国家监察,其重大意义不言而喻。一方面,法律的监督作用更具有约束力,提高了政府的威信;另一方面,推动营造良好的党政党风,提升行政管理效能。但在实践工作中,还存在以下问题:

第一,监察监督力度还需持续加大。当前反腐败压倒性胜利已经显现,但反腐倡廉永远在路上,决不能有"松一口气、歇一歇脚"的现象。特别是一些国家监察部门内部不能严于律己,且外部监督约束力不足,削弱了整个行

[1] 肖培:《推进党的纪律检查体制和国家监察体制改革》,载《人民日报》2018 年 3 月 18 日,第 10 版。

政执法监督机制运行的有效性,一旦权力失去控制,必然导致腐败。

第二,统筹推进党的纪律检查体制改革、国家监察体制改革和纪检监察机构改革。正确认识国家监察体制改革诸多问题的钥匙在于“合署办公”。推进纪律检查体制改革、国家监察体制改革和纪检监察机构改革 3 项改革,要树立全局观念、强化整体思维,坚持深化改革、统筹协调,监督执纪问责和监督调查处置一体推进,纪委监委监督、派驻监督、巡视巡察监督一体推进,党委主体责任、纪委监督责任落实一体推进,中央、地方、基层一体推进,不敢腐、不能腐、不想腐一体推进,注重补短板、强弱项,着力提升改革的整体效能。

第三,以强化自我监督为重点推进国家监察机关自身改革。随着国家监察体制改革深入推进,国家监察机关监督范围扩大了、手段丰富了,社会关注度也更高了,应通过合理设置机构,科学规定职能职责,完善监督制约机制,把权力关进制度笼子里,回应“谁来监督纪委监委”的问题。应坚持优化协同高效,制定完善相应制度,使机构设置与职能配置相统一,充分发挥治理效能。强化内部监督,既相互配合又相互制约,实行监督检查和审查调查职能分离、部门分设,形成运转顺畅高效、相互监督制约的体制机制,确保监察人员忠诚、干净、担当。

从最初的行政监察,到现在的全方面监察,在这个不断发展的过程中,我国的监察体制也实现了质的跨越,逐渐从行政方面过渡到了宪法层次,具有十分重要的意义。从现行宪法框架中触及的深度和广度来看,国家监察体制改革是我国反腐肃贪、标本兼治、建设廉洁高效的政府的法治保障。而依法改革国家监察体制,设立国家监察委员会,既是时代的要求,也是我们在吸收古今中外有益经验基础上与时俱进的表现,各监察机构的创立表明了我国要创建社会主义监察制度的决心,也体现了中共中央全面从严治党、全面依法治国的坚定决心。

(二)审计监督

审计监督,是一项专门的财政经济法律监督制度,是指审计机关依法对有关国家机关、企事业单位的财政及经济活动进行审核检查，以判断其合法性、合理性、有效性。审计监督的主要目的是维护国家财政经济秩序，严肃财经纪律，加强经济管理，提高经济效益，促进廉政建设，保障国民经济健康发展。审计监督，是我国经济监督体系中最基本也是最重要的部分，是经济监督的延伸化和深层次，与其他形式的经济监督相比，具有更大的强制性、权威性、综合性和专业性。

根据《审计法》，审计监督的内容包括：财政预算的执行和财政决算；信贷计划的执行及结果；财务计划的执行和决算；基本建设和更新改造项目的财务收支；国家资产的管理情况；预算外资金的收支；借用国外资金、接受国际援助的财务收支；与财政财务有关的各项经济活动及收益；严重侵占国家资产、严重损失浪费等损害国家经济利益的行为；全民所有制企业承包经营责任的有关审计事项；国家法律法规规定的其他审计事项。

1. 我国审计监督制度改革发展历程

中华人民共和国成立初期，我国物质生产方式以计划经济为主，国家治理对审计作用的需求有限，因此，没有设立独立的审计机关，对财政财务收支的监督主要由财政、税务等部门结合行业或业务管理进行。我国审计制度伴随着改革开放的进程诞生和发展，并在推动国家治理体系和治理能力现代化过程中发挥着越来越重要的保障作用。

（1）改革开放初期：1978～1985 年，为适应党和国家工作重心转移的战略决策，我国开始探索建立审计制度，发挥“查错纠弊”严肃财经法纪作用。1982 年《宪法》确定建立国家审计制度，1983 年审计署正式成立，根据国家治理的客观需求，国家审计发挥的作用主要集中在严肃财经法纪、纠正账目差错等方面，重点审计预算外资金的使用、企业亏损、生产经营中的损失浪费以及严重违反财政纪律的行为等。从 1983 年开展审计试点至 1985 年年底，在“边组建、边工作”的两年多时间里，各级审计机关共审计 8.13 万个部门和单位，检查出违反财经法规金额约 137 亿元，应上缴财政金额约 34

亿元。[1]

(2)从计划经济向社会主义市场经济转变时期:审计制度在经济体制转变过程中积极探索发展,狠抓影响、干扰经济体制改革的要害问题。1991 年年底,审计署成立后制定的第一部审计工作中期发展规划——《审计工作发展纲要(1991—1995 年)》颁布实施,为中国特色社会主义审计制度的发展提供了方向指引和思路。随着国家审计组织体系的健全,国家审计队伍不断壮大,各行业审计制度也得以建立发展。

(3)社会主义市场经济体制建立时期:国家审计持续发展,紧紧围绕转变经济体制和经济增长方式发挥作用。《审计法》《中央预算执行情况审计监督暂行办法》《审计法实施条例》《国家审计基本准则》等 38 个规范相继颁布实施,标志着我国审计工作步入了法制化轨道,以宪法为依据,以《审计法》及《审计法实施条例》为主体,以《国家审计基本准则》为基础的比较完善的审计法律规范体系初步形成。审计署自 1995 年以来,每年都以审计结果报告、审计工作报告的形式分别提交国务院和全国人大常委会,有力地发挥了审计推动预算管理和财政体制改革的作用。

(4)社会主义市场经济完善时期:审计制度不断规范,日益强化对行政权力运行的制约和监督。2003 ~2012 年是社会主义市场经济完善时期。审计署制定了《审计署 2003 年至 2007 年审计工作发展规划》和《审计署 2008 年至 2012 年审计工作发展规划》等,全国人大常委会和国务院常务会议分别修订了《审计法》《审计法实施条例》,审计署制定出台了《国家审计准则》,进一步明确了审计工作目标、方向和行为规范。积极开展预算执行审计和领导干部经济责任审计,全国各省级审计机关、400 多个地市、近 2000 个县级审计机关建立了经济责任审计专职机构,党政领导干部经济责任审计范围从县级以下扩大到地厅级。

---

[1] 刘家义主编:《中国特色社会主义审计制度研究》,商务印书馆、中国时代经济出版社 2016 年版,第 36 页。

(5)党的十八大以来:党中央、国务院先后印发了《国务院关于加强审计工作的意见》《关于完善审计制度若干重大问题的框架意见》及相关配套文件,成立中央审计委员会,对完善审计制度、加强审计工作、保障依法独立行使审计监督权作出总体部署和安排,着力构建集中统一、全面覆盖、权威高效的审计监督体系,审计进入了全面发展的新阶段。

2. 审计监督体制改革推动了国家治理体系和治理能力现代化

党和国家机构改革是推进国家治理体系和治理能力现代化的深刻变革。党的十九届三中全会审议通过《中共中央关于深化党和国家机构改革的决定》和《深化党和国家机构改革方案》,对改革审计管理体制作出具体安排,决定组建中央审计委员会,优化审计署职责,构建统一高效审计监督体系。这是以习近平同志为核心的党中央站在新的历史起点上,对健全党和国家监督体系作出的重要战略部署,是深化党中央机构改革顶层设计的重要内容。成立中央审计委员会,从政治上、组织上、制度上确立了党对审计工作的领导,将最大限度发挥中国共产党的领导这一根本制度优势,为构建集中统一、全面覆盖、权威高效的审计监督体系,真正实现审计全覆盖,充分发挥审计监督在国家治理体系中的重要作用,提供根本保证。

审计监督体制改革是改革开放以来审计制度最深刻的变革。1982 年以来,作为国家治理体系的组成部分,审计制度在不断完善和发展。党的十八大以来,审计制度改革的力度不断加大、深度不断拓展。党的十九届三中全会作出的审计管理体制改革重大决定,从根本上重塑了我国审计制度,是改革开放以来审计制度最深刻的变革,深刻影响着审计制度的发展和未来,主要体现在以下几个方面:

一是加强党对审计工作的集中统一领导,这是审计监督管理体制改革的根本要求。《中共中央关于深化党和国家机构改革的决定》强调,建立健全党对重大工作的领导体制机制,加强和优化党对深化改革、依法治国、经济、农业农村、纪检监察、组织、宣传思想文化、国家安全、政法、统战、民族宗教、教育、科技、网信、外交、审计等工作的领导;并将审计列入宏观管理部门,强调构建统一高效审计监督体系,实现全覆盖。[1]《深化党和国家机构改革方案》提出,为加强党中央对审计工作的领导,构建集中统一、全面覆盖、权威高效的审计监督体系,更好地发挥审计监督作用,组建中央审计委员会,作为党中央决策议事协调机构。中央审计委员会的主要职责是:研究提出并组织实施在审计领域坚持党的领导、加强党的建设方针政策,审议审计监督重大政策和改革方案,审议年度中央预算执行和其他财政支出情况审计报告,审议决策审计监督其他重大事项等。中央审计委员会办公室设在审计署。[2] 上述决定和安排对改革开放40多年的审计制度来讲,是根本性的、历史性的、革命性的。加强党对审计工作的集中统一领导,为更好地发挥审计在党和国家监督体系中的重要作用,提供了更加坚强的领导和组织保障,这是改革的关键所在。

二是优化审计机关职责、整合优化审计监督力量,这是审计管理体制改革的重要举措。《深化党和国家机构改革方案》提出,为整合审计监督力量,减少职责交叉分散,避免重复检查和监督盲区,增强监督效能,将国家发展改革委重大项目稽察、财政部中央预算执行情况和其他财政收支情况监督检查、国务院国资委国有企业领导干部经济责任审计和国有重点大型企业监事会的职责划入审计署,相应对派出审计监督力量进行整合优化,构建统一高效审计监督体系。[3] 上述改革决定,可以说,解决了审计制度改革"多年来想解决而没有解决的难题、办成了多年来想办却没有办成的大事",充分体现了"坚持优化协同高效"的改革原则,既有效避免了交叉重复监督,也是对审计工作的极大加强。

三是中央和地方审计机关改革协同推进,这是审计管理体制改革的重

---

〔1〕《中共中央关于深化党和国家机构改革的决定》(2018年)。
〔2〕《深化党和国家机构改革方案》(2018年)。
〔3〕《深化党和国家机构改革方案》(2018年)。

要内容。《深化党和国家机构改革方案》提出，深化地方机构改革，要着力完善维护党中央权威和集中统一领导的体制机制，省市县各级涉及党中央集中统一领导和国家法制统一、政令统一、市场统一的机构职能要基本对应。[1] 按此要求，地方党委也组建了审计委员会，加强对本地区审计工作的领导。中央和地方审计机关改革先后进行，协同推进，对完善审计制度，形成全国审计“一盘棋”有重要意义。

3. 更好发挥审计监督作用的主要方向

一是进一步聚焦审计重点。党的十九大指出，要坚决打好防范化解重大风险、精准脱贫、污染防治的攻坚战。审计监督要精准聚焦、靶向发力，在推动打好“三大攻坚战”中积极发挥作用。应立足防范化解重大风险，重点关注财政、金融、国有企业、生态环境等领域，着力揭示地方政府债务管理、金融市场监管与发展等方面存在的风险隐患，为守住不发生系统性风险的底线积极发挥作用。应围绕精准脱贫，着力揭示挤占挪用、层层截留、虚报冒领、挥霍浪费扶贫资金和弄虚作假、隐瞒实情、虚报浮夸等作风问题，推动追责问责。应根据污染防治新部署，全面开展领导干部自然资源资产离任审计，深化资源环境专项审计，促进领导干部牢固树立绿色发展理念和正确政绩观，认真履行自然资源资产管理和生态环境保护责任，为保护生态环境、建设美丽中国积极发挥作用。

二是推动社会主义市场经济健康发展。审计机关作为各级政府的组成部门，承担着重要的经济监督职责，应当在这方面发挥重要作用。审计应着眼于规范市场经济秩序，推动营造各类市场主体依法经营、公平竞争的良好环境，促进激发企业家精神，充分发挥市场在资源配置中的决定性作用。

三是推动完善有关体制机制。能够发现和揭示被审计单位和相关领域存在的问题，是审计监督的基本功，也是发挥审计监督作用的起点。但仅仅

---

〔1〕《深化党和国家机构改革方案》(2018 年)。

这样是不够的,更重要的是对发现的问题研机析理、深入分析,查找问题产生的深层次原因,提出解决问题的办法。审计监督应准确把握全面深化改革的基本特征,及时揭示和反映不合时宜、制约发展、阻碍改革的制度规定,在推动深化改革、完善体制机制制度上下功夫;把审计发现的具体问题放在改革发展大局下进行审视,达到以点带面、点面结合的效果,为宏观决策提供完整、准确的参考依据。

四是增强审计在监督体系中的监督合力。党的十九大指出,构建党统一指挥、全面覆盖、权威高效的监督体系,把党内监督同国家机关监督、民主监督、司法监督、群众监督、舆论监督贯通起来,增强监督合力。审计监督制度内嵌于国家政治制度和监督制度的整体设计之中,应当在党的统一领导下,充分发挥其法定性、独立性、专业性和全面性等特征,自觉融入党和国家监督体系中,通过建立稳定畅通的沟通协作机制,形成复合型的权力监督网络。促进审计监督与其他监督形式的贯通,发挥监督合力,实现对公共权力制约和监督的全覆盖,为推动全面从严治党、推动权力运行公开透明、推动实现国家治理体系和治理能力现代化作出更大的贡献。

第三节　行政责任追究

一、行政责任追究的含义

我国已经形成了一个包括执政党监督、国家权力机关监督、行政机关自我监督、司法机关监督和社会监督在内的纵横结合、全方位、多层次的政府监督体系。行政监督的本意是保障行政权力的合法规范运行,而责任追究则是检验各种监督方式能否发挥作用的事后标准。行政责任追究,也叫行政问责,是政府为确保法定责任得以有效履行,而明确在出现法定事由时,由特定主体依照法定程序追究相关负责人所应承担的政治、道德、法律、行政方面责任的行政自我规制手段。严格来讲,行政问责并不等同于行政责任追究，并非严格的法律用语，而是行政责任追究的一种通俗表达，行政责任追究的内涵远大于行政问责。

（一）行政责任追究的制度构成

从制度构成上来讲，责任追究应当包括主体、对象、情形、程序和方式5部分内容。[1] 行政机关、权力机关、政党组织、社会舆论和司法机关等均可以成为责任追究的主体，其中行政机关的责任追究可以称为同体问责，具体职能部门就是纪检监察机关和组织人事部门，而后四种则可以称为异体问责。责任追究的对象包括行政机关、行政首长和公务员三大类，根据行政首长负责制，行政机关的责任一般由行政首长来负责。责任追究的情形，是指行政机关及其工作人员应该被追究相关责任的行为事实范畴，即因"什么"被追究责任，主要包括决策失误、工作失职、监督监管不力、用人失察、安全事故、滥用职权、重大事件处置不当等。责任追究的程序即"如何"追究，包括质询、弹劾、罢免、辞职等程序要求，一般包括立案、调查、决定、通知、执行、救济等若干相互衔接的阶段。责任追究的方式即问责的"结果"，亦即责任人如何来承担相应的责任，包括：责令公开道歉、责令作出书面检查；通报批评、公开谴责、诫勉；警告、严重警告、记过、记大过、降级；停职检查、引咎辞职、撤职、免职、责令撤职；党纪处分等。

（二）行政责任追究的责任体系

从责任体系上来讲，责任包括政治、党纪、行政、法律和道德责任。政治责任就是行政首长，特别是高级官员因犯了政治上的错误而承担的责任。政治责任由英国的议院弹劾演变而来，其主体是经过选举或政治任命而产生并有一定任期的公共权力行使者。[2] 就我国而言，违反党纪是最常见的政治错误，承担责任的方式包括受党的机关或者权力机关质询、调查、弹劾、辞职、罢免等。行政责任是政府机关及其工作人员基于内部行政管理关系而承担的责

---

〔1〕 江凌编著：《依法行政与行政问责》，中国人事出版社2013年版，第73～76页。

〔2〕 张贤明：《论政治责任——民主理论的一个视角》，吉林大学出版社2000年版，第15页。

任,包括行政处分和纪律处分,反映的是行政机构对公务人员的一种内在控制约束。法律责任是由法律规定、由特定国家机关依法追究,并以国家强制力来保证实施的责任,包括违宪的、刑事的、民事的、行政的法律责任。道德责任是一种道义责任,即政府及其工作人员必须符合社会要求的基本道德规范,是对政府及其公职人员的一种内在约束机制。[1] 该5类责任的区别见表14。

表14　5类责任的区别

责任形式		主要规范依据	主要适用对象	主要责任形式	责任追究主体
间接责任	道德责任	道德规范	所有行政公务人员	自我约束、自我要求、舆论监督	社会公众舆论
	政治责任	《宪法》《地方组织法》	政府组成人员(选任或政治任命的政治官员)	公开道歉、质询、弹劾、辞职、罢免等	人民代表大会
直接责任	法律责任	《民法通则》《刑法》《行政诉讼法》《国家赔偿法》	所有行政公务人员	通报批评、返还、赔偿、刑罚、撤销违法行政行为、纠正不当行政行为、行政处分等	司法机关(人民法院、人民检察院)
	行政(政纪)责任	《公务员法》《监察法》	所有行政公务人员	警告、记过、记大过、降级、撤职、开除。 人事处理:降职、辞退、禁止评优评先	行政机关、人事部门、行政监察部门
	党纪责任	《中国共产党章程》《中国共产党纪律处分条例》	具有党员身份的行政公务人员	警告、严重警告、撤销党内职务、留党察看和开除党籍	组织部门、纪律检查委员会

资料来源:江凌编著:《依法行政与行政问责》,中国人事出版社2013年版,第91~92页。

---

[1] 郑振宇:《行政道德责任:建立责任政府的关键》,载《理论与改革》2002年第6期。

（三）行政责任追究的制度功能

从制度功能上来讲，责任追究具有4种功能：一是惩罚功能，主要是惩罚违法或者不当的行政行为。二是预防功能，即避免今后再发生类似的行政行为。三是补救功能，主要是恢复被侵害的行政管理秩序并赔偿造成的损失。四是维护功能，即维护正常的行政管理秩序。[1]

二、我国行政责任追究的历史沿革

我国行政责任追究脱胎于行政监察，是行政监察的一种具体制度形式，并随着我国行政管理体制的不断发展而演变。

我国行政责任追究的实践，可以追溯到1979年“渤海2号”钻井船翻沉事故，时任石油部部长宋振明、分管副总理康世恩分别受到免职和行政记大过处分。2002年7月，香港特别行政区宣布推行“高官问责制”，并带动内地推行这一制度。2003年“非典”危机中，时任卫生部部长张文康、北京市市长孟学农被免职，可以说“开了问责制的先河”，并在全国掀起了一场“问责风暴”。随后，我国通过责任追究的方式先后处理了“重庆开县井喷”、“北京密云灯会人员伤亡”、“吉林东百商厦特大火灾”、“江苏铁本”、“安徽阜阳劣质奶粉”、“湖南嘉禾违法拆迁”和“7·23”甬温线铁路交通事故等重特大案件行政负责人员，行政责任追究逐渐走向常态化。

我国并没有关于行政责任追究的统一法规范，其法依据散见在不同的法规范中。这些法规范包括《宪法》第3条关于民主集中制的规定，第27条关于一切国家机关实行工作责任制的规定，第86、105条关于行政首长负责制的规定；《地方组织法》第10、55、62条对追究相关人员责任所作的规定；《公务员法》《监察法》对国家公务员和国家公职人员责任的相关规定；《关于实行党政领导干部问责的暂行规定》《突发公共卫生事件应急条例》《长沙

〔1〕 沈开举、王珏：《行政责任研究》，郑州大学出版社2004年版，第37页。

市人民政府行政问责制暂行办法》《重庆市政府部门行政首长问责暂行办法》《浙江省影响机关工作效能行为责任追究办法》等。[1] 2010年8月,时任国务院总理温家宝在全国依法行政工作会议上首次提出,要研究行政问责立法相关问题,推进这项工作法制化,吹响了行政责任追究法治化的新征程。而2016年6月,中共中央审议通过《中国共产党问责条例》,进一步扎紧了执政党内部问责的制度笼子,从而也为行政问责扫清了政治障碍。

回顾和梳理我国行政责任追究的发展历程,可以发现一些显著的特点:一是行政责任追究经历了从中央到地方再到中央的发展路径,中央层面率先启动了行政责任追究的实践,地方的探索丰富了行政责任追究的具体内容和形式,中央再总结提出指导性的责任追究制度。二是行政责任追究的领域主要偏重于重大安全事故、环境污染等突发公共事件,针对的也主要是在这些事件中失职渎职或者负有领导责任的行政首长,实际适用范围比较窄。三是行政责任追究在各个地方或者部门之间的发展不平衡,彼此之间差别比较大,制度化程度和法治化水平也有很大差距。四是行政责任追究注重在总结本土经验的同时,吸收借鉴国外成熟的经验和做法。

三、我国行政责任追究制度的不足

(一)责任追究法规范不健全

我国行政责任追究虽然已经初步形成了包括党纪国法在内的多层级的制度体系,特别是《公职人员政务处分法》的颁布实施,弥补了“法律缺失”,[2]但在总体制度设计上还有欠缺,表现在两个方面:一是行政责任追究的规范依据差异性较大,无论是责任追究的主体、客体、程序,还是范围、标准,都不尽相同,党纪政纪、地方性法规、部门规章等还存在不少不一致的地

---

[1] 关于海南省、重庆市、深圳市、长沙市、葫芦岛市、怀远县等地方政府行政首长问责制度要素,参见江凌编著:《依法行政与行政问责》,中国人事出版社2013年版,第70~71页。

[2] 周亚越:《论我国行政问责制的法律缺失及其重构》,载《行政法学研究》2005年第2期。

方。二是行政责任追究的规范依据不够具体科学，概念表述比较笼统、原则、抽象，对“重大损失”“重大事故”“恶劣影响”等责任追究事由，对责任的性质和程度，都缺乏明确界定。

（二）责任追究主体不够明确

从表面看，我国行政责任追究的主体包括了执政党机关、权力机关、行政机关、司法机关、社会公众和舆论等，门类虽然繁多，但由于彼此之间职权范围不清，信息不能共享，资源难以整合，效果上也不易形成问责合力。行政责任追究包括同体问责和异体问责，但由于法规范的缺失，实践中党政机关同体问责较多，而权力机关、司法机关等异体问责的作用未能得到充分发挥，相对比较薄弱。同时，责任追究主体与公民、法人和其他组织的关系尚未规范，公众难以有效监督同体问责，责任追究的结果与公众要求存在一定距离。

（三）责任追究客体不够明晰

在“谁被问”的问题上，存在责任不明确、对象不清晰的问题，表现在：一是行政首长负责制不健全，现有行政责任追究制片面等同于行政首长问责制，政府权责过多集中于行政首长，特别是“一把手”，正副职之间、普通公务员的责任追究较少，要么行政首长包揽一切，要么找个“替罪羊”“丢车保帅”，应当承担责任的人反而没有追究责任。二是行政责任不清，决策权集中于党委，执行权更多依赖政府，党政权责不匹配，集体领导与个人权责界定不清；职权交叉现象严重，行政责任主体不明确；行政负责人特别是行政首长往往多重身份重叠，既是行政首长，又是中共党员，还是人大代表，导致责任划分和承担混乱。

（四）责任追究内容弹性较大

我国行政责任追究的制度设计覆盖面较宽，包括了决策失误、执行不力、用人不当、监管不严、违法行政以及行政不作为等，但从实践来看，责任追究的适用范围局限在重大安全事故责任的事后追究上，而忽视了对其他方面责任的追究。从现有责任追究的方式来看，行政机关和公务员的法律责任形式与责任追究方式存在高度重合，甚至直接将行政处分的责任承担方式作为责任追究的具体方式，或将责任追究与引咎辞职等同起来，滥用引咎辞职，在体现责任对象的主动承担精神与行政处分的严肃性之间走入了误区。同时，行政责任追究的标准比较模糊，执行标准弹性过大，同一种违法或者不当行政行为，应当承担何种行政责任，缺乏具体的规定，给责任追究裁量带来了较大空间。

（五）责任追究程序不够规范

特别是在追究启动、追究期限、追究后果等方面缺乏应有的具体规定，导致责任追究结果执行不力，选择性责任追究突出。在追究启动程序上，党政机关同体问责为主，对于人大、法院或者公众如何启动没有规定，政治责任追究难以落实。在追究期限上，责任追究的效力应当持续多长时间，没有统一的说法，导致一些责任追究成为消除"民怨"的应景式问责。在追究后果上，由于缺乏明确的规定，导致许多责任追究对象既能保留公职身份和行政级别，又能很快"复出"或"异地为官"。

四、行政责任追究规则的完善

党的十九届四中全会决定明确，要落实行政执法责任制和责任追究制度。我国应当以完善行政责任追究规则为突破口，将政府监督工作落到实处，具体从以下几个方面努力。

（一）责任追究主体多元化

行政责任追究的主体应当是多元化的，至少包括7个方面：一是我国的执政党——中国共产党；二是国家权力机关——人民代表大会；三是国家行政机关——政府主管部门和专门机关；四是国家司法机关——人民法院、人民检察院；五是国家监察机关——国家监察委员会；六是我国的参政党——各民主党派；七是社会团体、新闻媒体和公民、法人等。这7个方面相互补充，共同构成我国行政责任追究多元主体的立体网络。其中，中国共产党是行政责任追究的领导核心，主要针对党员领导干部，依据包括《中国共产党问责条例》《中国共产党党内监督条例》《中国共产党纪律处分条例》等，重在加强党内监督、改进领导方式；国家权力机关为中枢，主要针对人大选举或任命的政治官员，发展方向是强化人大监督功能、细化对政府及其工作人员的责任追究程序；行政机关是重点，主要针对行政责任，基本要求是发挥同体问责的优势，强化行政系统内部的权力制约与监督；司法机关是法律保障，主要针对刑事法律责任，努力方向是保持依法独立行使司法权，建立司法机关与行政监察机构、中国共产党纪律检查机构的工作协调与衔接；国家监察机关是专门机构，主要针对公职人员依法履职、秉公用权、廉洁从政以及道德操守情况进行监督检查，对涉嫌职务违法和职务犯罪的行为进行调查并作出政务处分决定，对履行职责不力、失职失责的领导人员进行问责，负责组织协调党风廉政建设和反腐败宣传；各民主党派是重要方面，主要通过参政议政和民主监督推动问责，应当发挥协商民主在行政责任追究中的作用；社会团体、新闻媒体和公民、法人是重要力量，要深化政务公开，发挥其监督力量的作用，健全信访制度。[1]

（二）责任追究客体分类化

行政责任追究客体分类化的实质是对不同的责任追究对象，采取不同的责任追究手段。因为责任追究对象的产生方式、政治身份、岗位职责不一样，必然承担着不一样的责任，分类施策才可能增强责任追究的针对性。我国行政领导的产生方式包括选任制和委任制，前者是指由人大选举任命而产生的担任领导职务的公务人员，包括国家主席、副主席，国务院总理、副总理、国务委员、各部部长、各委员会主任、审计长、行长、秘书长，各级地方政府组成人员等；后者是指由有权机关直接任命产生的担任领导职务的公务

[1] 江凌编著：《依法行政与行政问责》，中国人事出版社2013年版，第158～161页。

人员，包括国务院办公机构的副秘书长、国务院工作机构的领导成员、国务院职能部门副职领导，各级地方政府的副秘书长、职能部门副职领导等。对于选任的行政领导必须追究政治责任，而对于委任的行政领导则可以选择追究政治责任。行政领导的政治身份不一样，拥有执政党党员身份或者各民主党派成员身份的行政领导，一般应当优先经过党内责任追究程序，之后追究行政责任。行政领导的岗位职责不一样，行政首长一般承担的是领导责任，而分管副职或者具体工作人员则更多承担的是直接责任。

（三）责任追究范围、情形和方式具体化

所谓责任追究的范围，是指责任追究的具体对象是局限于行政机关，还是扩大到行政公务人员。由于我国《公务员法》对公务员的内涵进行了扩大式界定，故应当将责任追究的范围扩展至全体公务员、事业单位及国有企业的负责人员。特别是《监察法》和《公职人员政务处分法》已经明确，监督范围覆盖全体公职人员。所谓责任追究的情形，主要涵盖违法违纪、违法行政、决策失误、执行不力、效能低下、用人失察6个方面，现在的主要问题是不够具体和细化，特别是在决策失误和用人失察方面，虽然责任很大、影响甚巨，但行政实践中基本上没有发生过类似的案例。所谓责任追究的方式，是指责任追究客体承担责任的具体方式，应取消评优资格、诫勉谈话等不具有实质内容的责任追究方式，明确各类责任追究方式的具体适用情况，避免过度依赖于引咎辞职。比如《深圳市行政过错责任追究办法》和《深圳市实施行政许可责任追究办法》细化了11类108种和4类53种情形，在将责任追究落实到具体职级和岗位上作出了探索。

（四）责任追究程序规范化

行政责任追究应当严格按照规定的步骤和方式进行，包括责任追究情形的发现、启动、调查、处理、申诉、公开等。然而，当前我国行政责任追究程序方面的“欠账”还比较多。比如，在启动环节，高度依赖上级领导机关和领导干部，人大代表等其他主体在问责启动方面的作用有限。又如，在决定环节，由于缺乏科学的责任评估系统和责任评估标准，领导人好恶、相关方的反应程度、相关规定的细化情况等对具体决定有着重要影响，"同案不同判"的现象比较常见。

（五）责任追究救济制度化

行政责任追究救济制度的价值在于弥补责任追究的偏差和失误，保护被问责方的合法权益，确保责任追究的公正性。基本的思路有两条：一是通过行政申诉的渠道。当行政责任追究客体认为其所受到的责任追究存在违法或者不当的情形时，可以向行政机关内部的监察部门或者上级行政机关提起行政申诉，由监察机关或者上级机关通过复查等程序裁决相关争议。[1]二是扩大行政复议范围。现在我国行政复议范围过窄的问题已经日益凸显，应当发挥行政复议作为行政内部救济制度的优越性，允许通过行政复议的方式解决行政机关及其工作人员之间的权利争议，增强行政复议保障公务员合法权益的制度属性。

---

〔1〕 宋新国：《略论内部行政救济》，载《行政与法》2002 年第 10 期。

第七章　确保政府工作规则合法性的手段

行政法学研究的实质在于改善政府工作,实现良法善治。何为“良法”,就是建立公平有效的政府工作规则体系,符合国家法律的精神与要求。何为“善治”,就是建立在规则基础上的良好治理。俞可平先生认为,善治具有合法性、责任性、透明性、法治、回应、有效六大基本要素。“良法”与“善治”是互利共生的关系,“良法”是“善治”的基础,“善治”则是“良法”的动力。当然,政府工作规则的良善与否是有客观标准的,最重要的便是要具备合法性,这种合法性需要立法机关、行政机关自身以及司法机关的共同努力。

第一节　确保政府工作规则合法性的立法手段

法律是政府工作规则的主要来源,也是控制政府工作规则的主要依据。对政府工作规则予以立法规制的法理基础为法律保留原则,其具体的规制形式包括专属立法权和法律优先性。

就政府工作规则而言，法律优先性体现在法律的效力高于一般政府工作规则，行政法规、行政规章需要按照规定的程序向立法机关备案，立法机关可以主动审查，与法律相冲突的无效；而专属立法权则主要体现在行政组织、行政程序和中央与地方政府关系3个方面。作为法律保留原则的一种变通，当立法机关无法行使相应立法权或者立法时机还不成熟时，可以明确授权国务院制定行政法规，对此，我国《立法法》进一步具体规定，但遗憾的是，政府工作规则领域的授权立法仍然阙如，因此，授权立法应当是改进我国政府工作规则立法规制的可行路径之一。〔1〕 由于行政法规、规章的立法规制问题，已有相关的实定法规定，〔2〕下面主要论述有关政府工作规则的立法问题。

一、行政组织的立法——明确行政权力清单和责任清单

（一）编制行政权力清单

为贯彻落实中共中央、国务院关于明确行政权力清单的要求，根据食品药品监管部门行政权力专业性、敏感性等特点，各省食品药品监督管理局（以下简称省食药监局）从2014年4月起启动了权力清单和责任清单的双清单编制工作，对食品药品监督权力进行了全面梳理，并分析了风险点和责任事项。

主要做法包括：一是建立工作机构。省食药监局成立了以局长为组长，其他局领导为副组长，机关各处室、各直属单位主要负责人为成员的推行权力清单制度工作领导小组。领导小组下设办公室，专门负责编制权力和责任清单制度的具体工作，并建立了由各处室、直属单位业务骨干组成的联络员队伍。二是填报权力清单。从部署清理到集中审核，共报送4次权力清单报告，就权力清单审核过程中的问题，3次全面征求相关处室意见，多次召开

〔1〕《立法法》第9～12条。

〔2〕《行政法规制定程序条例》《法规规章备案条例》。

协调会,就权力清单制度推进、责任清单编制、廉政风险点表格填报等工作进行部署、协调,多次就行政权力的清理问题与省行政权力事项清理规范领导小组办公室进行沟通、衔接。三是加强清单清理精简。按照"行政权力进清单,清单之外无权力"的要求,依据法律法规规章、"三定"方案等规范性文件,汇总上报行政权力事项近300项,最终审核确定不到50项,精简率超过83%。

编制过程中的困难主要有以下几点:一是法律依据的查找梳理非常烦琐,食品药品监管部门的权力来源于多部食品、药品等方面的法律法规,权力清单的编制过程,即是相关法律法规梳理的一个过程。如药品方面的规定,因为监管对象的特殊性,除《药品管理法》和《药品管理法实施条例》之外,几种特殊药品都有专门性的法规。二是食品药品监督行政权力重要而敏感,食品药品监管部门的权力涉及食品药品安全,关系到人民群众的身体健康甚至生命安全,非常敏感,每一项权力的清理都很慎重。如保健食品许可的问题,需要反复权衡。三是食品药品监管领域的部分法律法规比较滞后。如一些特殊药品如医疗用毒性药品、放射性药品,依据的行政法规都是20世纪80年代末颁布实施的,有些规定很难与现实的监管工作对应起来。

编制行政权力清单工作意义重大,主要体现在以下几个方面:一是凸显了职权法定,有利于建设法治政府。权力清单的梳理、汇总、审核,严格按照职权法定的要求,列举的权力须有法律依据,精简的权力也须有法律依据。通过汇编权力清单,更清楚地掌握了"家底",有利于依法行政,让权力在法治轨道上运行。二是推动了简政放权,有利于转变政府职能。编制权力清单有利于划清政府与市场、与社会的边界,加快转变政府职能,更好地发挥市场在资源配置中的作用。比如,在行政许可方面,对量大面广的执业药师注册项目,通过下放委托设区的市办理,方便了行政相对人,有利于执业药师队伍的建设和发展,为公众用药提供更多的专业性人才保障。三是强化了权力监督,有利于制约行政权力。通过公示权力清单和责任清单,强化公众监督，有利于从源头上预防和治理腐败，防止行政权力滥用。

在食品药品监管领域推行权力清单过程中出现的问题主要是：(1)食品药品监管领域立法滞后问题凸显。由于相关立法进程相对缓慢，为了加强监管，确保公众饮食用药安全，国家食品药品监管总局出台了一些规范性文件。据此设定的个别行政权力法律依据不充分，影响了执法监管的权威性和有效性。(2)政府职能转变不足。关键是政府与市场、政府与社会以及政府部门之间的关系不清晰，哪些行政权力该取消，哪些该冻结，哪些该下放，哪些需要减少政府对微观事务的管理，始终存在部门权限界定，省、市、县三级权限划分，监管权力下放后的监督等方面的问题。(3)加快行政组织立法的重要性和紧迫性。通过编制行政权力和责任清单，进一步看到了我国行政组织法的巨大欠缺。一方面，行政组织权力与责任的无序状态出人意料；另一方面，通过摸清部门权力和责任家底，也为将来加快行政组织立法奠定了基础。

在各地试点经验的基础上，2015 年 3 月，中共中央办公厅、国务院办公厅印发《关于推行地方各级政府工作部门权力清单制度的指导意见》，对权力清单制度进行了全面部署；2015 年 10 月，国务院印发了《关于实行市场准入负面清单制度的意见》，从重大意义，总体要求和适用条件，制定、实施和调整程序，确认方式及与现行制度的衔接，保障措施，加快相关体制改革和制度建设等方面作出了明确规定。

(二)加快推进行政组织立法的原则

法律保留原则适用于行政组织法领域，是不少国家和地区的通行做法。在德国，“行政机关的任务和结构，行政主体的设立，行政机关的管辖权，基本的行政程序的模式，都必须由法律确定”。[1] 在日本，行政机关的职务权限，分别由各省、厅的设置法、地方自治法和行政机关设置条例等具体划定，

---

〔1〕［德］哈特穆特·毛雷尔：《行政法学总论》，高家伟译，法律出版社 2000 年版，第 118 页。

行政官员及行政机关只有在其范围内才能代表国家行使行政权。[1] 当前,我国行政组织立法"欠账"是比较多的,特别是对涉及行政组织的产生、职能配置、机构设置和人员编制等事项,由于组织没有法定,行政组织的职责、权力便难以予以权威认定,直接导致一些行政职权冲突,行政责任难以落实,行政权力清单无法明晰。当前,加快推进我国行政组织立法要注意以下两点:

首先,及时回应和吸收行政组织变革成果。我国自改革开放以来,政府机构已经进行了7次比较大的改革,从中央到地方政府机构的数量、设置、职能、编制等都发生了比较大的变化。然而,与政府机构改革实践形成强烈反差的是,我国行政组织法却反应冷淡、回应阙如,《国务院组织法》自1982年制定以来竟然只字未变,致使我国历次机构改革中机构设置、权力配置、职能转变、人员编制方面的重大成果始终停留在政策层面,得不到应有的法律保障。当前,加强行政组织立法尤其要对以下4个方面内容予以及时回应和吸收:一是政府职能转变的最新成果,即将宏观调控、市场监管、社会管理、公共服务、生态环境保护等基本职能细化为各级行政主体的事权,并明确规定在行政组织法之中。二是政府机构的调整与设置,即将整合后的政府机构设置情况纳入行政组织法之中,并区分和规定各级政府及其职能部门的具体职责权限,以法律的刚性约束来防止权责不清和政出多门。三是政府机构编制改革成果,即将机构整合中的编制数额规定在行政组织法之中,用法律手段保障"三定"规定实现。四是政府行政权力运行机制重塑,即将行政决策权、执行权、监督权既相互制约又相互协调的运行机制及其相应的机构设置规定在行政组织法之中,确保权力行使的合法与高效。

其次,在坚持循序渐进的基础上强化顶层设计。改革开放以来,我国秉持的是一条"摸着石头过河"的渐进式改革策略,行政组织法的健全与完善

[1] 杨建顺:《日本行政法通论》,中国法制出版社1998年版,第130~131页。

也呈现出渐进性的特征，难以在短时间内通过制定几部行政组织法律就使我国的行政组织法制达致完善状态。虽然行政组织问题的解决和行政组织法的完善并不能完全寄希望于一两部法律的制定或者修订，甚至也难以在设想或计划的时间内制定出完备的行政组织法体系，但随着中国特色社会主义事业进入新时代，在坚持既有渐进式改革路径的基础上，更加强调行政组织法体系的顶层设计，则是完全必要的。正确的态度是以行政组织问题为导向，深入认识和把握行政组织的规律和特点，不断探索和研究解决问题的方法和措施，逐步制定相关行政组织主干法律和建立相关行政组织重要制度，并在这种渐进式发展和完善的过程中进一步接受检验，不断进行调试和修正，最终生成完备的行政组织法体系。

（三）行政组织立法的重点内容

党的十九届四中全会明确，要优化政府组织结构，推进机构、职能、权限、程序、责任法定化，使政府机构设置更加科学、职能更加优化、权责更加协同。这基本上明确了行政组织立法的主攻方向。

一是在行政机关组织法方面。经过30余年的改革，我国行政组织的诸多内容和制度应该说比较成型和成熟了，需要在行政组织法中予以全面、明确规定，具体包括：中央行政机关组织法，就国务院组成部门、直属机构、特设机构和办事机构等的设置原则、程序、规模及各机关的职权、职责等作出规定，使其成为《国务院组织法》和《地方组织法》的重要配套规定；中央与地方关系法，对处理中央与地方关系的原则、中央与地方职权的划分及具体配置、权限冲突与争议的解决等问题作出规定；地方人民政府组织法，将规范地方人民政府等地方行政组织的内容从《地方组织法》中分离出来，明确地方各级政府的性质和地位，规定省、市、县、乡镇政府的事权和职能，确定地方各级政府及其职能部门的设置标准，规范地方各级政府的工作方式、机关设置程序、法律责任等。

二是在非政府公共组织法方面，主要包括村民和居民自治组织、事业单位、行业组织法规范。我国现行规范非政府公共组织的法律和行政法规包括:《村民委员会组织法》《城市居民委员会组织法》《公益事业捐赠法》《社会团体登记管理条例》《民办非企业单位登记管理暂行条例》《基金会管理条例》等。主要内容包括:实行登记准入制度,实行登记注册管理和日常业务管理的双重管理制度,实行分级登记、分级管理制度,以及满足非竞争性要求。因此,完善非政府公共组织法的内容主要包括:非政府公共组织的地位和性质、经费来源、设立方式、条件和程序、组织机构及运行机制、变更与退出、监管与法律责任等。

三是在行政组织编制法方面,现有行政编制法体系包括:《国务院行政机构设置和编制管理条例》《地方各级人民政府机构设置和编制管理条例》《广东省行政机构设置和编制管理条例》《浙江省人民政府行政机构设置和编制管理办法》等。行政组织编制法的基本架构应包括:调整范围及基本原则,比如适应全面履行职能需要的原则,精简统一效能的原则,公开原则,责任原则等;机构设置和编制管理程序,包括拟定、提出、批准、公布程序;机构设置和编制管理的实质标准,各级人民政府及其行政机构、行政机构所设内部机构的分类标准、名称标准、级别标准、限额标准、行政机构工作人员和领导职数的配备标准等;监督机制与法律责任等。

二、行政程序的立法——控制行政过程

以行政过程论的视角分析,行政机关内部行为程序与传统所谓"行政程序"在事实上难以截然分开,甚至在一定意义上内部行政程序直接决定着外部行政程序的法效果,所以,在全面依法治国的当下,更应重视对内部行政程序的法控制。行政程序的法定化,是指立法机关通过制定统一行政程序法典或者单行行政程序法律文件等方式将各类行政程序规范和固定下来。行政程序立法作为行政程序发展的一个较高级阶段,体现了行政过程控制达到了一个更高的水平。

(一)行政程序立法的必要性

首先,这是由行政程序本身的独特价值决定的。一般来讲,行政程序具有两种价值,一是其工具性价值,二是其自身所具有的价值。前者是指行政程序所具有的实现行政实体内容的手段价值,此时行政程序是实体的附庸,是为实体服务的;后者是指行政程序本身所具有的独立价值。从其内在价值来讲,行政程序应当符合自然公正原则,尊重程序参与者的地位,向其论证行政决定的正当性和合理性,使其作为行政相对人的尊严和价值得到充分尊重。而从行政程序的功能来看,有学者已经作了很精辟的概括,行政程序具有完善沟通的功能,可以通过可操作性的法律程序构建妥协性的制度性机制,提高行政行为社会可接受性,确保实体法律规范的实施。[1] 而且就控制行政权的效果而言,法定程序控权能够弥补实体控权和行政自我规制的不足,更为客观地展示并控制行政权力运行的全过程,并且保持更大的开放性和更强的透明度,特别是在权力范围模糊和行政裁量的领域具有自己的独特作用。

其次,我国行政程序的理论研究与实践探索提供了基础。法定程序是立法机关为行政机关行使职权所规定的程序,规范行政机关的"法律事实构成要件"的判定和"法律效果"的选择。回顾我国行政程序法的发展历史,学界公认以1989年《行政诉讼法》、1996年《行政处罚法》的颁布为界限,呈现出较为明显的3个阶段:1989年之前,行政程序基本上是行政机关的工作程序,且往往与相应的实体规范合并在同一文件中,行政相对人在行政程序中完全处于被动地位;1989～1996年,我国行政程序立法开始出现一些单行的行政程序规章和地方性法规,行政机关开始承担回避、说明理由、告知等程序性义务;1996年以后,行政程序立法空前活跃起来,分散立法、重复立法的现状开始扭转,信息公开、行政听证、陈述意见和申辩权等程序制度普遍

〔1〕 章剑生:《现代行政法基本理论》,法律出版社2008年版,第293～297页。

建立起来。2008 年的《湖南省行政程序规定》更是实现了我国行政程序统一立法的破冰之旅。通过行政行为类型化、单行立法先行的立法思路，行政程序立法的程度已经推进到了部门规章、地方政府规章、地方性法规和行政法规的层次，法律层面的行政程序规范可以说是呼之欲出。[1] 而目前，不少专家学者也已经总结形成了许多版本的行政程序法建议稿，均有不少真知灼见。

最后，这是国际行政程序法发展的趋势。从世界范围来看，行政程序法定化的进程恰恰与行政权力扩张的过程相吻合。行政程序法典通过对行政权力的运行过程进行规范，弥补了行政实体法和司法审查对于行政国家膨胀、行政裁量权滥用控制的不足，相应地扩展了行政相对人权利保护的范围。特别是 20 世纪以来，世界范围内先后出现了 3 次相对集中的行政程序立法的浪潮。第一次发生在第二次世界大战之前，主要集中在欧洲大陆，并以 1925 年的奥地利《普通行政程序法》为代表，行政自我规制的色彩较为浓厚，行政机关是行政程序立法的主要推动力量。第二次发生在第二次世界大战结束到 20 世纪 90 年代，诞生了两部“世界级”的行政程序法典——美国和德国的《联邦行政程序法》（分别制定于 1946 年和 1976 年），以保护公民权利，建构民主、公正、富有效率的行政管理机制为主要内容，行政程序法作为公民权利保护程序法的本质得到彰显。第三次发生在 20 世纪 90 年代至今，1993 年日本、1996 年韩国等纷纷制定行政程序法，欧美国家则注重对原有行政程序法的修改，立法的基本动因在于响应行政相对人对公开、高效的政府公共服务的迫切需要。

（二）行政程序立法的课题

1. 行政程序法的立法目的

耶林曾指出：“目的是全部法律的创造者，每条法律规则的产生都源于

---

[1] 应松年主编：《行政程序法》，法律出版社 2009 年版，第 52～58 页。

一种目的,即一种实际的动机。"[1]行政程序法的立法目的非常丰富,但概括起来一般包括规范行政权力运行、保护公民的合法权益、提高行政效率等。比如,日本《行政程序法》第1条开宗明义地指出:"本法旨在对处分、行政指导及申报之相关程序作共通事项之规定,以确保行政运作之公正及提升其透明性,并据以保护国民权益为目的。"我国学者对于行政程序法的目的给予了充分的重视,比较一致的观点认为,行政程序法的立法目的应当具有层次性,需要区分根本目的和直接目的,并认为其直接的立法目的为构建统一的、最低限度的公正行政程序制度。[2] 但对于行政程序法的目标模式,却提出了不同的方案,具体包括控制、效率、权利模式,保权、控权、效率模式,公正、效率模式,维护、保护模式,权利、效率模式。[3] 上述各家之言各有道理,但行政程序法的根本目的在于通过立法控制行政权的运行,确保行政程序公正,提高行政效率,保障行政相对人的合法权益。因此,笔者主张,将控权、公正、效率、保权作为行政程序法的主要目的。

2. 行政程序法的立法原则

所谓行政程序法的立法原则,即行政程序法规定的贯穿行政权力运行过程、为行政主体所必须遵循的基本准则。对此,国外行政程序法的表述不尽一致,应松年、姜明安、马怀德、江必新等专家学者分别主持起草的建议稿中也进行了不同的列举,概括起来主要有:程序公正、程序合法性、程序理性、程序及时、依法行政、行政公开、行政参与、行政效率、决定者中立、知情、

---

[1] [美]E. 博登海默:《法理学:法律哲学与法律方法》,邓正来译,中国政法大学出版社2004年版,第115~116页。

[2] 应松年主编:《行政程序法》,法律出版社2009年版,第195~199页。

[3] 江必新、周卫平编著:《行政程序法概论》,北京师范大学出版社1991年版,第19~20页;罗豪才主编:《行政法学》,中国政法大学出版社1996年版,第292~293页;应松年主编:《行政程序法》,法律出版社2009年版,第203~204页;吴德星:《论中国行政法制的程序化与行政程序的法制化》,载《中国人民大学学报》1997年第1期;姜明安:《我国行政程序立法模式选择》,载《中国法学》1995年第6期;黄学贤:《行政程序法的目标模式及我国的选择》,载《苏州大学学报(哲学社会科学版)》,1997年第2期。

比例、诚信、平衡、平等、信赖保护、高效、救济等，而我国《湖南省行政程序规定》则确立了依法行政、平等、比例、公开、参与、效率和信赖保护 7 项原则。应当说，前述这些原则已经涵盖了行政程序法几乎所有可能的要素，但问题是我们的行政程序法不可能是个“大杂烩”，这就涉及这些原则的甄别和筛选的问题。确定我国行政程序法的基本原则应当注意以下两点：一是要注意基本原则共性与特性、行政法基本原则对于行政程序法的适用性，因为行政程序法毕竟是行政法的一部分内容，但也要避免用行政法的一般原则来替代行政程序法的独有原则；二是要注意行政程序的层次性和差别性，行政程序可以进行不同的分类，不同类别之间的行政程序差别很大，既要体现这种合理差别，也要寻找其中的最大公约数。综合上述考虑，合法、公正、公开、效率应当是较为贴切的基本原则。

3. 行政程序法的内容选择

内容选择上的区别主要体现在是否包括程序规范和实体规范，外部行政程序和内部行政程序，行政行为程序和事后救济程序，以及哪些具体行政行为类型。本书同意有关学者所提出的中国行政程序法应当是程序与实体并存，内部与外部兼具，集中于行政行为程序。[1] 本书特别强调立法规范内部行政程序的重要性。一是行政会议规则，前文已经对行政会议制度进行了一个总体的分析，作为政府工作的一项主要方式，行政会议的法治化水平直接影响着作出行政决策、进行行政执法的重要性，特别是其中的议事规则，应当予以更详细的规范。二是公文审批程序，前文也已经对此进行了论述，公文审批作为政府工作的中枢神经系统，贯穿到行政活动的方方面面，没有公文审批制度，行政活动将失去有效的依托。三是行政协助程序，行政协助是行政活动中较为普遍却又无法可依的神秘领域，也是公务接待异化成为行政协助主要形式的重要原因，通过将约定俗成的行政协助程序法定

---

〔1〕 应松年主编：《行政程序法》，法律出版社 2009 年版，第 209 ~ 217 页。

化，不但可以有效解决行政管辖、行政委托等行政行为规范性不足的问题，而且还可以降低行政成本、提高行政效率。

4. 行政程序法的立法框架

所谓行政程序法的立法框架，具体来讲，是指行政程序各部分的内容在法规范中的结构安排。与行政程序法内容的争鸣相呼应，不仅不同学者提出了多种差别较大的架构方案，而且作为立法起草机构的全国人大法工委也先后拟定了多种不同的立法架构，每一种立法架构都有其合理性，但同时也都存在一些问题。与这种理论上的纷争相一致，实践中，无论是不同国家之间，还是我国各种不同版本的专家建议稿之间，乃至从极少数的地方立法来看差别都很大。应当指出的是，在未来中国行政程序法的架构中，应当体现行政过程论的视角，按照行政过程的一般规律来充实行政程序法的具体内容，既能体现行政程序法本身内容的连贯性和逻辑性，也能让行政执法者、行政相对人更为清晰地找准自己在行政程序法中的定位，有利于行政程序法的各项具体内容得到切实遵守。

（三）行政程序立法的路径

当理论纷争与实践需求两者之间呈现较大张力的时候，选择什么样的立法路径便显得特别重要。

回顾这些年来我国行政程序立法所走过的曲折道路，我们在中央先行还是地方先行的问题上都出现过争论。特别是在动议之初，由于全国人大常委会法工委的特殊角色地位，它默认了中央顶层设计的路径依赖，但是经过一段时间的探索，人们开始反思在中国国情如此复杂、地域差别如此之大、行政程序具体内容如此庞杂的情况下，对行政程序立法予以顶层设计的可行性。恰在这个时候，2008 年《湖南省行政程序规定》横空出世，给这种反思和犹豫一个响亮的答复——我国行政程序立法应当走地方先行的道路。在其带动下，当国家层面还在为是否立法而反复论证时，部分省区市已经悄然开始了探索。比如，广西、福建分别制定了行政执法程序规定，而河南、河北、黑龙江、山西、吉林、湖南、湖北、四川等省,济南、石家庄、乌鲁木齐、宜春、南昌、延安、新余等市制定的《行政执法条例》也主要规定了行政程序的内容。

与地方先行相呼应的,是行政先行。重大立法项目委托行政机关先行制定行政法规,已经是我国立法活动中一个较为普遍的现象。但公法领域的程序往往最先并非来自立法机关,而是来自行政机关的自我规制。由于政府在中国社会中的强大支配地位,其在法治推进过程中也同样扮演着极其重要的角色——先由国务院制定行政法规,待条件成熟时再修改完善并上升为法律,这也是我国行政程序法定化的一条可行路径。比如,我国的政府信息公开立法,就是先由原国务院法制办牵头制定行政法规《政府信息公开条例》,待施行一段时间取得成熟经验以后再上升为法律。

无论是地方先行,还是行政先行,都是从立法主体方面进行的划分,而重点领域立法先行则是从内容方面推进我国行政程序立法的又一路径。比如行政处罚、行政许可、行政强制是行政法中的 3 个重要领域,在难以短时间内制定统一行政程序法的情况下,采取突出重点、各个击破的方式分领域立法也不失为一条行之有效的道路。因此,在我国的专门行政法律规范中,可以看到大量关于行政处罚、行政许可、行政强制等程序的规定,这既体现了我国立法实体与程序并存的特点,也通过这种分领域立法为统一行政程序立法积累了宝贵的经验。

当然,无论是地方先行、行政先行,还是重点领域先行,其共同的价值都是为最终制定统一的行政程序法探索道路、积累经验。虽然关于我国最终是否要制定统一的行政程序法典,理论界还存在争论,但无论是从全面推进依法治国任务的紧迫性,还是从加快建成法治政府的时代要求出发,都应当适时推进我国统一行政程序立法,为我国早日建成法治国家插上程序法的翅膀。

三、中央与地方行政关系的立法——明确地方性事务范围

（一）地方性事务的含义

党的十九届四中全会强调，要健全充分发挥中央和地方两个积极性体制机制；指出要理顺中央和地方权责关系，加强中央宏观事务管理，维护国家法制统一、政令统一、市场统一，特别是适当加强中央在知识产权保护、养老保险、跨区域生态环境保护等方面事权，减少并规范中央和地方共同事权，规范垂直管理体制和地方分级管理体制，优化政府间事权和财权划分，建立权责清晰、财力协调、区域均衡的中央和地方财政关系，从而构建从中央到地方权责清晰、运行顺畅、充满活力的工作体系。

落实上述要求，处理好中央与地方行政权力关系，核心是要通过法律准确界定好地方性事务的范围。自《立法法》首次提出"地方性事务"的概念以来，理论界尚缺乏对这一概念的系统研究和明确界定，即使在较权威的《立法法》释义中，也没有对"地方性事务"给出一个明确的定义，而是进行一种描述。[1] 一些学者综合这些描述，在分析"地方性事务"的词源性含义的基础上，从立法角度将其简单概括为，具有区域性、局部性特点的事务，对于这些事务的调整应当由地方立法机关进行立法。[2]

前述关于"地方性事务"这一法律概念的界定分析，仍然停留在笼统宽泛的层面，既没有充分的列举，也没有明确的判断标准，特别是我国实务立法中仍然坚守着条条式的权限分配方式，对于某一项事务，不考虑其性质、利益范围以及政府处理能力，从中央到地方的各级部门都有管辖权。这种状况的根源在于我国的单一制结构，各级地方政府的权力均是中央授予的。这种权力分配方式，自然会影响地方政府的积极性，也是我国当前正在进行

〔1〕 曹康泰主编：《中华人民共和国立法法释义》，中国法制出版社2000年版，第149页；张春生主编：《中华人民共和国立法法释义》，法律出版社2000年版，第195页。

〔2〕 孙波：《中央与地方关系法治化研究》，山东人民出版社2013年版，第225页。

的行政体制改革着力要改进的地方之一。我国在“地方性事务”的立法上，也有一些值得借鉴的经验。比如，我国《民族区域自治法》除了在总则部分规定了基本原则，还用第三章专章27条较为详细地规定了自治机关的自治权，包括立法权、人事权、治安权、经济建设权、自然资源利用权、企业事业权、外贸权、财政权、征税权、科教文卫方面的管理权以及环境保护权。又如，我国《香港特别行政区基本法》，专门用第二章12个条款明确了中央和香港特别行政区所拥有的不同权力，中央主要限于外交、国防、任命主要官员、解释基本法。这两项法律都从自治权的角度明确了中央与部分地方的关系。

（二）地方性事务的判断标准

关于中央与地方性事务的判断标准，综合起来主要有以下3点：一是利益标准，即事务所涉及的利益范围。中华人民共和国成立之初，我国就已经意识到了地方利益的问题，毛泽东同志在《论十大关系》中就专门强调了中央与地方的关系问题，指出“要发展社会主义建设，就必须发挥地方的积极性。中央要巩固，就要注意地方的利益”。[1] 利益包括了政治利益、经济利益、文化利益等，但就中央与地方性事务而言，最主要的还是社会经济利益。如汇率、关税等影响全国，则应属中央事务；公园管理、道路整修等主要影响局部地区，则应属地方事务。当然，由于整体利益与局部利益之间存在关联性和交叉性，利益标准并非那么泾渭分明。二是空间标准，即事务所涉及的地域范围。社会事务纷繁复杂，不同的社会事务有着不同的空间范围，有的在全国范围内实施，有的只局限于某个地方。以道路建设为例，如国道、铁路等的建设，往往横跨多个省市、影响全国，应该属于中央事务；而省内道路、地方公共交通等，主要在某个省市地方实施，应该属于地方性事务。但一般来讲，在某一地域实施的事务较少产生溢出效应，而涉及某一地域的事

[1] 《毛泽东选集》（第7卷），人民出版社1999年版，第31页。

务则可能在全国范围内实施,如省际公路等。三是事务属性标准,即以事务本身的属性来判断中央与地方性事务,有利于保证事务管理的统一性,比如货币、度量衡、质量安全标准、最低生活保障等具有整齐划一性,应该属于中央事务;而市政设施建设等,则不需要在全国范围内统一规定,应该属于地方性事务。当然,前述这些判断标准均不具有绝对性,任何一个都不足以单独成为判断地方性事务的绝对标准,而事物本身也经常会随着经济社会的发展而不断变化,法律上的界定标准更趋复杂。

第二节　确保政府工作规则合法性的行政手段

汉斯·J. 沃尔夫等人以内部和外部效果为标准,把公共行政划分为3种:(1)内部行政,指针对内部的行政活动,其作用是创造公共行政所必要的条件,包括组织、人员、财政以及内部监督。(2)中间行政,指行政主体之间的活动,包括行政机关和机构之间在行政过程和程序方面的正式或者非正式的合作、附和、参与等活动。(3)外部行政,指行政主体对外进行的活动,针对行政主体与个人和有关的第三人之间的关系,以及国家行政和地方行政之间的关系。〔1〕 行政自我规制主要是内部行政和中间行政(主体和客体都指向政府自身),是对政府工作规则进行合法性规制的最直接、最常见的方式,比较重要的是行政规则备案审查、清理制度、行政评价和政务公开。

一、备案审查

(一)政府工作规则备案审查的必要性

在行政领域,由于法的抽象性,不可能对所有行政行为都规定得那么细致到位,许多法律、法规或者规章都需要行政机关以行政规则的方式予以具

〔1〕 参见[德]汉斯·J. 沃尔夫、[德]奥托·巴霍夫、[德]罗尔夫·施托贝尔:《行政法》(第1卷),高家伟译,商务印书馆2007年版,第30页。

体化、明确化、操作化。王名扬先生曾指出:“在法律和条例(指行政法规和行政规章——引者注)的关系上,条例是汪洋大海,法律是大海中的几个孤岛。”[1]对于行政机关而言,包括政府工作规则在内的各类行政规则与法律、法规和规章在功能上并没有本质上的区别,它们都是行政机关行使行政职权的依据,甚至在一定意义上,行政规则对行政执法活动更具实际指导意义,是不可或缺的执法依据。但学术研究中,由于受到法律保留原则的限定,目前我国关于行政规则的研究基本上是两条路径:一是着重研究行政规则的一般原理;[2]二是着重进行行政规则的精细化研究,[3]比如行政技术标准和行政裁量基准。无论是哪条路径,政府工作规则在内的各类行政规则始终未能得到应有的重视,呈现出行政实践需求与学理研究供给不足的矛盾。

关于对我国规章以下“行政规范性文件”的概念表述并无定论,常见的主要有“行政规则”“行政规定”“行政规范”等;而在立法实践中,往往被称为“规定”、“决定”或“其他规范性文件”;在德国、日本和美国的行政法中,虽然也有“纲领”“指令”“通告”等种种称呼,但无疑行政规则更为常用。严格来讲,行政规范性文件与大陆法系国家行政法中的“行政规则”略有不同,行政规则更多属于行政体系内部自上而下的命令,与行政机关外部行政相对人没有直接关系,当然这并不否认行政规则也会对行政相对人产生外部

---

〔1〕 王名扬:《法国行政法》,北京大学出版社2007年版,第111页。

〔2〕 代表性的作品包括叶必丰:《行政规范法律地位的制度论证》,载《中国法学》2003年第5期;叶必丰、周佑勇:《行政规范研究》,法律出版社2002年版;朱芒:《论行政规定的性质——从行政规范体系角度的定位》,载《中国法学》2003年第1期。

〔3〕 代表性的作品包括宋华琳:《论行政规则对司法的规范效应——以技术标准为中心的初步观察》,载《中国法学》2006年第6期;宋华琳:《论技术标准的法律性质——从行政法规范体系角度的定位》,载《行政法学研究》2008年第3期;王锡锌、余凌云、周佑勇、章志远、王天华等专家学者在行政裁量基准方面均有多项作品。

效应。[1] 在比较借鉴众多学者的研究成果的基础上，笔者较为赞同将政府工作规则纳入"行政规则"这一学术用语，认为其是由法律、法规和规章衍生出来的"子子孙孙"，是除了行政法规、行政规章之外的，行政机关制定和发布的具有普遍约束力的行政规范性文件。[2]

政府工作规则等行政规则按照不同的标准可以予以不同的分类。陈清秀将行政规则划分为组织性的行政规则、解释性的行政规则、简化规定的行政规则、裁量准则的行政规则、补充法规的行政规则5类。盐野宏则将其划分为关于组织的规定、关于具有特别关系的人的规定、关于各行政机关的行动基准的规定、行政给付规则和行政指导基准5种。[3] 依据功能主义标准，可以分为：(1)创设性规则，是指在没有上位法的情况下行政机关依照法定程序制定的规范性文件。按照依法行政原理，原则上不应当承认创设性规范的合法性，但当行政机关通过行政规范性文件为自己设定了应当履行的、有利于行政相对人的行政职责时，在实务中是为法院所认可的。[4] (2)执行性规则，是指行政机关为执行法律、法规和规章而制定的具体规定，具有较强的可操作性，如行政裁量基准。虽然学理上并不承认执行性规范对法院有拘束力，但除非其内容非常不合理，与法律、法规、规章的规定明显抵触，否则法院也是不会拒绝适用的。[5] (3)解释性规则，是指行政机关对在具体应用法律、法规和规章时所作出的解释，如公安部《公安机关执行〈中华人民共和国治安管理处罚法〉有关问题的解释》(2006年)等。行政机关的解释性规范有时可能更接近于行政实务的需求，在个案中法院一般会对其

---

〔1〕［德］哈特穆特·毛雷尔：《行政法学总论》，高家伟译，法律出版社2000年版，第592页；［日］盐野宏：《行政法总论》，杨建顺译，北京大学出版社2008年版，第64～70页；Keneth Culp Davis, *Discretionary Justice: A Preliminary Inquiry*, University of Illinois Press, 1971, p. 56。

〔2〕章剑生：《现代行政法总论》，法律出版社2014年版，第69页。

〔3〕翁岳生编：《行政法》，中国法制出版社2009年版，第135～139页；［日］盐野宏：《行政法总论》，杨建顺译，北京大学出版社2008年版，第64页。

〔4〕陕西省咸阳市中级人民法院《行政判决书》，［2001］咸行初字第10号。

〔5〕湖北省武汉市中级人民法院《行政判决书》，［2006］武行终字第60号。

进行审查,并就其合法性作出判断。

由于政府工作规则等行政规则主要是行政机关制定的除行政法规和行政规章之外的其他行政规范性文件,法律位阶和法律效力并不高,但是基于其内容和作用的重要性,从国务院到地方各级政府均对行政规则采取了一定的规制措施。比如,2001 年国务院《规章制定程序条例》专门提出行政规则制定参照适用,"依法不具有规章制定权的县级以上地方人民政府制定、发布具有普遍约束力的决定、命令,参照本条例规定的程序执行"。〔1〕此外,我国许多地方政府也以地方政府规章的形式明确了行政规则的制定程序,比如,《广西壮族自治区行政规范性文件制定程序规定》(2018 年)、《安徽省行政机关规范性文件制定程序规定》(2017 年)、《江西省行政机关规范性文件制定程序规定》(2010 年)等。

(二)政府工作规则备案审查的不足

有学者总结,行政机关对法规的审查包括了制定审查、前置审查、备案审查和复议审查等几种方式。〔2〕就政府工作规则等行政规则的合法性规制而言,目前较为注重的是制定程序上的控制,特别是通过参照《规章制定程序条例》的方式,明确了政府工作规则等行政规则制定时需要经过的立项、起草、审查、决定和公布、解释与备案等法定程序。但相对而言,这种控制方式并不全面,特别是相对于数量广泛、与行政相对人联系更为紧密的政府工作规则而言,如何从行政自我规制的角度加强备案审查,以确保政府工作规则的合法性,是个值得深入研究的重要问题。

我国《法规规章备案条例》明确要求,省级政府要建立对下级行政机关制定的行政规则的备案审查制度,在具体执行过程中,我国各省、自治区、直辖市基本都以行政规范性文件的方式制定了各自的备案审查制度,明确了备案审查的范围、机构、程序、审查内容、处理方式等有关事项,但具体的实

〔1〕《规章制定程序条例》第 36 条规定。
〔2〕姜明安主编:《法规审查与法规评价研究》,北京大学出版社 2014 年版,第 85~148 页。

施状况却有很大的改进空间。有的学者分析了我国东部、中部、西部3个代表性省份3年中的规范性文件备案审查通报情况，发现当前行政规则备案审查制度最大的问题，是过分偏重于备案，而非审查，基本上是程序性、形式性的，缺少实质性审查。[1] 实际上，行政备案审查制度作为一种确保行政规则合法性的手段，其更重要的价值在于审查，特别是通过对行政规则的形式和内容进行实质性的审查，从中发现问题并予以改正，从而保证政府的神经末梢都在法的规制之下。

（三）政府工作规则备案审查的标准

有学者研究，从总体上看，法规审查的标准包含了合宪性、合法性和适当性，但具体到行政备案审查的标准，则包括内容和强度两个方面，内容标准涵盖了合法性、合理性、协调性、技术性等4个，而强度标准则主张对下级政府的审查强度应当小于对本级政府的审查强度。[2] 我国《法规规章备案条例》明确规定了备案审查的实质内容，[3] 概括起来主要是以下3条：

一是合法性标准。所谓合法性标准，就是备案登记机关需要审查政府工作规则是否依照法定权限、根据上位法要求、通过法定程序制定实施的，具体包括：其一，制定政府工作规则是否属于行政机关的法定职责范围，即行政机关只能在自己的法定职权范围内行使制定工作规则权，否则，便是“越权行政”，会导致越权无效的后果。其二，政府工作规则是否符合上位法的规定。上级行政机关制定的工作规则是否属于下级行政机关制定的工作规则的上位法？对此问题有争议。有学者认为，行政规则只是行政内部规定，只具有事实上的拘束力而非法律上的拘束力，公共政策也与法规范不一样，故应当清楚上级行政规则优越论之误导。[4] 但为了确保法律体系内部

---

〔1〕 杨书军：《规范性文件备案审查制度的起源与发展》，载《法学杂志》2012年第10期。

〔2〕 姜明安主编：《法规审查与法规评价研究》，北京大学出版社2014年版，第125～136页。

〔3〕 《法规规章备案条例》第10条。

〔4〕 郑雅方：《行政裁量基准研究》，中国政法大学出版社2013年版，第68～71页。

的统一性,上级行政机关制定的工作规则应当得到下级行政机关的遵守。其三,政府工作规则的制定过程是否符合法定程序。制定政府工作规则的结果是产生行政规范,但往往缺乏具体的行政相对人,因此,程序透明、公众参与便成为其基本的程序要素。特别是《规章制定程序条例》赋予了行政规则制定程序的参照地位,明确了政府工作规则制定的法定程序,因此,政府工作规则的制定过程必须符合该法定程序。

二是合理性标准。相比法律、法规和规章,政府工作规则更为明确、具体和细致,往往成为行政机关直接适用的依据,必然会增加和充实许多法律、法规和规章条文中所没有的内容。对于这部分内容除了要符合法律、法规和规章的规定精神之外,也要符合社会常理常情。合理性标准可以进一步延展为两个标准:一是狭义比例原则,[1]也就是政府工作规则本身是否符合法定目的,手段与目的是否符合比例;二是考虑相关因素,包括法律明确规定的要件、行政机关权责规定、立法机关隐含意图及行政法的基本原则等,[2]个案中可以通过行政机关讨论记录、行政说明理由、行政首长观点、行政惯例、因果关系以及内在逻辑来评判。[3]

三是一致性标准。这主要是指基于行政统一性和行政法规范的严密性,包括法律、法规、规章、行政规则等在内的行政规范性文件,内部要形成和谐一致的统一体,而不能相互之间存在规定不一甚至相互冲突的现象,特别是地方政府工作规则与部门工作规则之间对同一事项的规定要一致。当工作规则之间出现不一致或者相互冲突的问题时,则需要政府工作规则备案审查机关提出有关的处理意见。

此外,相对于一些行政技术规则而言,还需要增加一个科学性标准。对

---

〔1〕 比例原则的具体论述参见本书第一章关于依法行政原则的注释。

〔2〕 Andrew Le Sueur, Javan Herberg & Rosalind English, *Principles of Public Law*, Cavendish Publishing Limited, 1999, p. 241.

〔3〕 G. D. S. Taylor, *Judicial Review of Improper Purposes and Irrelevant Considerations*, Cambridge Law Journal, 1976, p. 283 – 284.

于科学性标准的具体判断,则需要依据当前的科学发展、技术进步具体评定,相对前面3个标准更具有客观性。

一般而言,经过上述几个方面标准的实质审查,备案审查机关可以通过改变、撤销、裁决、准予备案、暂缓备案、不予备案、提出审查建议7种方式予以妥善处理。

二、清理制度

(一)政府工作规则清理的概念、特点和沿革

政府工作规则的清理,是指政府工作规则制定机关按照一定程度,对一定时期和一定范围内由其制定实施的政府工作规则进行汇总、清查、梳理,并确定其具体效力的活动。[1] 政府工作规则的清理主要有以下特点:(1)清理的主体是政府工作规则的制定机关,特别是制定机关的法制部门。清理工作需要就一定时期内发布生效的政府工作规则中的特定事项或全部事项进行审查,而制定机关最了解政府工作规则的出台背景,最掌握政府工作规则的具体内容,也最清楚政府工作规则的实施状况。目前,我国大多数建立了清理制度的地方政府,也基本上将清理的性质定位为行政机关的自我完善,将制定主体确认为清理主体。(2)清理的客体是已经制定实施的政府工作规则,特别是那些违法的、过时的、不一致的、无效的政府工作规则。政府工作规则数量大、延续时间长、涉及领域多,而具体行政实践活动情况变化快,有些政府工作规则本身制定得未必完备,即使当时完备的工作规则也可能随着实践的发展,出现不适应不符合的地方,因此,需要定期或不定期地进行汇总、清查、梳理。(3)清理的内容主要是摸清底数、梳理评估、修改完善。政府工作规则大多法律位阶不高,制定主体多元,往往没有统一的标准和形式,容易与普通行政公文等“红头文件”混淆在一起,所以摸清底数

[1] 郭清梅:《中国行政规定规制研究》,北京大学出版社2017年版,第143页。

是清理工作的重要基础。摸清底数后,就要进一步进行梳理、分析和评估,哪些可以继续有效,哪些已经不符合形势任务的需要,哪些存在矛盾和冲突,哪些违背了上位法等。最后就是要在梳理、分析和评估的基础上,确定不同的处理办法,对于不符合形势任务需要、存在不一致、违背上位法的予以废除,对于需要根据新形势新任务予以调整完善的予以修改等。比如,北京市 2010 年清理发现,截至 2009 年 5 月 1 日,全市共有行政规范性文件 155,571 件,其中 6401 件需要被宣告废止或失效,535 件需要修改。[1]

政府工作规则的清理与法律、法规、行政规范性文件的清理相伴而生,由来已久。1954 年,我国首次启动了法律清理工作。行政机关对行政规范性文件的首次清理出现于 1984 年,1983 年 9 月 22 日,国务院办公厅转发国务院经济法规研究中心《关于对国务院系统过去颁发的法规、规章进行清理的建议》,之后地方省级政府、各部委在对地方性法规和规章进行清理的过程中,增加了对包括政府工作规则在内的行政规范性文件的清理要求。据统计,从 20 世纪 80 年代开始到 2011 年,行政机关开展的行政规范性文件清理达到 13 次,其中 8 次为专项清理,5 次为全面清理。[2] 在此过程中,常规化定期清理制度逐步在各级行政机关建立起来,特别是 2010 年《国务院关于加强法治政府建设的意见》规定了定期清理行政规范性文件的要求,即"每隔 2 年定期清理 1 次",包括政府工作规则在内的行政规范性文件清理制度正式建立。

(二)政府工作规则清理的现状及不足

建立政府工作规则定期清理制度非常有必要,它是政府工作规则清理工作发展的客观结果,是规范清理实践活动的必然要求,也是优化行政资源配置的现实需要。当前,从国务院到各地方政府都已经进行了系统的政府

---

〔1〕 李立:《北京叫停"红头文件"6400 余件　占到清理总数的 41%》,载《法制日报》2010 年 1 月 22 日,第 6 版。

〔2〕 郭清梅:《中国行政规定规制研究》,北京大学出版社 2017 年版,第 147 页。

工作规则清理,许多地方政府还在总结经验的基础上建立了专门的清理制度,比如《辽宁省规章规范性文件定期清理规定》《广西壮族自治区规范性文件制定程序规定》《河南省行政规范性文件管理办法》等。这些制度规定总体上保障了政府工作规则清理的规范进行,但从实际情况看,还存在一些问题和不足:

1. 有的清理程序过于粗疏。有些清理程序设定往往对清理的主体、期限、步骤、方式和方法等必要程序内容和责任承担语焉不详,缺乏可操作性。比如广东、广西、四川等省份,仅以一个条文设定制定主体应及时或定期履行清理义务,但这些省份既未具体确定如何"及时清理",也未明确"定期"为"多长时间",更没有进一步明确政府工作规则清理的具体方法和步骤;有的没有区分清理程序、处理程序、责任追求程序;有的忽视公众参与程序。

2. 有的清理方式过于简单。清理方式可以依照不同的标准进行不同的划分,具体可以划分为定期清理、不定期清理、全面清理、专项清理等。但有的省份规定的清理方式不够丰富,比如,山西等省份仅选择采用定期清理这一相对单一的清理方式,湖北等省份设置的定期清理时间间隔长于或短于国务院要求的清理间隔期。有的省份规定的清理方式没有全面考虑应该考虑的因素,脱离了一些基层的实际。

3. 有的清理内容不够全面。实践中关于清理内容一般主要涉及合法性、合理性、有效性等方面,这实际上也是清理的标准;内容越具体,可行性越强。但有的省份简单照抄照搬上级政府的有关规定,有的仅规定清理"违反法律法规规章和上级行政规范性文件"的内容,有的欠缺对"不适应经济社会发展要求"的清理,还有的欠缺兜底条款,难以全面反映清理内容。

4. 有的清理结果不够明确。政府工作规则清理结果主要有继续生效、废除、失效以及修改 4 种情况,虽然大多数地方政府针对不同清理结果规定了不同的处理方式,但大多并未明确规定不同的具体处理方式。

(三)进一步完善政府工作规则清理制度

1. 进一步强化政府工作规则清理责任。虽然政府工作规则的制定机关是清理工作的适格主体,但并不一定是最积极的履行主体。一方面,要在行政规范性文件的制定程序中明确清理环节,并且将这种清理责任压实到行政规范性文件的制定过程之中,使行政机关在制定政府工作规则的同时就自然牢记清理任务;另一方面,也要加强清理工作的监督,明确清理主体因不作为而应承担的违法责任,赋予监督主体督促提醒、提出建议、追究责任的法定职权,确保清理主体能够及时主动履行清理责任。

2. 进一步丰富政府工作规则清理方式。一般而言,专项清理方式适用于相对简单的特定清理内容,而定期清理方式则适用于相对复杂和多面的清理内容。但无论是定期清理还是专项清理,都需要随着社会发展变迁而对清理内容予以适当调整。清理方式应该是丰富多样的,某项政府工作规则到底适合于专项清理、全面清理,还是定期清理、不定期清理,要根据具体情况分析确定,既不能无限自由,也不能规定得过死。比较合理的办法,是将所有的清理方式列明,但具体采用哪一种则留给行政机关酌情考虑,这样既能实现清理的目的,又能确保降低行政成本。

3. 进一步健全政府工作规则清理程序。程序正义对于政府工作规则清理非常重要。要建立健全公众参与程序。政府工作规则虽然行政内部性比较强,但并非对行政相对人没有影响,甚至许多政府工作规则就是行政机关履职尽责的直接依据。因此,非常有必要总结实践中的成功经验,保障行政相对人对于政府工作规则清理活动的知情权、建议权和参与权,畅通社会公众参与政府工作规则清理的参与渠道,包括清理启动动议、清理过程参与、清理结果公布等。要建立健全清理结果公布程序,该程序包括宣布清理结束,公布政府工作规则继续有效、修改后生效、废除、失效等清理结果,公布清理后的政府工作规则目录等。要建立健全清理结果处理程序,对需要修改的政府工作规则,原制定机关应及时启动修改程序,对需要修改后生效的政府工作规则予以修改,并于修改结束后公布。

4. 进一步明晰政府工作规则清理标准。明晰清理标准,是确定政府工作规则清理结果的关键环节。总结不同地方的清理标准,主要有 7 个方面:(1)违反宪法、法律、法规、规章和行政规定;(2)适用期已过或者调整事项已不存在;(3)政府工作规则内容已经过时;(4)含有地方保护、行业保护内容;(5)不适应经济社会发展要求;(6)与政府职能转变的要求不一致;(7)其他需要清理的。这 7 个方面的内容虽然不一定全面,但基本上概括了政府工作规则清理的主要标准。

三、行政评价制度

行政评价曾被称为"政府部门的第二个挑战",是指通过采用现代科学的研究方法,对政府及其职能部门实施的行政行为所产生的效果、执行表现以及所带来的各种影响等进行综合、客观的考查与评价的制度。从一般意义上讲,行政评价包括行政的评价以及对行政的评价两种理解,本书专指对行政的评价。在行政学或管理学领域,行政评价也被称为政府绩效评估,严格来讲,两者的内涵和外延并不一样,在此不作更细致的区分。[1] 从行政法的角度而言,行政评价作为行政自我规制的重要组成部分,是指行政主体对其所实施的行政行为的过程和结果,依据一定的标准和程序进行评价总结,并指导行政实践的一项制度。[2] 20 世纪 70 年代以来,以政府职能定位为标杆,行政评价被视为重塑政府的有效途径,具有强烈的学术价值和技术取向。

---

〔1〕 周实:《行政评价法制度研究》,东北大学出版社 2014 年版,第 1 ~ 4 页;郑方辉、冯健鹏编著:《法治政府绩效评价》,新华出版社 2014 年版,第 9 ~ 10 页;中国行政管理学会课题组:《政府绩效评估的理论与实务》,人民出版社 2005 年版,第 1 页;[美]马克 · G. 波波维奇主编:《创建高绩效政府组织:公共管理实用指南》,孔宪遂、耿洪敏译,中国人民大学出版社 2002 年版,第 28 页。

〔2〕 刘福元:《行政自制:探索政府自我控制的理论与实践》,法律出版社 2011 年版,第 220 页。

(一)行政评价的必要性

首先,行政评价是实现行政效率的手段。尽管行政评价制度存在多重价值目标,但实现行政效率是行政评价的首要目的和根本属性。[1] 行政学上有个帕金森定律,主要是指组织机构所完成的工作与工作人员的多少两者之间并没有什么联系,管理层次的增加也与工作本身无关,这是由于"工作的增加只是为了填满完成这项工作的时间"这样一个规律性的动机,因此,工作的时间要求是有弹性的,在所完成的工作与所分配的人员数目之间显然很少或者根本就没有什么联系。根据帕金森定律,政府机构工作的低效率是一个具有规律性的客观现象,这是由行政机构的工作性质所决定的。[2] 如何确保行政机关及其工作人员既能恪守依法行政的本分,又能勤勉尽责,提高行政实效性,特别是避免消极怠政现象,是行政法的重要课题。法治政府不仅要符合形式法治,更要符合实质法治,也就是行政机关及其工作人员能够按照法的目的认真履职尽责,这就要求必须能够对公务员的工作进行行政评价。同时,行政成本也是衡量政府工作的重要指标,行政评价本身也蕴含着降低行政成本的要求,而行政成本分析也可以为财政预算监督、行政问责等提供便利。

其次,行政评价是提高行政执行力的措施。传统科层化官僚体制强调行政执行力,其根源于行政首长负责制,要求下级行政机关及其工作人员对上级行政机关或行政首长的服从,并认真贯彻落实上级行政机关或行政首长所作出的行政决策、行政命令和具体指示。我国的行政执行力问题一直饱受诟病,比如"上有政策、下有对策",行政督办人治色彩较重、制度化不够等,而行政评价通过一种制度化、程序化的方式将行政执行力的内容明示其中,成为法治政府建设的一项标志性工程之一。2014 年,国务院首次通过引

---

〔1〕 刘福元:《行政自制:探索政府自我控制的理论与实践》,法律出版社 2011 年版,第 223 页;周实:《行政评价法制度研究》,东北大学出版社 2014 年版,第 12 ~ 14 页。

〔2〕 丁煌:《西方行政学说史》,武汉大学出版社 2004 年版,第 221 ~ 229 页。

入第三方评估的方式,分成几个督察小组赴有关部委和地方,对《政府工作报告》贯彻落实情况进行督查检查,以确保国务院所制定的各项经济社会发展举措能够落到实处,成为我国加强行政督办、推动行政评价的一项创新性举措,受到了学界的广泛关注。[1]

最后,行政评价是进行公务员奖惩的依据。行政评价的直接目的是调动行政机关公务员的工作积极性。根据前文调查统计显示(见表11),公务员对激励措施的需求排序分别是提拔晋升、物质奖励、精神奖励,而要公平地实施这些激励措施,一个基本前提便是要对公务员的业绩进行公正的评价,这恰恰是行政评价所要着力解决的事情。行政评价通过一系列评价标准把公务员的工作状况与其个人收益相挂钩,使公务员的低效工作最终得到较低的收益甚至是负收益,从而形成一种正确的激励机制。

(二)行政评价的标准

据有关学者初步统计,国内外有6种较为通行的评价标准,仅法规评价标准就有两标准说、三标准说、四标准说、五标准说等。陈振明认为,绩效评估一般有生产力、效益、效用、效率、公正和政策回应度6个标准;卡尔·帕顿等认为,评估标准包括成本、效益、效用、效率、平等、管理简单、合法及政治可接受性;奥斯本等认为,绩效评估包括产品数量的增加、效率的提高、服务质量的改进、组织影响力的提高、服务成本的减少等;卡恩维尔认为,绩效评估的6个标杆为:质量、效率、种类、用户化、便利、及时;理查德·D.宾厄姆确定了5Es的标准,即平等、公平、效率、效果和伦理;美国政府责任标准委员会制定的标准是:投入指标、产出指标、后果指标、效率指标等。[2] 我国农业

---

[1] 2014年6月25日至7月5日,国务院抽调100余人,赴27个中央部委及16个地方省市展开督查,督查主题为"稳增长、促改革、调结构、惠民生"政策措施落实情况,旨在打通抓落实的"最先一公里"和"最后一公里",树立新风,兑现承诺,"不放空炮"。具体情况参见丽珍:《破梗阻,国务院督查在行动》,载《紫光阁》2014年第8期。

[2] 刘福元:《行政自制:探索政府自我控制的理论与实践》,法律出版社2011年版,第226~227页;姜明安主编:《法规审查与法规评价研究》,北京大学出版社2014年版,第272~273页。

部等中央部委以及青岛、南通等许多城市政府也制定了各具特色的行政评价标准，这些评价标准或者说指标体系具有一定的共性，但是差别也非常明显，我们可以得出一些基本的规律性认识：

一是行政评价的标准具有多元性。如同行政法的价值本身就是多元的一样，行政评价的标准也具有多元性。行政评价的标准并不是唯一的，没有一套"放之四海而皆准"的标准。几乎所有的行政评价都是根据本国本地政府的实际情况，着眼于特殊的行政法问题，而有针对性地构建起来的标准体系。这些标准体系，很难准确确定究竟是哪一项发挥着关键性的作用，而且这些标准还会根据具体情况发生变化。标准的多元化带来的一个客观问题就是，各个具体标准之间可能会存在矛盾或者冲突。比如，效率标准就可能与其他标准存在冲突，不同的行政相对人可能对行政行为有着不同的要求。

二是行政评价的主体拥有较大选择权。既然标准或者说指标是多元的，不同的行政评价主体就可以选择不同的标准，并进而因标准的不同而产生相差悬殊的评估结果。不同行政评价主体有不同的选择，有的侧重于制度建设，有的偏重于行政服务，有的强调社会矛盾纠纷的防范与化解，还有的看重权利的救济或者信息的公开；不同的选择背后体现的是不同的价值追求，是行政评价主体不同的目标偏好。

三是行政评价的计算具有模糊性。行政评价的优点是可量化，就是将对行政活动及其工作人员的工作进行数字化计算，相比过去的定性分析具有了更高的精确度。但更高的精确度却并非完全的精确计算。一方面，各项评估标准本身就具有一定的模糊性，"即使那些研究公共部门业绩与生产力的人士对于下述概念或功能间关系的严格区分也不能达成共识：产出、后果、结果、影响、目标、成就、直接或间接业绩指标"。[1] 另一方面，有些行政

---

〔1〕［美］阿里·哈拉契米主编：《政府业绩与质量测评——问题与经验》，张梦中、丁煌等译校，中山大学出版社2003年版，第1~2页。

行为的后果和效益"拒绝精确的估量",因为单一的活动也有可能在不同层次上产生结果,其中有些是不明显的,这就使我们很难对它们的累积性效益进行评估。

尽管上述规律性认识让我们感到行政评价并非那么完美,但是恰恰因为其多元性、可选择性和模糊性,让我们可以通过在实践中不断探索、总结经验来使行政评价更加细化,不断趋向科学合理,而非仅仅质疑行政评价制度本身是否具有可行性。

(三)行政评价的操作模式

行政评价具有多种制度模式,美国和日本在这方面取得了很多的经验,具体包括标杆管理(Benchmarking)、全面质量管理(Total Quality Management)、平衡记分卡(Balanced Score Card)等,[1]但如果缺乏公平合理的操作方式,仍然难以得出正确的评估结果,也无益于行政活动的进一步改善。因此,增强评估制度的科学化、多元化是完善行政评价制度最为关键的要素之一。

一是突出行政过程性。概括起来,行政评价的内容一般包括3部分:其一,观察行为;其二,关注结果;其三,注重社会效果。三者缺一不可。有学者指出,在以往的行政评价中,往往局限于行政行为的结果,这种过分以结果为导向的评估体系会导致行政评价走向异化,经常见到的"形象工程""政绩工程"便是最好的例证。特别是有的行政工作也不适合以结果作为评估标准。因此,应当克服以结果为导向的行政评价标准,加强对行政过程的考察,从而更真实地展现公务员的工作过程、执法水平及其对整个行政组织的贡献。[2]

---

〔1〕［美］帕特里夏·基利等:《公共部门标杆管理:突破政府绩效的瓶颈》,张定淮译,中国人民大学出版社2002年版;［美］斯蒂文·科恩、［美］罗纳德·布兰德:《政府全面质量管理:实践指南》,孔宪遂等译,中国人民大学出版社2002年版;周实:《行政评价法制度研究》,东北大学出版社2014年版,第24~70页。

〔2〕卢护锋:《论行政自由裁量权的内部控制》,吉林大学2009年博士学位论文,第96页。

二是体现行政参与性。我国行政评价的一大缺陷是参与性不足,过多依赖上级评价或者行政机关自我评价,评价的过程相对封闭,这导致两种后果:第一,在政府自我评价与社会公众评价之间偏向政府自我评价;第二,在上级领导评价和直接服务对象评价之间偏向上级领导评价,这就难免产生"只对上负责不对下负责""不怕群众不满意,只怕领导不注意"的后果。公民参与行政评价的主要环节一般包括:确定所要评估的行政行为;陈述行政评价的目的;选择行政评价的标准;作出行政评价的分值;公开行政评价的报告。

三是依据权责一致性。行政评价的标准虽然复杂并且难以形成统一的意见,但是设计具体制度时却并非没有可靠的依据,这个依据就是不同的行政职位分类及其具体的权利和责任。根据职权法定的原则,不同的行政职位承担着不同的职责,只有根据不同职位有针对性地设置评估标准,才可能作出准确的评判。因此,科学实施行政评价的基本前提就是要事先对每个行政部门及人员的职责进行具体的规定,明晰各自的"权力清单"。

四是确保指标可测性。行政评价的优势就是可量化,但是如果评估指标本身不具备可测性,则失去了行政评价的应有价值。在我国的一些行政评价指标中,经常可以看见一些大而化之的虚置项目,既不具备可测性,更难以量化,评价更多依赖测评者的"感觉""印象",无法体现行政评价的价值,也难以实现行政的自我规制。因此,行政评价必须排除那些空洞无物的评估项目,实现对行政人员工作业绩的科学评价,避免行政评价制度流于形式。

五是注重结果可用性。行政评价制度同时具备激励和惩戒两种功能,这根源于这一制度将行政人员的绩效与其收益相挂钩,并以此让行政人员主动约束自己的行为。所以,行政评价不只能评价行政机关的集体行为,而且能够具体到行政人员的个人行为。如果单纯地以行政机关的集体行为结果作为评价对象,行政人员个人难免会产生"事不关己""干多干少一个样"

的心理，影响行政机关整体绩效的提高。

（四）法治政府评价

我国较有影响的是香港特别行政区的法治指数和余杭的法治指数。[1]深圳市、广东省、湖南省、沈阳市、遵义市、惠州市、苏州市、营口市、温州市等先后发布了法治政府或依法行政的评价指标体系。但总体来看，国内外关于法治政府的评价工作尚处于起步阶段，实践重于理论，客观性不足，公众参与度有限，部分量化指标的科学性有待商榷：

第一，在评价组织上要解决客观性的问题。通过比较国内外较为成熟的法治政府评价体系，可以看出，以广东省为例，我国对于法治政府评价的组织基本上定位于体内循环，不仅评价的主体和客体都是政府部门，而且具体的评价模式也是体制内评价，可以说是政府自己评价自己。这种做法对于增强行政执行力、贯彻上级行政首长或者行政机关的意志是十分有必要的，但是相对而言，客观性差一些，特别是在一些给付行政等服务型行政领域，对于行政相对方的考虑过少、"顾客感知度"较差。[2] 解决的办法主要有两条：一是借鉴第三方评价，比如现在广泛采用的"脱贫摘帽"评估，通过行政合同或者行政委托的方式，将行政评价的组织实施委托给相对独立的第三方，政府主管部门的职责定位于选择评估机构、提出评估要求；二是增加行政相对人满意度测评，在现在人大代表、政协委员等社会代表性人士评价的基础上，扩大行政相对人参与特定评价的比重，提高行政评价的民意基础。

第二，在评价内容上要解决全面性的问题。法治政府评价的内容体系，根据不同的标准可以予以不同的分类。按照政府职能的不同，可以划分为政治绩效、行政绩效、经济绩效、社会绩效和环境绩效；按照绩效内涵的不

---

〔1〕 钱弘道：《余杭法治指数的实验》，载《中国司法》2008 年第 9 期。

〔2〕 吕维霞：《政府行政服务评价》，清华大学出版社 2010 年版。

同,可以划分为经济性、效率性、效果性、公平性。[1] 但就我国而言,针对当前少数行政机关及其工作人员存在的怠政、懒政、不作为情况,通过行政评价明确政府及其工作人员"必须为"的范围非常迫切。而要解决评价内容全面性的问题,其前提就是搞清政府的"责任清单"和"权力清单"。其基本的来源有两个方面:一是宪法和法律明确规定的政府责任与权力,特别是"三定"规定;二是在自身权限范围内创设的各项延伸性职权。在现有"三定"规定的基础上,细化行政机关的岗位说明书显得十分有必要。

第三,在评价指标上要解决数量性的问题。评价指标是评价内容的细化和具体化,是评价目标和内容的分解,其主要价值在于将法治政府的目标任务予以量化。从江苏、北京、安徽、辽宁、湖北等地方政府已经正式出台的指标体系来看,内容高度雷同,指标层级较多、总量过大,而且主要以定性描述为主。这里有两个误区:一是并非所有指标都可以数量化,法治政府具体内容非常丰富,但并非所有的内容都可以用定量的方式来评价,也不可能将所有的内容都量化,那种试图将法治政府完全数量化的目标纯粹是一种幻想。二是量化的层级性问题,一些评价指标往往"上下一般粗",但由于政府机构的科层式架构,越往上层,定性的指标比重会加大;而越往基层,定量的指标应该会更多。

第四,在评价结果上要解决有用性的问题。首先,评估的结果要能真实地反映政府的法治状况,对于政府行政活动取得的进展、存在的问题能够一目了然地展现出来,特别是对于政府执法过程中存在的问题不能回避,不能成为政府评功摆好的"花架子"工程。其次,评估的结果要能引导公务员的行政行为,将评估的结果与公务员福利薪酬、级别晋升等紧密挂钩,通过奖惩的方式,形成依法行政的内在动力。最后,评估的结果要能引发行政首长的责任,法治政府建设的真正内涵在于提高政府依法行政的水平,这是行政

---

[1] 郑方辉、冯健鹏编著:《法治政府绩效评价》,新华出版社2014年版,第130~134页。

首长的一种法律责任,在我国就是政府首脑或者行政首长对于人大的一种政治责任,是人大评判政府工作的重要指标。

四、政务公开

(一)政务公开的含义

政务公开也叫政府信息公开、行政公开,是指行政机关在行使行政职权时,除法定保密事项外,应当向行政相对人及社会公开的制度。严格来讲,政务公开、政府信息公开和行政公开是3个不同层面的概念,政务公开更多是一种行政实务中的用语,政府信息公开则是立法用语,行政公开主要是作为一种行政法原则存在,这三者内涵和外延略有差别。但由于三者的主要指向都是相似的,故在此不作细致区分。[1] 王名扬先生指出:“阳光是最好的消毒剂,一切见不得人的事都是在阴暗角落里干出来的。”[2]政务公开作为现代政府工作的重要原则,也是政府工作的重要内容,其价值体现在:

一是行政参与的价值——作为一项宪法基本权利。首先,政务公开是落实公民知情权的需要。政府管理的过程,也就是收集并处理社会信息的过程,这客观上导致政府与公民之间出现了信息不对称,而这种不对称既容易让政府出现偏离公共利益滥用职权的机会,也使公众难以有效监督政府和维护自身的合法权益。其次,政务公开是公民言论自由的题中之义。公民言论自由的实现离不开各种信息的输入和输出,正是信息的循环输入和输出构成了完整的言论自由权。[3] 信息资源最大的特点是其共享性,它是一种重要的“公共产品”,不仅应当开放,而且应当可以在社会成员之间自由流动。最后,政府信息公开也是公民享有其他民主和政治权利的基础。政

---

[1] 应松年主编:《行政程序法》,法律出版社2009年版,第78~82页。

[2] 王名扬:《美国行政法》,中国法制出版社1995年版,第952页。

[3] 张明杰:《开放的政府——政府信息公开法律制度研究》,中国政法大学出版社2003年版,第85~87页。

府信息公开的意义已经超越了对政府权力的控制和对抗，更是实现公民选举权和被选举权的一项前提条件。如果没有政府信息的有效公开，公民无法参与并对社会公共事务作出正确的评价判断，最终会影响社会政治平等的实现。

二是行政自我规制的价值——将政府放在阳光之下。行政法的核心是行政裁量，将行政权力置于阳光之下，这是控制行政裁量权的最有效方式。真正有效的信息公开制度，通过信息公开将政府权力运作置于公众的监督之下，避免出现暗箱操作和权钱、权色交易，能够有效地防止腐败。同时，公众的监督本身也构成促使政府提高服务质量的重要力量。而且政务公开可以促进行政协调，提高行政效率，提升公共治理能力，从而进一步增强政府活动的合法性。

三是行政合理性的价值——提高行政行为的可接受性。行政实践告诉我们："信息越公开，越容易实现历史和解；社会越多宽容与和解，越能促进信息的更全面公开。"[1]柔性执法兴起的背后，反映的是行政相对人的接受度和社会的认可程度，以及它对于行政执法顺利进行的极端重要性。而政务公开则破除了行政神秘主义，将真实的行政过程展示在行政相对人面前，让社会公众看到行政执法决定的过程，更有利于提高行政行为的理性和情感共鸣。

（二）我国政务公开的实践发展

有学者总结，我国政务公开的实践发展具有如下特点：（1）政务公开由行政机关主动推动；（2）政务公开的进程经历了自下而上、由点到面、由浅入深的过程；（3）政务公开始终在保密的制度框架下展开；（4）政务公开与行政体制改革紧密相连；（5）WTO 规则对政府透明度的要求是政务公开的有力推动；（6）信息网络对政务公开起到了巨大的促进作用；（7）"非典"等突发

[1] 周汉华：《政府监管与行政法》，北京大学出版社 2007 年版，第 336 页。

公共事件对政务公开有重要影响；(8)政务公开在实践中发展不平衡。[1]应当说，虽然政务公开的表述各异，实践发展的路径各有特点，但总体而言，政务公开的基本内容却是总体一致的，从行政过程的角度概括起来主要是3个方面：

一是事先公开行为依据，也就是行政机关应当提前向社会或行政相对人公开相关的行为依据，包括行政职责权限、执法依据、行为程序以及具体方式，增强行政相对人或社会公众对于行政行为的正确预期。比如，我国《行政处罚法》就明确规定，行政处罚的依据必须提前公布。[2]《国务院办公厅关于全面推行行政执法公示制度执法全过程记录制度重大执法决定法制审核制度的指导意见》也明确要强化事前公开，全面准确及时主动公开行政执法主体、人员、职责、权限、依据、程序、救济渠道和随机抽查事项清单等信息，编制并公开本机关的服务指南、执法流程图，明确执法事项名称、受理机构、审批机构、受理条件、办理时限等内容。

二是事中公开决定过程，也就是行政机关应当将与行政决定的形成过程有关的事项向行政相对人和社会公开，当然诸如行政负责人批准、行政决策讨论决定等内部程序不在此列，这种公开既可以由行政机关主动公开，也可以由行政相对人申请公开。比如，西班牙《行政程序法》第62条规定："行政案件中利害关系人有权在任何时候通过有关办公室得到适当的信息，了解审理情况。"我国《行政复议法》关于申请人卷宗阅览权的规定和《行政许可法》关于公众有权查阅行政许可的规定都是政务公开的典型规定。《国务院办公厅关于全面推行行政执法公示制度执法全过程记录制度重大执法决定法制审核制度的指导意见》也明确规范事中公开，包括执法身份公开，行政执法人员在进行监督检查、调查取证、采取强制措施和强制执行、送达执

[1] 王锡锌：《公众参与和行政过程——一个理念和制度分析的框架》，中国民主法制出版社2007年版，第132～133页。

[2] 《行政处罚法》第4条第3款。

法文书等执法活动时,必须主动出示执法证件,向当事人和相关人员表明身份,鼓励采取佩戴执法证件的方式,执法全程公示执法身份;执法文书公开,要出具行政执法文书,主动告知当事人执法事由、执法依据、权利义务等内容;执法标识公开,国家规定统一着执法服装、佩戴执法标识的,执法时要按规定着装、佩戴标识;执法程序公开,政务服务窗口要设置岗位信息公示牌,明示工作人员岗位职责、申请材料示范文本、办理进度查询、咨询服务、投诉举报等信息。

三是事后公开行为结果,是指行政行为作出之后,行政机关应当及时将具体结果以法定形式向行政相对人公开,包括向行政相对人公开决定结论和向社会公众公开决定结论。《国务院办公厅关于全面推行行政执法公示制度执法全过程记录制度重大执法决定法制审核制度的指导意见》也明确要加强事后公开,包括明确公开时限,行政执法机关要在执法决定作出之日起20个工作日内,向社会公布执法机关、执法对象、执法类别、执法结论等信息,接受社会监督,行政许可、行政处罚的执法决定信息要在执法决定作出之日起7个工作日内公开,但法律、行政法规另有规定的除外。建立信息公开机制,建立健全执法决定信息公开发布、撤销和更新机制;对于已公开的行政执法决定被依法撤销、确认违法或者要求重新作出的,应当及时从信息公示平台撤下原行政执法决定信息。建立行政执法统计年报制度,地方各级行政执法机关应当于每年1月31日前公开本机关上年度行政执法总体情况有关数据,并报本级人民政府和上级主管部门。

在《政府信息公开条例》之下,各级政府及其部门一般都会制定具体的信息公开工作规则,比如民政部就制定有《民政部机关政府信息公开暂行办法》、《民政部机关政府信息依申请公开管理规定》和《民政部机关政府信息公开指南》。在实践中,政务公开工作一般由政府法制机构负责,具体工作则由各级政府及其职能部门的办公厅(室)负责,其中电子政务、行政信息记录、行政听证、说明理由较为重要,后两项已在前文有关章节具体论述,不再赘述,在此简要论述电子政务和行政信息记录。

电子政务是指行政过程的电子化,即政府行政过程广泛运用现代信息技术,政府工作实现信息化办公,政府组织结构和工作流程作出相应的重组优化,从而向社会公众提供高效优质、规范透明的公共服务。时任国务院总理温家宝在国家行政学院省部级干部“政府管理创新与电子政务专题研究班”的讲话中指出:“利用信息技术重塑政府的组织与管理,提高政府的信息化管理水平,有利于提高政府管理的效率和透明度,也有利于提高政府公共服务的质量和水平,是带动国民经济发展和社会信息化的一项重要战略措施,必须当作一件大事来抓。”[1]发达国家正是通过运用现代信息技术,推行电子政务,极大地促进了政府管理方式的改革与创新。推行电子政务的价值主要体现在,有利于简化工作流程,降低行政成本,提高行政效率;有利于增强政务透明度,确保政府廉洁施政;有利于推动行政管理方式向网络化、扁平化、现代化、知识化、大众化、民主化、动态化、灵活化的方向发展。也正是因为电子政务的上述价值,电子政务成为政务公开的主要方式。

行政信息记录是行政活动合法有效的重要保证。行政机关要通过文字、音像等记录形式,对行政活动的启动、调查取证、审核决定、送达执行等全部过程进行记录,并全面系统归档保存,做到行政活动全过程留痕和可回溯管理。行政信息记录的形式主要包括两种:一是文字记录,是指以纸质文件或电子文件形式对行政活动进行全过程记录的方式。在这方面,研究制定行政行为规范用语和文书制作指引,对于规范行政执法的重要事项和关键环节,做到文字记录合法规范、客观全面、及时准确具有重要意义。《国务院办公厅关于全面推行行政执法公示制度执法全过程记录制度重大执法决定法制审核制度的指导意见》明确,司法部负责制定统一的行政执法文书基本格式标准,国务院有关部门可以参照该标准,结合本部门执法实际,制定

---

[1] 温家宝:《深化行政管理体制改革　加快实现政府管理创新——在国家行政学院省部级干部政府管理创新与电子政务专题研究班上的讲话》,载《国家行政学院学报》2004年第1期。

本部门、本系统统一适用的行政执法文书格式文本。地方各级人民政府可以在行政执法文书基本格式标准基础上,参考国务院部门行政执法文书格式,结合本地实际,完善有关文书格式。二是音像记录,是指通过照相机、录音机、摄像机、记录仪、视频监控等记录设备,实时对行政活动过程进行记录的方式。音像记录具有直观有力的证据作用、规范执法的监督作用和依法履职的保障作用。由于音像记录成本较高,要充分考虑音像记录方式的必要性、适当性和实效性,对文字记录能够全面有效记录行政行为的,可以不进行音像记录;对查封扣押财产、强制拆除等直接涉及人身自由、生命健康、重大财产权益的行政行为,应推行全程音像记录;对现场执法、调查取证、举行听证、留置送达和公告送达等容易引发争议的行政行为,应根据实际情况进行音像记录。《国务院办公厅关于全面推行行政执法公示制度执法全过程记录制度重大执法决定法制审核制度的指导意见》明确,要建立健全执法音像记录管理制度,明确执法音像记录的设备配备、使用规范、记录要素、存储应用、监督管理等要求;要研究制定执法行为用语指引,指导执法人员规范文明开展音像记录。同时,对于配备音像记录设备、建设询问室和听证室等音像记录场所,要按照工作必需、厉行节约、性能适度、安全稳定、适量够用的原则,结合本地区经济发展水平和本部门执法具体情况确定,不搞"一刀切"。鉴于行政信息记录的重要性:一方面,应加强行政信息记录的归档管理,完善执法案卷管理制度,加强对执法台账和法律文书的制作、使用、管理,积极探索成本低、效果好、易保存、防删改的信息化记录储存方式,建立健全基于互联网、电子认证、电子签章的行政执法全过程数据化记录工作机制,形成业务流程清晰、数据链条完整、数据安全有保障的数字化记录信息归档管理制度。另一方面,应充分发挥行政信息记录的作用,建立健全记录信息统计分析、调阅监督制度,善于通过统计分析记录资料信息,发现行政执法薄弱环节,改进行政执法工作,依法公正维护执法人员和行政相对人的合法权益。

（三）政务公开工作规则的完善

对比政务公开的法价值及其实践运行状况，作为政府工作的一项基本规则，政务公开仍然具有很大的完善空间：

一是明确政务公开的基本原则。我国目前对于政务公开的制度设计，总体上还是在保密工作的前提和框架下开展的。比如，我国《保守国家秘密法》（1988年）、《档案法》（1987年）、《国家安全法》（1993年）等都明确规定了保密的要求，《刑法》及《测绘法》、《审计法》、《人民警察法》、《统计法》、《公务员法》等也都从不同侧面规定了保密的内容。[1] 而我国政府信息公开的法规范只有一部《政府信息公开条例》，还只是行政法规，与《保守国家秘密法》等法律不在一个法律位阶上。特别是我国保密工作实践中普遍存在定密"宁高勿低""宁宽勿窄""多定保险"的实际情况，使国家秘密的范围较为宽泛，直接影响政务公开的范围。从国外政务公开的立法来看，几乎开篇即确立以公开为原则、不公开为例外，然后列举不公开的具体范围，但我国《政府信息公开条例》并没有作出类似规定，而是既列举应当公开的政府信息的范围，又规定豁免公开的信息的范围，并且进一步区分为主动公开和应申请公开的范围。所以，从法规范体系上来看，"公开为原则、不公开为例外"始终没有真正建立起来。从政府工作实践中来看，政务公开工作中首先要确定的是哪些属于保密事项，保密事项之外的能否公开还需要履行特定的审批手续，极大地限制了政务公开的范围，也容易导致不可控制的行政裁量。

二是改公开审批为保密审批。有学者论述过我国政务公开表面化的问题，指出我国政府网站是政务公开的主要方式，但这些网站信息更新非常不及时，几乎成为一种摆设。与此相印证的是，2008年《政府信息公开条例》颁布实施当年，北京市各级人民法院审理的政府信息公开案件仅10件，2009

[1] 汪全胜：《政府信息公开立法的路径依赖约束》，载《情报理论与实践》2005年第6期。

年则猛升到了147件,到2010年更是达到了503件。北京市2012年的一审共审结336件政府信息公开案件,其中原告胜诉的仅有59件,占比为17.6%,其中涉密、不存在、不属于公开范围等则成为政府拒绝信息公开的普遍理由。[1] 与此形成鲜明对比的是,政务公开内容的“裁量性”和“选择性”,一些与公民权利息息相关的内容得不到及时公开,而一些公务活动信息却公开得非常活跃。这从一个侧面反映出,我国政务公开制度在定位上还存在一定误差,工作思维上仍然是“管理型”认知。从推进政府信息公开的角度来讲,应当将这种公开审批制度改为不公开审批制度,即只有那些因涉密不予公开的政府信息才需要进行审批,其他政府信息无须审批即可自动向社会公开。

三是及时响应政务公开申请。目前,政务公开的程序上,仍然是政府主动公开的为主,对依申请公开给予了比较多的限制,其目的便是加强政府对信息的管制和选择性公开,并牢牢掌握信息公开的主动权。以政府信息公开实践较为先进的上海市为例,上海市金山区2013年的政府信息公开年报显示,2013年,本区共受理政府信息公开申请83件,并全部完成答复。其中,“同意公开”和“部分同意公开”的41件,占总数的49.4%;“非《规定》所指政府信息”的5件,占总数的6.0%;“信息不存在”的5件,占总数的6.0%;“非本机关职责权限范围”的14件,占总数的17.0%;“申请内容不明确”的7件,占总数的8.4%;“重复申请”的3件,占总数的3.6%;“不予公开的”3件,占总数的3.6%;其他情形5件,占6.0%。[2] 可见,政府主动公开与依申请公开的信息量差别比较大,而且尚有将近50%的依申请公开的信息,被政府机关以这样或那样的理由拒绝公开。而且实践中,相对于政府

---

〔1〕 李丽、杨雪:《公民申请政府信息公开为何胜诉不多》,载《中国青年报》2013年10月25日,第3版。

〔2〕《2013上海市金山区政府信息公开工作年度报告》,载上海市金山区人民政府网,http://www.jinshan.gov.cn/zfxxgknb-qzfnb/20200813/720805.html。

主动公开的信息,行政相对人主动申请公开的内容可能更关系行政相对人的切身利益,恰恰是这种更为利益攸关的信息公开数量更少。所以,我国政务公开工作应当及时回应和提供依申请公开的信息为今后工作的重要突破口。

四是拓宽政务公开的渠道。在信息化条件下,政务公开的渠道越来越广泛,除了传统的纸质公文、政府公报、政府报刊以外,政府门户网站、微博、微信、客户端均可以成为政务公开的有效渠道。应灵活运用各种渠道,实现政务公开。比如加强信息化平台建设,依托大数据、云计算等信息技术手段,大力推进行政执法综合管理监督信息系统建设,充分利用已有信息系统和数据资源,逐步构建操作信息化、文书数据化、过程痕迹化、责任明晰化、监督严密化、分析可量化的行政执法信息化体系,推动政务服务"一网通办"。比如,推进信息共享,完善全国行政执法数据汇集和信息共享机制,充分利用全国一体化在线政务服务平台,建立全国行政信息资源库,逐步形成集数据储存、共享功能于一体的行政执法数据中心。比如,强化智能应用,积极推进人工智能技术在行政执法实践中的运用,研究开发行政执法裁量智能辅助信息系统,加强对行政执法大数据的关联分析、深化应用,提高政府治理的精准性和有效性。

第三节　确保政府工作规则合法性的司法手段

一、政府工作规则的司法审查

(一)司法审查的必要性:行政规则的外部性问题

关于行政法规、规章的司法审查问题,现有法规范已经有了明确界定,在此主要论述政府工作规则中的行政规则部分。传统行政法理论以法规范依据、制定程序、公布与否以及实际效果等为标准,认定行政规则是适用于行政系统内部的规范性文件,不具有规范的外在表现形式,而且不直接对公民的权利义务产生影响,因此,不具有外部效果。[1] 有的学者甚至否认上级行政机关制定的行政规则对下级行政机关的拘束力,认为裁量基准是一种行政内部规定,本身并不具备法律效力,故违反上级行政机关设定的裁量基准并不必然导致行政违法。[2]

这种理论上的争论并不完全符合行政实践的真实状况。实践中,行政规则并非仅仅是一个抽象空洞的概念,也不仅仅如前文所述包括创设性、执行性、解释性规则,而是具体化为组织规则、程序规则、解释规则、裁量规则等不同样态,绝大多数在事实上都会对外发生效力。以《110 接处警工作规则》为例,该规则对民警受理报警、求助、投诉的具体程序作出了明确规定,一些基层公安部门还对出警时间作出了硬性约束。[3] 这些规则在形式上都是行政机关的内部规定,但从功能意义上看,则会对行政相对人的合法权益乃至生命财产安全产生实质性影响。比如,对在危险场所吸烟的行为,《消防法》明确拘留仅适用于情节严重时。[4] 但公安部为确保国庆安全曾在内部提出了"六个一律"的要求,扩大了行政拘留的适用范围,后来发生了许多烟民被拘留的事件。[5] 从上述两个案例不难看出,行政内部规则不仅对行政机关及其工作人员具有拘束作用,而且产生了明显的外部性,直接影响了行政相对人的合法权益。

从域外经验看,德国、日本、美国等行政法学界早已经关注行政规则外部性的问题。德国行政法学界已经认可了行政规则外部性的法律意义,只是在外部效果的根据和种类上还存在分歧。行政规则外部效果的根据是行政惯例和平等原则。行政机关在具体案件中无正当理由偏离稳定的、为行

[1] 黄学贤主编:《中国行政法学专题研究述评(2000—2010)》,苏州大学出版社 2010 年版,第 170 页。

[2] 王天华:《裁量标准基本理论问题刍议》,载《浙江学刊》2006 年第 6 期。

[3] 公安部《110 接处警工作规则》。

[4] 《消防法》第 63 条。

[5] 颜宇东:《湖南 30 多人在加油站等危险场所吸烟被拘留》,载搜狐网,http://news.sohu.com/20090901/n266355207.shtml;朱亮:《重庆男子在商场吸烟被拘 5 天 消防总队回应》,载搜狐网,http://news.sohu.com/20090831/n266328080.shtml。

政规则确立的行政惯例,构成违反平等原则。如果行政规则调整的是给付的发放(助学金、补贴等),申请人还可以提出相应的分配请求权和给付请求权。[1] 在日本行政法学界,行政规则的外部性问题已被学者所认同,并注重从类型化的角度予以深入研究。比如盐野宏教授就将行政规则划分为关于组织的、部分性秩序的规则、行政机关的行动基准(包括解释基准和裁量基准)、给付规则和指导纲要等,并认为它们都存在外部性。[2] 平冈久教授以行政裁量基准为例,详细考察了行政规则的司法审查问题,并由此扩展到了行政"内部法"的拘束性。[3] 略有区别的是,美国的行政规则涵盖了所有行政规范性文件,认为行政规则是指全部或者部分的行政机关说明,这些说明是关于一般或特殊情形的应用;或者是影响将来的执行、解释、预设法律或政策;或者是描述组织和程序;或者是一个行政的实践要求,包括关于批准、预设的预期税率、工资、合同、资本结构;或者是物价、公用设备、设施、服务、津贴,以及因此而产生的价值、成本、预算,或者是前面提到的任何一样事物的践行。这基本上代表着从功能主义视角对行政规则本质属性的揭示,代表了行政规则认知的发展趋势,应当引起我国行政法学界的关注。

行政规则作为法的自然延伸,是连接行政法规范与行政执法活动的桥梁,凡是与法律、法规和规章不相抵触的行政规范性文件,均具有法的实质意义,应当是法渊源的重要组成部分。如涉及行政裁量规则、不确定法律概念的解释等行政规则时,会产生所谓"外部性",或者说"内部效力外部化"。在这种情况下,不少学者主张该政府工作规则已经成为行政法的法源,应当消除行政规则法源地位认识上的模糊性,[4] 并对其进行司法审查。这一点也得到了我国实定法的支持。比如《行政复议法》第 26 条规定:"申请人在

---

〔1〕 [德]哈特穆特·毛雷尔:《行政法学总论》,高家伟译,法律出版社 2000 年版,第 599~600 页。
〔2〕 [日]盐野宏:《行政法总论》,杨建顺译,北京大学出版社 2008 年版,第 64~70 页。
〔3〕 [日]平冈久:《行政立法与行政基准》,宇芳译,中国政法大学出版社 2014 年版,第 229~270、330~386 页。
〔4〕 郑雅方:《行政裁量基准研究》,中国政法大学出版社 2013 年版,第 64~67 页。

申请行政复议时,一并提出对本法第七条所列有关规定的审查申请的,行政复议机关对该规定有权处理的,应当在三十日内依法处理;无权处理的,应当在七日内按照法定程序转送有权处理的行政机关依法处理,有权处理的行政机关应当在六十日内依法处理。处理期间,中止对具体行政行为的审查。”这实际上就规定了复议机关对行政规范性文件予以附带性审查,是在行政复议程序中附带审查行政规范性文件合法性的一种行政内部监督制度。过去《行政诉讼法》虽然没有对行政规范性文件表明态度,但以“举重明轻”的法解释方法,在“参照规章”之下,法律在个案中当然有审查行政规定合法性的权力。而在实务中,最高人民法院有关司法解释也已经明确,审理行政案件可以“引用”合法有效的规章及其他规范性文件。比如,《最高人民法院关于执行〈中华人民共和国行政诉讼法〉若干问题的解释》第 62 条第 2 款规定:“人民法院审理行政案件,可以在裁判文书中引用合法有效的规章及其他规范性文件。”如果说,《行政复议法》还只是明确了行政机关的附带审查权,而最高人民法院的司法解释则明确了法院对于行政规则的合法性审查权。《行政诉讼法》在这方面取得了较大突破,第 53 条第 1 款规定:“公民、法人或者其他组织认为行政行为所依据的国务院部门和地方人民政府及其部门制定的规范性文件不合法,在对行政行为提起诉讼时,可以一并请求对该规范性文件进行审查。”第 2 款规定:“前款规定的规范性文件不含规章。”这进一步明确了法院对于行政规则的附带审查权,可以说,从实定法的角度认可了行政规则的外部性,并为行政规则的合法性审查扫清了实定法上的障碍。

(二)司法审查的处理

基于行政规则的外部性,我国《行政诉讼法》及其司法解释虽然明确了法院的附带审查权,规定了被告提出审查请求以及法院认定行政规则不合法的处理程序,比如《最高人民法院关于适用〈中华人民共和国行政诉讼法〉若干问题的解释》第 20 条规定:“公民、法人或者其他组织请求人民法院一并审查行政诉讼法第五十三条规定的规范性文件,应当在第一审开庭审理前提出;有正当理由的,也可以在法庭调查中提出。”第21条规定:“规范性文件不合法的,人民法院不作为认定行政行为合法的依据,并在裁判理由中予以阐明。作出生效裁判的人民法院应当向规范性文件的制定机关提出处理建议,并可以抄送制定机关的同级人民政府或者上一级行政机关。”但对其审查的标准和处理的方式还需要在实践中予以充实完善。有学者分析了我国现行行政法规司法审查在对公民权利保障不足、缺乏授权标准、仅为司法适用取舍标准、规范化程度不够等方面的不足,提出了在不一致标准中借鉴比例原则、在抵触标准中借鉴三层密度标准的重构方案。[1] 鉴于行政规则的具体性以及对行政相对人权益影响的直接性,行政规则的司法审查尤须注意以下3点:

首先,关于行政规则的合法性。如在周文明诉文山交警不按“红头文件”行政处罚案中,就有《道路交通安全法》第90条和《云南省道路交通安全违法行为罚款处罚标准暂行规定》第9条第31款这两个可以适用的规范依据,前者明确了处以警告或者20元以上200元以下罚款的处罚标准,后者则以超速是否超过50%划定了100元以上和以下两个裁量标准。周文明超速不超过50%,却被文山交警处以最高限200元的罚款,对此不服,遂向法院提起诉讼。一审法院认可了云南省公安厅制定的规范性文件具有法律约束力,二审法院则以《道路交通安全法》为依据撤销了一审判决。[2] 上述案件比较鲜明地体现了我国法院系统在对行政规则的认识上还存在一定分歧,但从二审法院的判决来看,虽然按照下位法服从上位法的原则,二审法院直接适用了相关法律,看似回避了对云南省公安厅这一行政规则的争议,但其最终结果仍然是尊重了交警部门的行政裁量权,其潜台词仍然是认可了行

---

〔1〕 姜明安主编:《法规审查与法规评价研究》,北京大学出版社2014年版,第181~199页。

〔2〕 有关该案的具体情况,参见陈娟:《云南省公安厅红头文件引争议》,载《人民日报》2008年4月2日,第15版。

政规则的合法性。

其次,关于行政规则的有效性。我国《行政诉讼法》确立了法院对于行政行为进行合法性审查的原则,但也通过诸如"行政处罚显失公正"等方式保留了进行合理性审查的可能性。而《最高人民法院关于执行〈中华人民共和国行政诉讼法〉若干问题的解释》第62条的司法解释,恰恰说明了合法的行政规则可以成为法院判断行政行为合理性的有效参照。比如在华中轴承厂不服无锡市滨湖区劳动局社会保障行政确认案中,法院认为,根据《江苏省城镇企业职工工伤保险规定》第8条第5项的规定,职工由于蓄意违章、违法,造成负伤、致残、死亡的,不应认定为工伤。原劳动和社会保障部《关于解释〈企业职工工伤保险试行办法〉中"蓄意违章"的复函》,对"蓄意违章"这一概念的具体内涵进行了解释,认为针对的是具有主观恶性和特定目的的行为,而不能扩大到一般的违章行为。蒋勇林主观上不追求伤害的发生,而是有侥幸心理。蒋勇林负伤事故的发生虽与其未按操作规范切割管料弯头有一定关系,但蒋勇林的违规操作行为,只能构成一般违章行为,其目的仍是为完成其日常所从事的管料切割工作,事故的性质是职工从事本单位日常生产、工作时造成的伤害,符合认定工伤的条件;且蒋勇林被聘后未经岗前培训即被安排为管料切割操作工。故蒋勇林擅自切割管料弯头的行为,不属于"蓄意违章"等不能认定工伤的情形。本案中,原劳动和社会保障部复函是针对黑龙江省政府有关请求所作出的内部性答复,[1]但在本案中,它直接关系到蒋勇林是否应当认定为工伤的问题,且该答复能有效保护行政相对人的合法权益,法院将它当作了裁判的参考之一。

最后,关于行政规则的平等性。个案正义是行政裁量存在的重要制度价值,个案平等是行政规则发挥作用的重要目标。根据行政自我规制的原则,行政主体要同案同处理,这也是行政惯例的实质内涵。法院对于行政规

---

〔1〕《关于请求解释〈企业职工工伤保险试行办法〉有关规定的函》,黑政函〔2001〕44号。

则的合法性审查,很重要的内容便是行政规则的平等性,能否对于同类情况同类处理,保证个案的平等。比如在陈才明不服綦江县社会保险局具体行政行为案中,法院认为我国目前尚无规范“被征地农转非人员”参加养老保险的法律法规,渝府发〔2008〕26号和渝劳社发〔2008〕16号文件是重庆市人民政府及其相关职能部门根据国务院和劳动保障部门相关文件的规定,结合本地实际情况制定的地方性养老保险政策,内容符合有关法律法规和上级行政规定,有利于保护被征地农民的合法权益,且在实践中切实得到了贯彻执行,其法效果和实施效果应当得到尊重,故将其作为本案适用的参考依据。[1]

根据审查,法院如认定行政规则合法有效,则可以在裁判文书中予以引用。如认定行政规则不合法,则需要在裁判文书中说明理由,对此行政规则则需要向制定机关提出处理建议,也可以向同级人民政府或上一级行政机关抄送。

二、行政权限冲突的司法解决

(一)行政权限冲突司法解决的必要性

“行政机关相互之间的权限争议是行政内部的纷争,本来是应该在行政内部来解决的问题,不属于‘法律上的争讼’,但是也存在法律特别要求公正的法院判决,要求采取诉讼程序来解决的情形。”[2]

首先,从行政权限争议的性质来看。第一,行政权限争议的本质是法规范冲突,职权法定是行政组织法的基本原则,因此,行政机关权限争议的实质是行政机关之间职责权限的法规范冲突,其焦点是行政机关对某一事项有无法定职权。解决权限争议,实际上就是根据法律和事实判断行政权限的归属问题,是一种带有司法性质的裁决活动。第二,行政权限争议的最大

〔1〕 重庆綦江县人民法院《行政判决书》,[2011]綦江行初字第22号。
〔2〕 杨建顺:《日本行政法通论》,中国法制出版社1998年版,第725页。

受害者是行政相对人,行政权限争议所带来的必然是管理上的无序或者行政效率的低下,最终损害的是公共利益或者公民、法人、其他组织的合法权益,而相对于其他争议解决方式,司法权由于其相对超脱的地位,最有利于保护行政相对人的合法权益。第三,从权力属性上来讲,司法机关作为专门负责矛盾纠纷化解的最后一道防线,其裁决具有终局性,对行政权限争议也应当具有最终的发言权。

其次,从立法和行政解决的局限性来看。我国对于行政权限争议的解决主要走的是立法和行政途径,而且基本上是由国家权力机关和上级国家行政机关处理,这种制度设计虽然较为符合我国的国体和政体,但其缺陷也是明显的。第一,最高国家权力机关和最高国家行政机关本身是中央国家机关,其对中央与地方行政权限争议的处理相当于"做自己案件的法官",很难让人相信,其所作裁决不会牺牲或放弃地方利益,其公正性并不能得到充分保证。而且即使事实上保证了结果的实体正义,也难以体现过程中的程序正义。第二,处理行政权限争议是一项高度专业化和技术性的工作,立法机关和行政机关并非专门的争议处理机关,而且其处理过程缺乏公开、具体的程序。第三,实践中由最高国家权力机关和最高国家行政机关处理的权限争议,主要是针对法规和规章与上位法之间在立法方面的冲突,而实际的权限争议范围远不止这些,还大量涉及事务管理权、税收征管权等。

最后,从国际经验的比较借鉴来看。很多国家和地区或多或少地引入了司法程序来处理行政权限冲突,并总体上区分为两类:一是通过宪法法院裁决,比如德国、意大利、西班牙、波兰、韩国等。德国《基本法》第 93 条规定,联邦宪法法院有权审判关于联邦与各邦间、邦与邦间或一邦内之其他公法上争议,而无其他法律途径可循之案件。波兰《宪法》第 189 条规定,宪法裁判所应当解决中央国家机关的权限争议。此外,《意大利共和国宪法》第 134 条规定,宪法法院有权裁决国家机构之间、国家与地方之间以及地方与地方之间的权力划分的有关争议。西班牙《宪法》第 161 条规定,西班牙国家与自治区或自治区之间的职权纠纷可由宪法法院解决。《韩国宪法裁判所法》明确,宪法裁判所有权审理 3 种类型的权限争议,分别为国家机关之间、国家机关与地方自治团体之间以及地方自治团体相互之间发生的权限争议。二是通过普通司法诉讼裁决,比如英国、美国、葡萄牙和日本等。英美法系国家不存在公私法的划分,一般通过普通法院来解决不同国家机关之间的权限争议,通过发布强行令(a Writ of Mandamus)、禁止令(a Writ of Prohibition)或调卷令(a Writ of Certiorari),解释行政机关的权限或者阻止行政机关超越其权限。[1] 法国、德国、葡萄牙等设有行政法院,一般通过行政法院解决行政机关之间大部分的权限冲突。比如,《葡萄牙行政程序法》第 42 条规定,行政机关之间的职权冲突,通过向行政法院提起行政诉讼解决。日本《行政案件诉讼法》第 6 条规定了机关诉讼,以解决行政主体之间权限纷争。但总的来讲,司法权对于介入行政系统内部的权力运行是持非常审慎态度的,往往需要法律的明确规定。

(二)行政权限争议司法解决的可能性

目前,我国行政权限争议,主要由全国人大常委会和国务院解决,行政解决的方式主要包括裁决和解释。如部门规章与地方政府规章之间对同一事项的规定不一致时,由国务院裁决;如国务院及其法制工作机构或者规范性文件制定机关通过对行政法规、规章、规范性文件具体问题研究答复,处理涉及行政机关权限争议的问题。如同行政权限争议的类型是多样的,解决行政权限争议的方式也应当是多元的,司法作为可能途径之一,最大的优势是其中立性。为此,我国学者提出了各种不同的方案,主要包括以下几种:

一是违宪审查方式。从保证宪法实施的角度,有学者建议,在涉及行政机关权限争议,特别是中央与地方事权纠纷问题上,可以在全国人大及其常

---

[1] [英]W. Ivor · 詹宁斯:《法与宪法》,龚祥瑞、侯健译,生活 · 读书 · 新知三联书店 1997 年版,第 151 页。

委会内设立专门的“违宪审查委员会”或者“宪法委员会”等专门的宪法监督机构。这样既符合我国的根本政治制度，又能避免大规模修宪，而且还体现了中共十八届四中全会的要求。当然，与之相配套，全国人大及其常委会也要进行一些必要的改革，以更好地肩负起宪法监督、解决行政权限争议的重任。[1] 目前，全国人大常委会已经在这方面进行了有效尝试。

二是设立宪法法院。“事实上，能够审理这类案件的司法机关并非一般的司法机关，在美国最终由联邦最高法院，在德国由联邦和各州宪法法院解决，这些机构可以被视为宪政框架内的一种特殊制度设计，是中立者，它们只服从宪法的精神和原则。”[2] 设立宪法法院，能够兼顾行政权限争议的政治性审查和司法性审查，保证了宪法监督的专门性，但其问题在于宪法法院的宪法地位问题，其与全国人大及其常委会以及最高人民法院的关系如何确定，存在较大争议。

三是行政诉讼方式。通过普通司法机关，特别是最高人民法院，解决行政权限争议。普通司法机关解决争议的优点在于能够保证下级或者地方行政机关的合理权限不容易受到侵犯，避免中央立法机关或者中央政府的偏私，维护立法、行政、司法之间的分工与制约。特别是最高人民法院是我国最高司法机关，在我国的国家权力结构中，是最高权力机关和最高行政机关之外的第三方机构，拥有法律监督权，由其行使裁决权，不但能够保证客观性和公正性，而且具有专业性和权威性。

当然，从我国目前司法改革的进程来看，比较可行的方式就是建立起一种专门宪法监督与普通司法审查相结合的制度。通过专门宪法监督，解决重大涉宪的行政争议由最高国家权力机关来决定；通过普通的司法审查，解

---

〔1〕 胡锦光：《中国宪法的司法适用性探讨》，载《中国人民大学学报》1997 年第 5 期；苗连营：《关于设立宪法监督专责机构的设想》，载《法商研究》1998 年第 4 期；王振民：《中国违宪审查制度》，中国政法大学出版社 2004 年版；林来梵主编：《宪法审查的原理与技术》，法律出版社 2009 年版。

〔2〕 郭殊：《中央与地方关系的司法调控研究》，北京师范大学出版社 2010 年版，第 41 页。

决日常行政争议,特别是行政相对人对于行政权限争议的救济渠道。2014年11月《行政诉讼法》修改,明确将解决行政争议列为行政诉讼的重要目的,将行政机关滥用行政权力排除或者限制竞争、不履行法定职责等行政权限争议情形纳入行政诉讼受案范围,将规范性文件附带审查权授予法院。可以说,无论是从政治改革的角度、法理分析的视角,还是从现行的实体法律规范来讲,由法院审理行政权限争议的突破口已经打开。

第八章　结论及展望

第一节　政府工作规则法治化研究的探路石

作为一部带有一定探索色彩的著作，虽然还有许多内容尚未思考清楚，也还有很多重要方面没有含纳进来，但随着研究的逐步深入，越来越深刻地感受到，政府工作规则是值得继续深入探究的重要研究领域，远非一部著作所能阐释完备。受时间、篇幅和能力所限，不得不在此告一段落，但希望本书能够抛砖引玉，吸引更多的行政法学者关注和研究行政内部行为，共同构建完善的政府工作规则体系，确保行政行为的合法性和效能性，以期最终实现良法善治的目标。

本书创作之初便秉持着强烈的问题导向。在长期的学习和实践中，笔者切身感受到政府内部行为的规范性直接决定了各种行政行为的合法性与合理性，因为各种具体的政府工作规则是行政机关作出特定行政行为的直接依据，然而作为政府自身制定和实施的工作规则本身的合法性和效能性为何却缺乏有效的规制？以《国务院工作规则》为例：从程序来看，其制定、通过和实施均由国务院自己掌握，甚至无须法制机构的参与；从内容来看，其篇幅虽然不长，但规定了国务院的目标、组成、职能、决策程序、执行纪律、工作要求、会议制度、监督规则等方方面面，架构了政府工作的基本结构与过程，在相当程度上细化、扩充、丰满了法律规定的内容；从作用来看，其规定了政府内部行为的方向、方式和方法，规范了政府工作的内部程序，成为政府日常工作的基本遵循。

从行政法学当前的研究进程来看，受限于我国以行政行为为核心的学术架构体系，在行政管理关系、行政监督关系、行政救济关系和行政内部关系四大领域中，行政内部关系的关注和研究相对薄弱，这在客观上加剧了立法权力偏弱、司法权力偏软、行政权力独大的局面。然而事实证明，恰恰是这“必要的便宜空间”成为行政法学永远的“梦魇”，于是设计了种种立法和司法的手段希望能够从外部控制它，无论是控权论、管理论还是平衡论，都可以在这一点上达到基本的共识。应当承认的是，这种研究思路自有其科学性，也取得了很大成效，适应了我国行政法治发展的特定阶段。然而，随着公共行政的不断发展，特别是法治政府进程的不断加快，这种研究思路越来越难以指导和满足法治政府建设的需要，行政法治的实现亟须从行政内部寻找新的突破口。

首先，关于法治与政府的深度结合问题。行政行为外部控制的研究路径遇到了“瓶颈”，行政行为内部控制与外部控制的界限不再如过去一般泾渭分明，抽象行政行为与具体行政行为的界分也逐渐失去了实定法上的依据。在这种背景下，法治政府作为一个具有中国特色的学术概念，其具体的内涵与外延如何界定，其区别于非法治政府的标准在哪儿，法律的触角能否深入政府内部行为，这种深入的尺度和程度如何把握，而政府又该如何积极适应这种情形的变化，进一步构建政府内部行为的规则体系，这些均属立论的基本范畴。然而，综观国内关于法治政府的众多研究，基本上仍将之作为依法行政的一种通俗化表述，除了行政程序之外，尚未找到更为恰当的切入点。而本书所论述的政府工作规则便成为除行政程序之外，另一个重要的切入路径。

其次，关于法律与政府内部行为的勾连问题。法治的本质是规则之治，法律作为规则的一种具体形式渊源，长期以来承担着规则之治的重任。中国特色社会主义法律体系已经形成，包括公务员法、行政立法、行政许可、行政处罚、行政强制、行政诉讼、国家监察、行政赔偿、政务处分等众多行政领域的主干性立法也已基本健全，为何仍然无法有效遏制行政领域的缺位、越位、不为、乱为等问题？我们只能向规则找原因。规则本身是一个具有层级性的逻辑自洽体系，立法机关制定的、司法机关把守的法律只是为行政机关提供了一个基本的行为框架，不可能也没有必要面面俱到、细化入微，大多需要行政机关在具体的执行中予以细化、明确、阐释、补充乃至完善，这就必然涉及法律规定与行政行为的转化问题。这种转化是零散的、任意的，还是系统的、规范的，既影响着法律的实施效果，也制约着政府的工作质量。因此，用行政过程论的视角看，以行政法规、规章和行政规则为形式渊源的政府工作规则，便成为连接法律与行政行为的桥梁。

再次，关于行政自我规制的内容与形式问题。“规则制定是政府部门履行的最重要的职能。”[1]然而，政府既要为社会公众制定规则，也要为自身制定规则。任何稍有行政经验的人均可认识到，行政内部关系的科学化、规范化、法治化程度，对行政行为的合法性和效能性具有决定性的影响，而规范各种行政关系的落脚点在于规范政府自身的行为，无论是立法，还是司法，其最终的目的都是通过各种外部控制手段实现政府——这一“利维坦”(Leviathan)自身的合法、高效、规范运行。[2] 行政自我规制理论为政府内部

〔1〕［美］科尼利厄斯·M.克温：《规则制定——政府部门如何制定法规与政策》，刘璟、张辉、丁洁译，复旦大学出版社2007年版，前言第1页。

〔2〕“利维坦”(Leviathan)原系西方神话中半人半神的怪兽，英国资产阶级革命时期的政治思想家托马斯·霍布斯将其著作命名为《利维坦》(*Leviathan*)，即是将政府比喻为具有两面性、半人半神的怪兽，在保护人的同时又在吃人，人类的理想便是为政府这个“怪兽”设计好各种制度，以期能够控制它，发挥其好的一面为人类服务，而克制其恶性的一面。参见［英］霍布斯：《利维坦》，黎思复、黎廷弼译，商务印书馆1985年版。

行为的规范化提供了基本的指导,但具体的内容与形式仍然需要在实践中不断探索。从行政过程出发,政府工作无外乎组织政府机构、进行行政决策、执行行政决定、监督行政行为,这4个方面也构成了政府工作规则的主要内容。法治政府背景下,行政机关的职能与机构如何具体界定,行政决策的目标与保障手段如何设计,行政执行中的裁量尺度如何把握,行政权力的内部制约与监督怎样实现,本书尝试以行政合法性和效能性为主线,为政府这些主要的工作提供一种体系性的规则架构。

最后,政府工作规则的合法性与合理性问题。写作的过程中,笔者始终恪守规范分析的基本研究路径,但也借鉴和吸收了一些实证案例,最终的价值目标是推进法治政府建设。作为行政自我规制的一种具体形式,政府工作规则由政府自身制定并实施,无论是从理论上还是实践中,都必须通过立法、司法等外部以及政府内部两个层面加强规制,以确保政府工作的合法性和合理性。法的层级性与行政的层级性决定了:层级越多,控制力越弱;政府的最终行为与法律原意可能相去甚远。如何最大限度地避免这种情况的发生?如果说行政组织、行政程序乃至中央与地方关系的立法从源头上确保了行政行为的合法性,司法机关对政府工作规则、行政权限争议的审查补救了违法行政行为的损害,但是谁来保证中间阶段行政过程的合法与合理。这自然就涉及对政府工作规则的备案审查、政府工作的评价以及政务过程的公开。现实是政府工作的具体规则才是行政行为的直接依据,且有可能架空高高在上的法律。而在广义的依法行政原理中,政府工作规则合法性与合理性却可以纳入行政合法的概念中。

笔者在本书行文的过程中无不贯穿着上述4个主要的问题,并尝试用自己的思考来回答和解决这些问题。因此,在对法治政府工作规则的基本理论进行大胆探讨的基础上,重点从行政过程类型化的视角,将政府工作规则划分成了组织工作、决策工作、执行工作和监督工作4种类型,重点研究了不同类型政府工作规则内容的架构,并最终研究了对不同政府工作规则本身予以合法性规制的方法。整体结构呈现出总—分—总的特点。当然,由于时间和能力有限,在写作过程中还存在许多不足或者缺憾。比如,在国外文献的引用借鉴方面,过于依赖网络和译著,文献的时效性、准确性和妥当性还值得推敲;在一些类型化分析中,没有涉及行政主体的多元化、行政决策责任追究规则、行政给付中的裁量规则、公务员法治素养培养等内容,在政务公开、会议制度、公文审批等具体规则的架构方面也比较粗疏;在内容结构的布局方面,中央与地方行政关系的立法似乎也可以放到组织工作规则方面来论述;等等。本书的写作,得到了许多老师和同行的指导甚至批判,这个选题本身所具有的争议性也反证了本书的写作价值,也坚定了笔者进一步加强研究的决心和信心。

第二节　政府工作规则法治化研究的展望

诚如前文所指出的,本书仅是法治政府工作规则研究的探路石,期待能够引发学界对这个问题更多的关注和思考。这是一块亟待深入发掘的行政法学重要研究领域,在可期的未来至少有以下几个方面值得进一步探讨:

一是关于法治政府基本理论的研究。法治政府是中国特色的法律用语,也是行政实务中应用比较广泛的词汇,已经上升到了党和国家层面。但是关于法治政府的基本理论研究仍然滞后,相关的研究分散而且凌乱,缺乏系统的整理和有效的统合。无论是法治政府的概念内涵,还是法治政府的特点规律,乃至法治政府的建设路径,尚未达成权威一致的观点。特别是当前公共行政和社会治理实践快速发展,我国关于法治政府基本理论不但难以有效指导法治政府建设,避免法治政府建设中的种种误区和错讹,甚至无法充分解释和回答政府自身建设提出的紧迫课题。法治政府能否成为我国突破宪法实施的种种“瓶颈”的着力点,值得大胆地探讨。

二是从功能主义视角对政府工作规则予以类型化分析。类型化分析作为行政法学研究的一种重要方法,对于进一步加深对政府工作规则的认识和理解,更好地发挥政府工作规则在规范政府行为、实现依法行政方面的重要作用,均具有十分重要的意义。本书从行政过程论的视角出发,将政府工作规则划分为组织工作、决策工作、执行工作和监督工作,主要是出于政府工作规则体系架构的需要,也便于理解和把握政府工作规则这一较新的研究对象。而一些中外学者在对行政规则的研究中,也采取了功能主义的分类方法,将之划分为诸如解释性、执行性、裁量性、程序性等诸多不同的类型。[1] 每一种分类方法都有其独特的价值,但也不可避免地存在这样或者那样的不足,这与学者的学术旨趣和研究特长有很大关系。但对于政府工作规则这类相对较新的研究领域,更需要一种多视角、综合性的分析,这样更有利于我们立体地看待行政法现象,从而作出更为客观和更有价值的分析与判断。

三是对政府工作规则重要内容的专门性分析。本书关于政府工作规则的研究还是初步的,可以说类似于政府工作规则研究的总论部分。无论是组织工作、决策工作,还是执行工作、监督工作,单其任何一部分都有充分的内容值得予以专门性研究。特别是我国正处于全面依法治国、加快建设法治政府的特殊阶段,新时代中国特色社会主义法治理论日益完善,各方面政府工作的规则都在探索、架构、发展和完善之中,公共行政的发展日新月异,行政实践提出的课题应接不暇。以行政决策工作规则为例,中共十八届四中全会通过的《中共中央关于全面推进依法治国若干重大问题的决定》就明确提出了公众参与、专家论证、风险评估、合法性审查、集体讨论决定等法定程序,政府法律顾问、决策责任追究等制度机制,如何总结和评判实践中多种多样的行政决策机制,如何从行政法的角度架构和控制这些程序与机制,还有哪些制度和机制需要引入行政决策过程,这些都需要行政法学界作出

---

〔1〕 翁岳生编:《行政法》,中国法制出版社 2009 年版,第 135～139 页;[日]盐野宏:《行政法总论》,杨建顺译,北京大学出版社 2008 年版,第 64 页。

深入的思考和解答。在行政执法工作规则方面,本书论述侧重于行政执法的内部控制,对于执法者与行政相对人接触中的工作规则问题没有过多涉及,综合执法的可行性和可能性如何评判,行政执法决定法制审核制度如何落实,行政执法责任制如何具体构建,这些都属于政府工作规则的研究范畴。此外,还有行政会议制度、行政公文审批等,凡此种种,不一而足,政府工作规则的研究宽泛而具体,需要进行更为深入和专门的研究。

四是关于国外政府工作规则的研究与借鉴。就行政法的比较研究而言,过去适应我国法治建设的需要,学界相对聚焦于法律层面的研究与借鉴。对于法律以下规范性文件,特别是政府内部行政规则的研究则相对欠缺。当中国法治进程发展到现在的阶段,在加快建设法治政府的特定现实面前,政府工作规则比较研究的重要性凸显出来。本书虽然对此也进行了一些粗陋的介绍,但总体上欠缺系统性和深入性,仍然需要从不同国别、不同法系、不同发展阶段予以深入系统的研究。

五是关于政府工作规则的跨学科研究。政府工作规则长期以来属于行政学、管理学等学科的研究领地,这些学科在政府工作规则的研究上均取得了很多成果,比如,行政体制改革、新公共管理理论、政府绩效管理制度、领导科学等。这些研究成果和方法,有的可以直接纳入行政法的研究领域,有的则可以为行政法的研究提供更加开阔的视角和素材。比如,行政评价制度,以及政府绩效管理的许多理论依据、指标体系、评价方法乃至结果运用,在很大程度上可以直接予以引用,并可以提供更为丰富的实证材料。比如,政府工作流程的再造,则是直接借鉴企业管理中流程再造的做法,采纳了新公共管理运动的理论成果。

展望未来,关于政府工作规则的研究尚有许多未开发但值得开发的领域,上述5 个方面仅仅是目前可以看得见的方向。随着对这方面内容研究的逐步加深,肯定还有更多无法预料的惊喜,希望行政法学界各位同人携手同行。

主要参考文献

一、中文著作类

[1]武步云:《法治意识与法治政府:兼论马克思主义法律观》,法律出版社2018年版。

[2]本书编写组编:《〈中共中央关于深化党和国家机构改革的决定〉〈深化党和国家机构改革方案〉辅导读本》,人民出版社2018年版。

[3]俞祺:《刑政规则的司法审查强度——基于法律效力的区分》,法律出版社2018年版。

[4]郭清梅:《中国行政规定规制研究》,北京大学出版社2017年版。

[5]黄进、蒋立山主编:《中国特色社会主义法治体系研究》,中国政法大学出版社2017年版。

[6]中国政法大学法治政府研究院编:《法治政府蓝皮书:中国法治政府评估报告(2016)》,社会科学文献出版社2016年版。

[7]宋大涵主编:《建设法治政府总蓝图:深度解读〈法治政府建设实施纲要(2015—2020年)〉》,中国法制出版社2016

年版。

[8]中国社会科学院法学研究所国家法治指数研究中心、中国社会科学院法学研究所法治指数创新工程项目组:《政府信息公开工作年度报告发布情况评估报告(2016)》,中国社会科学出版社2016年版。

[9]徐阳光:《政府间财政关系法治化研究》,法律出版社2016年版。

[10]窦衍瑞、王建文:《行政法治与政府绩效评估法治化研究》,中国政法大学出版社2016年版。

[11]应松年主编:《法治政府》,社会科学文献出版社2016年版。

[12]中国政法大学法治政府研究院编:《法治政府蓝皮书:中国法治政府评估报告(2015)》,社会科学文献出版社2015年版。

[13]许玉镇:《公众参与政府治理的法治保障》,社会科学文献出版社2015年版。

[14]张成福、吴鹏主编:《法治政府新理念》,国家行政学院出版社2015年版。

[15]姜明安主编:《法规审查与法规评价研究》,北京大学出版社2014年版。

[16]马怀德主编:《全面推进依法行政的法律问题研究》,中国法制出版社2014年版。

[17]余凌云:《行政法讲义》(第2版),清华大学出版社2014年版。

[18]章剑生:《现代行政法总论》,法律出版社2014年版。

[19]张步峰:《正当行政程序研究》,清华大学出版社2014年版。

[20]周实:《行政评价法制度研究》,东北大学出版社2014年版。

[21]周实、齐宁:《行政决策的法制化研究》,东北大学出版社2014年版。

[22]郑方辉、冯健鹏编著:《法治政府绩效评价》,新华出版社2014年版。

[23]姜明安:《法治思维与新行政法》,北京大学出版社 2013 年版。

[24]周汉华主编:《行政法学的新发展》,中国社会科学出版社 2013 年版。

[25]余凌云:《行政自由裁量论》(第 3 版),中国人民公安大学出版社 2013 年版。

[26]申来津:《法治政府的构建:理论与运作》,湖北人民出版社 2013 年版。

[27]王宝明:《法治政府:中国民主政治发展的战略选择》,国家行政学院出版社 2013 年版。

[28]江凌编著:《依法行政与行政问责》,中国人事出版社 2013 年版。

[29]薛波主编:《元照英美法词典》(缩印版),北京大学出版社 2013 年版。

[30]郑雅方:《行政裁量基准研究》,中国政法大学出版社 2013 年版。

[31]孙波:《中央与地方关系法治化研究》,山东人民出版社 2013 年版。

[32]张万宽:《政府流程再造:理论框架与典型模式》,清华大学出版社 2013 年版。

[33]翟秀红:《第三部门及其法律问题研究》,中国政法大学出版社 2013 年版。

[34]徐行编著:《新中国行政体制的初创——周恩来与中央政府筹建管理述论》,当代中国出版社 2013 年版。

[35]薛刚凌主编:《中央与地方争议的法律解决机制研究》,中国法制出版社 2013 年版。

[36]柳正权:《中国古代行政程序》,人民出版社 2012 年版。

[37]江利红:《行政过程论研究:行政法学理论的变革与重构》,中国政法大学出版社 2012 年版。

[38]杨建顺主编:《行政法总论》,中国人民大学出版社 2012 年版。

[39]石佑启、黄新波:《我国大部制改革中的行政法问题研究》,知识产权出版社2012年版。

[40]张庆龙:《政府部门内部控制:框架设计与有效运行》,化学工业出版社2012年版。

[41]王德:《机关事务管理思考与前瞻》,中国人事出版社2012年版。

[42]张迎涛:《中央政府部门组织法研究》,中国法制出版社2011年版。

[43]赵国俊编著:《公文写作与处理》,中国人民大学出版社2011年版。

[44]赵耀:《政府法律顾问实务》,法律出版社2011年版。

[45]王珂瑾:《行政诉讼类型化研究》,山东大学出版社2011年版。

[46]粟燕杰:《行政决策法治化探究》,中国法制出版社2011年版。

[47]曹鎏:《行政官员问责的法治化研究》,中国法制出版社2011年版。

[48]刘福元:《行政自制:探索政府自我控制的理论与实践》,法律出版社2011年版。

[49]姜明安、余凌云主编:《行政法》,科学出版社2010年版。

[50]马怀德主编:《法制现代化与法治政府》,知识产权出版社2010年版。

[51]吕维霞:《政府行政服务评价》,清华大学出版社2010年版。

[52]郭殊:《中央与地方关系的司法调控研究》,北京师范大学出版社2010年版。

[53]金国坤:《行政权限冲突解决机制研究:部门协调的法制化路径探寻》,北京大学出版社2010年版。

[54]黄学贤主编:《中国行政法学专题研究述评(2000—2010)》,苏州大学出版社2010年版。

[55]贺庆华主编:《审计职权"四分离"模式》,中国时代出版社2010年版。

[56]应松年主编:《行政程序法》,法律出版社2009年版。

[57]石佑启、杨治坤、黄新波:《论行政体制改革与行政法治》,北京大学出版社2009年版。

[58]翁岳生编:《行政法》,中国法制出版社2009年版。

[59]陈国权等:《责任政府:从权力本位到责任本位》,浙江大学出版社2009年版。

[60]林来梵主编:《宪法审查的原理与技术》,法律出版社2009年版。

[61]李军鹏:《责任政府与政府问责制》,人民出版社2009年版。

[62]周佑勇:《行政裁量治理研究:一种功能主义的立场》,法律出版社2008年版。

[63]石亚军主编:《中国行政管理体制专项问卷调查数据统计》,中国政法大学出版社2008年版。

[64]宋功德:《建设法治政府的理论基础与制度安排》,国家行政学院出版社2008年版。

[65]杨海坤、章志远:《中国特色政府法治论研究》,法律出版社2008年版。

[66]韩大元、林来梵、郑贤君:《宪法学专题研究》(第2版),中国人民大学出版社2008年版。

[67]韩大元:《宪法学基础理论》,中国政法大学出版社2008年版。

[68]杨建顺主编:《比较行政法——给付行政的法原理及实证性研究》,中国人民大学出版社2008年版。

[69]王定云、王世雄:《西方国家新公共管理理论综述与实务分析》,三联书店2008年版。

[70]焦洪昌主编:《宪法制度与法治政府》,北京大学出版社2008年版。

[71]王锡锌:《公众参与和行政过程——一个理念和制度分析的框架》,中国民主法制出版社2007年版。

[72]王名扬:《法国行政法》,北京大学出版社2007年版。

[73]马怀德主编:《法律的实施与保障》,北京大学出版社 2007 年版。

[74]余凌云:《公安机关办理行政案件程序规定若干问题研究》,中国人民公安大学出版社 2007 年版。

[75]王丛虎:《行政主体问题研究》,北京大学出版社 2007 年版。

[76]刘松山:《行政规范性文件之责任》,中国民主法制出版社 2007 年版。

[77]廖雄军主编:《会议组织规范与技巧》,广西人民出版社 2007 年版。

[78]王名扬:《美国行政法》(上、下),北京大学出版社 2007 年版。

[79]王进喜、程滔主编:《政府律师》,北京大学出版社 2007 年版。

[80]段红柳:《构建法治政府论》,湖南人民出版社 2007 年版。

[81]周汉华:《政府监管与行政法》,北京大学出版社 2007 年版。

[82]姜明安主编:《行政程序研究》,北京大学出版社 2007 年版。

[83]杨建顺:《行政规制与权利保障》,中国人民大学出版社 2007 年版。

[84]喻中:《权力制约的中国语境》,山东人民出版社 2007 年版。

[85]王名扬:《比较行政法》,北京大学出版社 2006 年版。

[86]张树义主编:《法治政府的基本原理》,北京大学出版社 2006 年版。

[87]吴华:《行政诉讼类型研究》,中国人民公安大学出版社 2006 年版。

[88]肖北庚:《走向法治政府》,知识产权出版社 2006 年版。

[89]刘莘主编:《法治政府与行政决策、行政立法》,北京大学出版社 2006 年版。

[90]沈荣华:《行政权力制约机制》,国家行政学院出版社 2006 年版。

[91]刘靖华、姜宪利等:《中国法治政府》,中国社会科学出版社 2006 年版。

[92]卓越主编:《政府绩效管理导论》,清华大学出版社 2006 年版。

[93]薛刚凌主编:《行政体制改革研究》,北京大学出版社 2006 年版。

[94]姜明安主编:《行政法与行政诉讼法》,北京大学出版社、高等教育

出版社 2005 年版。

[95]湛中乐:《现代行政过程论——法治理念、原则与制度》,北京大学出版社 2005 年版。

[96]胡建淼:《领导人行政责任问题研究》,浙江大学出版社 2005 年版。

[97]《英法美德意日六国议会议事规则》,尹中卿等译,中国民主法制出版社 2005 年版。

[98]孟华:《政府绩效评估》,上海人民出版社 2005 年版。

[99]邓子基主编:《财政学》(第 2 版),高等教育出版社 2005 年版。

[100]罗豪才主编:《行政法学》,北京大学出版社 2005 年版。

[101]周佑勇:《行政法基本原则研究》,武汉大学出版社 2005 年版。

[102]江必新主编:《中国行政诉讼制度的完善:行政诉讼法修改问题实务研究》,法律出版社 2005 年版。

[103]周刚志:《论公共财政与宪政国家》,北京大学出版社 2005 年版。

[104]吴庚:《行政法之理论与实用》(增订 8 版),中国人民大学出版社 2005 年版。

[105]中国行政管理学会课题组:《政府绩效评估的理论与实务》,人民出版社 2005 年版。

[106]姜明安主编:《行政执法研究》,北京大学出版社 2004 年版。

[107]江必新主编:《法治政府的建构:〈全面推进依法行政实施纲要〉解读》,中国青年出版社 2004 年版。

[108]傅礼白:《国家公务员制度概论》,山东大学出版社 2004 年版。

[109]马怀德主编:《司法改革与行政诉讼制度的完善》,中国政法大学出版社 2004 年版。

[110]杨海坤、章志远:《中国行政法基本理论研究》,北京大学出版社 2004 年版。

[111]孙开、彭健:《财政管理体制创新研究》,中国社会科学出版社

2004 年版。

[112]曹荣庆:《中国政府职能转型的财政学透视》,中国财政经济出版社 2004 年版。

[113]深圳市人民政府法律顾问室编:《政府法律顾问实务》,海天出版社 2004 年版。

[114]沈开举、王珏:《行政责任研究》,郑州大学出版社 2004 年版。

[115]王振民:《中国违宪审查制度》,中国政法大学出版社 2004 年版。

[116]丁煌:《西方行政学说史》,武汉大学出版社 2004 年版。

[117]周汉华主编:《我国政务公开的实践与探索》,中国法制出版社 2003 年版。

[118]湛中乐:《权利保障与权力制约》,法律出版社 2003 年版。

[119]尤光付:《中外监督制度研究》,商务印书馆 2003 年版。

[120]毛宏升、杜培斌主编:《当代中国监督学》,中国人民大学出版 2003 年版。

[121]卓泽渊:《法治国家论》,法律出版社 2003 年版。

[122]周汉华主编:《外国政府信息公开制度比较》,中国法制出版社 2003 年版。

[123]张明杰:《开放的政府——政府信息公开法律制度研究》,中国政法大学出版社 2003 年版。

[124]湛中乐:《法治国家与行政法治》,中国政法大学出版社 2002 年版。

[125]张立荣:《中外行政制度比较》,商务印书馆 2002 年版。

[126]曾祥瑞:《行政救济论》,人民出版社 2002 年版。

[127]高鸿钧等:《法治:理念与制度》,中国政法大学出版社 2002 年版。

[128]文正邦主编:《法治政府建构论:依法行政理论与实践研究》,法律出版社 2002 年版。

[129]应松年、薛刚凌:《行政组织法研究》,法律出版社2002年版。

[130]叶必丰、周佑勇:《行政规范研究》,法律出版社2002年版。

[131]宋功德:《行政法哲学》,法律出版社2002年版。

[132]章剑生:《行政监督研究》,人民出版社2001年版。

[133]李龙:《良法论》,武汉大学出版社2001年版。

[134]方世荣、戚建刚:《权力制约机制及其法制化研究》,中国财政经济出版社2001年版。

[135]应松年、袁曙宏主编:《走向法治政府:依法行政理论研究与实证调查》,法律出版社2001年版。

[136]陈新民:《德国公法学基础理论》(下册),山东人民出版社2001年版。

[137]陈奇星等:《行政监督论》,上海人民出版社2001年版。

[138]杨诚虎、李文才:《发达国家决策咨询制度》,时事出版社2001年版。

[139]陈富良:《放松规制与强化规制:论转型经济中的政府规制改革》,上海三联书店2001年版。

[140]张国庆主编:《行政管理学概论》,北京大学出版社2000年版。

[141]曹康泰主编:《中华人民共和国立法法释义》,中国法制出版社2000年版。

[142]杨萍、靳万军、窦清红:《财政法新论》,法律出版社2000年版。

[143]张贤明:《论政治责任——民主理论的一个视角》,吉林大学出版社2000年版。

[144]周三多、陈传明、鲁明泓编著:《管理学——原理与方法》(第3版),复旦大学出版社1999年版。

[145]石毅主编:《中外律师制度综观》,群众出版社2000年版。

[146]唐兴霖编著:《公共行政学:历史与思想》,中山大学出版社2000

年版。

[147]俞可平主编:《治理与善治》,社会科学文献出版社 2000 年版。

[148]季卫东:《法治秩序的建构》,中国政法大学出版社 1999 年版。

[149]国家行政学院编著:《中华人民共和国政府机构五十年》,国家行政学院出版社、党建读物出版社 2000 年版。

[150]王成栋:《政府责任论》,中国政法大学出版社 1999 年版。

[151]王绍光:《多元与统一——第三部门国际比较研究》,浙江人民出版社 1999 年版。

[152]国家行政学院国际合作交流部编译:《西方国家行政改革述评》,国家行政学院出版社 1998 年版。

[153]夏书章主编:《行政管理学》(第 2 版),中山大学出版社 1998 年版。

[154]林尚立:《国内政府间关系》,浙江人民出版社 1998 年版。

[155]杨建顺:《日本行政法通论》,中国法制出版社 1998 年版。

[156]中共中央文献研究室编:《周恩来年谱(一九四九——一九七六)》(上卷),中央文献出版社 1997 年版。

[157]许文惠、齐明山、张成福主编:《行政管理学》,人民出版社 1997 年版。

[158]童之伟:《国家结构形式论》,武汉大学出版社 1997 年版。

[159]马永顺:《周恩来组建与管理政府实录》,中央文献出版社 1995 年版。

[160]姜明安主编:《外国行政法教程》,法律出版社 1993 年版。

[161]江必新、周卫平编著:《行政程序法概论》,北京师范大学出版社 1991 年版。

[162]王名扬主编:《法、美、英、日行政法简明教程》,山西人民出版社 1991 年版。

[163]刘明波:《国外行政监察理论与实践》,山东人民出版社 1990 年版。

二、中文报刊论文类

[1]封蔚然:《论机关运行保障计划的法治化》,载《中国行政管理》2020 年第 3 期。

[2]郭兴利:《重大行政决策法治化的实现路径》,载《理论视野》2016 年第 10 期。

[3]杨建国:《论行政决策责任追究的缘起、困境及其路向》,载《理论与改革》2016 年第 6 期。

[4]王万华、宋烁:《地方重大行政决策程序立法之规范分析——兼论中央立法与地方立法的关系》,载《行政法学研究》2016 年第 5 期。

[5]唐晓阳:《法治政府建设:成效、问题与对策》,载《广东行政学院学报》2016 年第 5 期。

[6]刘艺:《论我国法治政府评估指标体系的建构》,载《现代法学》2016 年第 4 期。

[7]汤磊:《2014—2015 年的中国法治政府建设》,载《行政法学研究》2016 年第 2 期。

[8]乔树飞:《推进权力清单制度,加快法治政府建设——安徽的探索与实践》,载《安徽行政学院学报》2016 年第 1 期。

[9]杨海坤、樊响:《法治政府:一个概念的简明史》,载《法律科学(西北政法大学学报)》2016 年第 1 期。

[10]任进:《以建立权力清单制度为契机　推动行政组织法发展》,载《行政管理改革》2015 年第 7 期。

[11]应松年:《基本建成法治政府的若干重要问题》,载《国家行政学院学报》2016 年第 4 期。

［12］周叶中：《论重大行政决策问责机制的构建》，载《广东社会科学》2015 年第 2 期。

［13］唐皇凤：《中国法治政府建设的历程、困境与路径选择》，载《中共福建省委党校学报》2015 年第 2 期。

［14］王敬波：《论我国城管执法体制改革及其法治保障》，载《行政法学研究》2015 年第 2 期。

［15］吴琼华：《深化行政执法体制改革　加快推进法治政府建设》，载《陕西行政学院学报》2015 年第 1 期。

［16］杨建顺：《论食品安全风险交流与生产经营者合法规范运营》，载《法学家》2014 年第 1 期。

［17］周继东：《深化行政执法体制改革的几点思考》，载《行政法学研究》2014 年第 1 期。

［18］丽珍：《破梗阻，国务院督查在行动》，载《紫光阁》2014 年第 8 期。

［19］张步峰、熊文钊：《城市管理综合行政执法的现状、问题及对策》，载《中国行政管理》2014 年第 7 期。

［20］周汉华：《构筑多元动力机制　加快建设法治政府》，载《法学研究》2014 年第 6 期。

［21］湛中乐、赵玄：《国家治理体系现代化视野中的司法审查制度——以完善现行〈行政诉讼法〉为中心》，载《行政法学研究》2014 年第 4 期。

［22］王叶臣：《行政法视野下政府规制改革的比较法研究》，载《河北大学学报（哲学社会科学版）》2014 年第 4 期。

［23］国家行政学院课题组：《法治政府指标体系与作用》，载《中共天津市委党校学报》2014 年第 2 期。

［24］杜欣霖：《完善重大行政决策合法性审查机制》，载《行政管理改革》2014 年第 2 期。

［25］江必新、郑礼华：《全面深化改革与法治政府建设的完善》，载《法学

杂志》2014 年第 1 期。

[26]“中国法治政府评估”课题组:《中国法治政府评估报告(2013)》,载《行政法学研究》2014 年第 1 期。

[27]马林青:《推进行政审批制度改革 加强政府自身建设》,载《机构与行政》2014 年第 1 期。

[28]黄丹:《试论我国法治政府建设历程——法治政府建设在政策层面上的梳理》,载《才智》2013 年第 12 期。

[29]张步峰:《基于实定法解释的“行政审批”概念分析》,载《法学杂志》2013 年第 11 期。

[30]周继东:《以政府法治文化引领法治政府建设》,载《前线》2013 年第 9 期。

[31]周琳:《内部行政程序的外部效力——以未经负责人批准的行政行为为视角》,载《南华大学学报(社会科学版)》2013 年第 4 期。

[32]杨小军、张鲁萍:《我国法治政府建设的回顾与展望》,载《社会主义研究》2013 年第 2 期。

[33]姜明安:《论法治国家、法治政府、法治社会建设的相互关系》,载《法学杂志》2013 年第 6 期。

[34]余凌云:《法治国家、法治政府、法治社会一体建设的途径》,载《法学杂志》2013 年第 6 期。

[35]莫于川:《法治国家、法治政府、法治社会一体建设的标准问题研究——兼论我国法制良善化、精细化发展的时代任务》,载《法学杂志》2013 年第 6 期。

[36]郑方辉、周雨:《法治政府绩效满意度实证研究——以 2012 年广东省为例》,载《广东行政学院学报》2013 年第 6 期。

[37]唐明良:《法治政府指标体系构建中的几对关系及其呈现》,载《浙江学刊》2013 年第 6 期。

[38]湛中乐、高俊杰:《作为“过程”的行政决策及其正当性逻辑》,载《苏州大学学报(哲学社会科学版)》2013 年第 5 期。

[39]刘艺:《论我国行政裁量司法控制模式的建构》,载《法学家》2013 年第 4 期。

[40]司开林、刘俊奇:《法治政府的基本理论界说》,载《中共珠海市委党校珠海市行政学院学报》2013 年第 2 期。

[41]马良全、王梦凯:《宪法权力体制与行政强制执行模式调整》,载《湖北大学学报(哲学社会科学版)》2013 年第 1 期。

[42]韩凤然、郝静:《行政强制执行法律体制的缺陷与完善》,载《河北法学》2013 年第 1 期。

[43]李林:《中国法治政府建设实践及完善路径——以行政审批制度改革为视角》,载《人民论坛·学术前沿》2012 年第 16 期。

[44]侯保龙:《论西方法治政府的理念逻辑及其借鉴价值》,载《行政与法》2012 年第 12 期。

[45]杨建顺:《〈行政诉讼法〉的修改与行政公益诉讼》,载《法律适用》2012 年第 11 期。

[46]杨书军:《规范性文件备案审查制度的起源与发展》,载《法学杂志》2012 年第 10 期。

[47]姜明安:《规范和控制公权力是建设法治政府的重心》,载《小康》2012 年第 10 期。

[48]吴丽娟:《我国行政体制改革的历程、困境与路径优化》,载《青海社会科学》2012 年第 6 期。

[49]贾凌民、姜明安等:《法治政府建设有关问题研究》,载《中国行政管理》2012 年第 4 期。

[50]何海波:《内部行政程序的法律规制》(下),载《交大法学》2012 年第 2 期。

[51]何海波:《内部行政程序的法律规制》(上),载《交大法学》2012 年第 1 期。

[52]姜明安:《论行政裁量的自我规制》,载《行政法学研究》2012 年第 1 期。

[53]朱最新、刘云甫:《法律视角下的内部行政备案研究》,载《法治论坛》2012 年第 2 期。

[54]戢浩飞:《法治政府指标评估体系研究》,载《行政法学研究》2012 年第 1 期。

[55]王仰文:《重大行政决策合法性审查问题研究》,载《理论月刊》2012 年第 1 期。

[56]秦佩华:《"红头文件"清理:从源头上制止乱摊派乱收费》,载《人民日报》2011 年 11 月 17 日,第 17 版。

[57]陈亚雄:《内部行政规则的外部化》,载《市场周刊(理论研究)》2011 年第 5 期。

[58]李永超:《揭穿内部行政行为之面纱——基于司法实践中"外化"之表达的一种解释框架》,载《行政法学研究》2012 年第 4 期。

[59]李霞、明辉:《对法治政府理论的法理分析——解读洛克〈政府论〉中的有限政府理论》,载《北京航空航天大学学报(社会科学版)》2011 年第 3 期。

[60]宋艳慧、周兰领:《重大行政决策合法性审查的主体模式及其选择》,载《领导科学》2011 年第 21 期。

[61]段林毅:《建设法治政府的"湖南样本"》,载《新湘评论》2011 年第 1 期。

[62]王万华:《科学设置决策机关　建立健全行政决策运行机制》,载《中国机构改革与管理》2011 年第 5 期。

[63]王天华:《裁量基准与个别情况考虑义务——周文明诉文山交警不按"红头文件"处罚案评析》,载《交大法学》2011 年第 1 期。

[64]熊文钊、郑毅:《建设法治政府的模式与政府法治论》,载《法学杂志》2010 年第 11 期。

[65]张小明、曾凡飞:《“大城管”模式下城市综合执法联动机制研究——以贵阳市为例》,载《中国行政管理》2010 年第 8 期。

[66]叶勇:《政府流程再造:研究趋势与前沿问题》,载《中国行政管理》2010 年第 7 期。

[67]王胜君、丁云龙:《行政服务中心的缺陷、扩张及其演化——一个行政流程再造视角的经验研究》,载《公共管理学报》2010 年第 4 期。

[68]谢庆、焦利:《法治政府呼唤行政程序立法——访中国政法大学终身教授、博士生导师、中国法学会行政法学研究会会长应松年》,载《国家行政学院学报》2010 年第 3 期。

[69]刘艺:《公物法中的物、财产、产权——从德法公物法之客体差异谈起》,载《浙江学刊》2010 年第 2 期。

[70]于立深:《论我国行政决策民主机制的法治化》,载《国家行政学院学报》2010 年第 1 期。

[71]李立:《北京叫停“红头文件”6400 余件　占到清理总数的 41%》,载《法制日报》2010 年 1 月 22 日,第 6 版。

[72]徐蕾、李靖华:《公共服务流程再造的决定因素:基于行政服务中心的前沿实践》,载《管理评论》2009 年第 3 期。

[73]杨建顺:《借调干部尴尬处境透视》,载《人民论坛》2009 年第 21 期。

[74]朱江华:《改革开放以来中国行政体制改革:研究综述及其展望》,载《经济研究导刊》2009 年第 7 期。

[75]靳永翥、杨道田:《“政府再造”理论及其于中国改革适用性的理性思辨》,载《云南行政学院学报》2009 年第 6 期。

[76]孙宁:《试述行政规则的程序控制》,载《东方论坛》2009 年第 6 期。

[77]陶进华:《影响法治政府建设进程的深层原因与对策分析》,载《成都行政学院学报》2009 年第 6 期。

[78]张洪刚、贾瑞全:《新时期城管执法的八大瓶颈》,载《上海城市管理职业技术学院学报》2009 年第 5 期。

[79]林忠生:《中外学者政府绩效管理研究比较》,载《现代商贸工业》2009 年第 3 期。

[80]王玉:《论我国法治政府建设中的公民行政参与》,载《黑龙江社会科学》2009 年第 3 期。

[81]汪玉凯:《中国行政体制改革 30 年:思考与展望》,载《中共天津市委党校学报》2009 年第 2 期。

[82]张步峰:《论行政程序的功能——一种行政过程论的视角》,载《中国人民大学学报》2009 年第 1 期。

[83]周学荣、沈鹏:《当代西方“政府再造运动”的兴起及其带来的启示》,载《当代世界与社会主义》2009 年第 1 期。

[84]钱弘道:《余杭法治指数的实验》,载《中国司法》2008 年第 9 期。

[85]申振东:《以政府流程再造推进地方政府行政体制创新》,载《中国党政干部论坛》2008 年第 7 期。

[86]刘杰、何聪:《安徽合肥公务员交流轮岗制度》,载《人民日报》2008 年 9 月 3 日,第 1 版。

[87]杨建顺:《论经济规制立法的正统性》,载《法学家》2008 年第 5 期。

[88]陈娟:《云南省公安厅红头文件引争议》,载《人民日报》2008 年 4 月 2 日,第 15 版。

[89]余凌云:《游走在规范与僵化之间——对金华行政裁量基准实践的思考》,载《清华法学》2008 年第 3 期。

[90]董娟:《试析改革开放 30 年行政决策的分散化趋势——以行政分权下的中国政府决策为考察对象》,载《天津市政府管理干部学院学报》2008

年第3期。

[91]宋华琳:《论技术标准的法律性质——从行政法规范体系角度的定位》,载《行政法学研究》2008年第3期。

[92]马怀德:《法治政府特征及建设途径》,载《国家行政学院学报》2008年第2期。

[93]王锡锌:《自由裁量权基准:技术的创新还是误用》,载《法学研究》2008年第5期。

[94]崔卓兰、刘福元:《析行政自由裁量权的过度规则化》,载《行政法学研究》2008年第2期。

[95]董幼鸿:《日本政府政策评价及其对建构我国政策评价制度的启示——兼析日本〈政策评价法〉》,载《理论与改革》2008年第2期。

[96]梁素梅、刘源媛:《天津:河水污染成顽疾,多部门职责交叉造成谁也管不了》,载《天津日报》2008年12月19日,第11版。

[97]青锋、范晓莉等:《行政管理体制改革:问题、路径与目标模式》,载《清华法学》2008年第1期。

[98]尹权:《论行政惯例的司法审查》,载《法律科学(西北政法学院学报)》2008年第1期。

[99]余大芹:《古人是怎样搞宫廷服务的?》,载《秘书工作》2007年第12期。

[100]许占鲁、韩兆柱:《完善我国行政法制　推进法治政府建设——从行政立法角度分析我国法治政府的构建》,载《陕西行政学院学报》2007年第3期。

[101]周佑勇:《裁量基准的正当性问题研究》,载《中国法学》2007年第6期。

[102]汪玉凯、张勇进:《业务流程再造理论在政府管理中的应用——浅析政务流程再造》,载《电子政务》2007年第6期。

[103]王超然:《西方“政府再造”理论及其对我国政府改革的启示》,载《通化师范学院学报》2007 年第 6 期。

[104]罗豪才、宋功德:《科学发展的公法回应——通过公法均衡化推动中国社会发展科学化》,载《中国法学》2007 年第 6 期。

[105]周玉琴、宋鑫华:《浅析西方法治政府思想的源流及其镜鉴》,载《西南科技大学学报(哲学社会科学版)》2007 年第 4 期。

[106]高秦伟:《科技政策、行政规则与司法审查》,载《北方法学》2007 年第 5 期。

[107]王振耀:《中国政治发展战略选择论纲:在稳定状态下推进政治体制改革》,载《科学社会主义》2007 年第 4 期。

[108]罗慧、王广奇:《中国财政体制的历史演进与改革的必然性》,载《中国总会计师》2007 年第 3 期。

[109]朱福惠:《政府决策程序法治化研究》,载《厦门特区党校学报》2007 年第 4 期。

[110]葛云松:《法人与行政主体理论的再探讨——以公法人概念为重点》,载《中国法学》2007 年第 3 期。

[111]章剑生:《反思与超越:中国行政主体理论批判》,载《北方法学》2008 年第 6 期。

[112]周佑勇:《行政裁量的治理》,载《法学研究》2007 年第 2 期。

[113]薛刚凌:《多元化背景下行政主体之建构》,载《浙江学刊》2007 年第 2 期。

[114]张忠军:《行政机关间的权限冲突及其解决途径》,载《中国党政干部论坛》2007 年第 3 期。

[115]栾志红:《论环境标准在行政诉讼中的效力——以德国法上的规范具体化行政规则为例》,载《河北法学》2007 年第 3 期。

[116]袁曙宏:《构建中国法治政府指标体系》,载《中国法律》2007 年第

1 期。

[117]何正权、翁应峰:《信阳一个装饰市场俩管理部门打架,商户作难》,载《大河报》2007 年 12 月 26 日,第 6 版。

[118]刘因之:《澳门特别行政区的律师制度》,载《人民检察》2007 年第 20 期。

[119]刘治斌:《法律思维:一种职业主义的视角》,载《法律科学(西北政法学院学报)》2007 年第 5 期。

[120]贾立平、王起友、齐丽英:《论依法治国与依法行政》,载《社会科学论坛》2006 年第 8 期。

[121]杨建顺:《论政府职能转变的目标及其制度支撑》,载《中国法学》2006 年第 6 期。

[122]宋华琳:《论行政规则对司法的规范效应——以技术标准为中心的初步观察》,载《中国法学》2006 年第 6 期。

[123]王天华:《裁量标准基本理论问题刍议》,载《浙江学刊》2006 年第 6 期。

[124]杨选:《转型期我国"政府再造"面临的六大冲突》,载《中国行政管理》2006 年第 5 期。

[125]鲁鹏宇:《日本行政法学理构造的变革——以行政过程论为观察视角》,载《当代法学》2006 年第 4 期。

[126]杨建顺:《论构建和谐社会中城管执法的作用》,载《法学家》2006 年第 2 期。

[127]李燕霞:《地方法治评价体系论纲》,载《浙江社会科学》2006 年第 2 期。

[128]桑玉成、孙琳:《制度程序是民主决策的保证》,载《江苏行政学院学报》2006 年第 1 期。

[129]韩红俊:《形式理性和实质理性的悖论——马克斯·韦伯的法律

社会学思想》,载《前沿》2006 年第 10 期。

[130]夏葵媛:《政府管理创新与电子政务》,载《电子政务》2005 年第 7 期。

[131]周永坤:《权力结构模式与宪政》,载《中国法学》2005 年第 6 期。

[132]汪全胜:《政府信息公开立法的路径依赖约束》,载《情报理论与实践》2005 年第 6 期。

[133]沈岿:《公共行政组织建构的合法化进路》,载《法学研究》2005 年第 4 期。

[134]胡延广:《行政机关内部规则对行政裁量的法律控制》,载《河北经贸大学学报(综合版)》2005 年第 1 期。

[135]胡建淼:《"特别权力关系"理论与中国的行政立法——以〈行政诉讼法〉、〈国家公务员法〉为例》,载《中国法学》2005 年第 5 期。

[136]薛刚凌:《论府际关系的法律调整》,载《中国法学》2005 年第 5 期。

[137]胡建淼、马良骥:《政府管理与信息公开之法理基础》,载《法学论坛》2005 年第 4 期。

[138]周亚越:《论我国行政问责制的法律缺失及其重构》,载《行政法学研究》2005 年第 2 期。

[139]周志忍:《英国执行机构改革及其对我们的启示》,载《中国行政管理》2004 年第 7 期。

[140]王冰峰、李霞在《行政组织法的完善与法治政府的构建》,载《湖北省社会主义学院学报》2004 年第 6 期。

[141]刘亮:《我国行政体制与财政体制的冲突与协调》,载《甘肃社会科学》2004 年第 6 期。

[142]姜明安:《制定行政程序法应正确处理的几对关系》,载《政法论坛》2004 年第 5 期。

[143]莫于川:《建设法治政府、推动法文化创新》,载《民主与法制》2004年第5期。

[144]罗豪才、宋功德:《链接法治政府——〈全面推进依法行政实施纲要〉的意旨、视野与贡献》,载《法商研究》2004年第5期。

[145]胡建淼:《我国行政程序法的模式与结构——依据对世界上行政程序法规范结构的统计与透视》,载《政法论坛》2004年第5期。

[146]罗才荣、刘立:《政治文明在当代中国的新发展——论政府行政的分权和制衡》,载《贵州民族学院学报(哲学社会科学版)》2004年第3期。

[147]王佃利:《美英澳三国新公共管理改革的新进展》,载《中国行政管理》2004年第2期。

[148]毛寿龙:《中国政府体制改革的过去与未来》,载《江苏行政学院学报》2004年第2期。

[149]杨建顺:《行政裁量的运作及其监督》,载《法学研究》2004年第1期。

[150]杨建顺:《政府决策:依法科学民主》,载《人民日报》2004年5月15日,第6版。

[151]胡建峰:《论行政规则在司法审查中的地位》,载《行政法学研究》2004年第1期。

[152]孙载夫:《透明化:反腐败的治本之策》,载《湖湘论坛》2003年第1期。

[153]叶必丰:《行政规范法律地位的制度论证》,载《中国法学》2003年第5期。

[154]石佑启:《论公共行政之发展与行政主体多元化》,载《法学评论》2003年第4期。

[155]梁仲明、王建军:《论中国行政决策机制的改革和完善》,载《西北大学学报(哲学社会科学版)》2003年第3期。

[156]程丽君:《科学把握公共财政的本质特征》,载《中国财经信息资料》2003 年第 2 期。

[157]陈振明等:《政府社会管理职能的概念辨析》,载《江淮论坛》2003 年第 1 期。

[158]朱芒:《论行政规定的性质——从行政规范体系角度的定位》,载《中国法学》2003 年第 1 期。

[159]陈国华:《构建我国公共财政体系应注意的问题》,载《中国财经信息资料》2002 年第 22 期。

[160]宋新国:《略论内部行政救济》,载《行政与法》2002 年第 10 期。

[161]杨建顺:《行政程序立法的构想及反思》,载《法学论坛》2002 年第 6 期。

[162]叶必丰、刘轶:《西方行政法治理论演进的经济学基础》,载《法商研究》2000 年第 5 期。

[163]王小耘、刘峻:《中美政府法律顾问制度之比较——兼论构建更为合理及有效的中国政府法律顾问制度》,载《上海律师》2002 年第 6 期。

[164]郑振宇:《行政道德责任:建立责任政府的关键》,载《理论与改革》2002 年第 6 期。

[165]赵小兵:《树立决策主体多元化思想　提高领导决策科学化水平》,载《决策探索》2002 年第 5 期。

[166]彭程甸、罗伊平:《行政决策民主化、科学化、法治化及其辩证关系》,载《湖南财经高等专科学校学报》2002 年第 5 期。

[167]杨建顺:《日本行政执行制度研究》,载《法学家》2002 年第 4 期。

[168]易虹:《论行政规定的司法审查》,载《江西财经大学学报》2002 年第 4 期。

[169]姜明安:《行政国家与行政权的控制和转化》,载《法制日报》2002 年 2 月 13 日,第 3 版。

[170]章志远:《重构我国行政强制执行体制的理论思考》,载《南京社会科学》2001年第5期。

[171]郑建新、柯永果:《公共财政再分析》,载《财政研究》2002年第6期。

[172]贾博、董妙玲:《我国地方政府决策咨询存在的问题与对策探讨》,载《学习论坛》2000年第9期。

[173]袁曙宏、赵永伟:《西方国家依法行政比较研究——兼论对我国依法行政的启示》,载《中国法学》2000年第5期。

[174]汪永清:《对改革现行行政执法体制的几点思考》,载《中国法学》2000年第1期。

[175]梁治平:《法治:社会转型时期的制度建构——对中国法律现代化运动的一个内在观察》,载《当代中国研究》2000年第2期。

[176]王英津:《论我国权力法治化运行的逻辑建构》,载《中国人民大学学报》2000年第3期。

[177]罗璘:《论机构改革与政府的合理规模》,载《江西社会科学》2000年第3期。

[178]张树义:《行政主体研究》,载《中国法学》2000年第2期。

[179]张成福:《责任政府论》,载《中国人民大学学报》2000年第2期。

[180]夏勇:《法治是什么——渊源、规诫与价值》,载《中国社会科学》1999年第4期。

[181]朱维究、胡卫列:《行政行为过程性论纲》,载《中国法学》1998年第4期。

[182]姜明安、沈岿:《法治原则与公共行政组织——论加强和完善我国行政组织法的意义和途径》,载《行政法学研究》1998年第4期。

[183]杨解君:《行政主体及其类型的理论界定与探索》,载《法学评论》1999年第5期。

[184]林俊达:《政府部门职能交叉及其理顺对策初探》,载《广东行政学院学报》1999 年第 4 期。

[185]罗亦非:《论强化行政决策咨询》,载《社会科学战线》1999 年第 6 期。

[186]刘长江:《论建立预防性的监督机制》,载《理论文萃》1999 年第 3 期。

[187]郭道晖:《法治行政与行政权的发展》,载《现代法学》1999 年第 1 期。

[188]肖金明、尹凤桐:《论部门主义及其危害》,载《山东社会科学》1999 年第 4 期。

[189]薛刚凌:《我国行政主体理论之检讨——兼论全面研究行政组织法的必要性》,载《政法论坛》1998 年第 6 期。

[190]苗连营:《关于设立宪法监督专责机构的设想》,载《法商研究》1998 年第 4 期。

[191]田平安、杜睿哲:《程序正义初论》,载《现代法学》1998 年第 2 期。

[192]应松年、薛刚凌:《行政组织法与依法行政》,载《行政法学研究》1998 年第 1 期。

[193]胡锦光:《中国宪法的司法适用性探讨》,载《中国人民大学学报》1997 年第 5 期。

[194]黄学贤:《行政程序法的目标模式及我国的选择》,载《苏州大学学报(哲学社会科学版)》1997 年第 2 期。

[195]吴德星:《论中国行政法制的程序化与行政程序的法制化》,载《中国人民大学学报》1997 年第 1 期。

[196]姜明安:《我国行政程序立法模式选择》,载《中国法学》1995 年第 6 期。

[197]林广华:《中国行政编制立法研究》,载《湘潭大学学报(哲学社会

科学版)》1996 年第 3 期。

[198]叶必丰:《政府工作规则浅议》,载《法商研究》1989 年第 3 期。

三、中文译著类

[1][英]A. V. 戴雪:《英国宪法研究导论》,何永红译,商务印书馆 2020 年版。

[2][日]平冈久:《行政立法与行政基准》,宇芳译,中国政法大学出版社 2014 年版。

[3][美]詹姆斯·W. 费斯勒、[美]唐纳德·F. 凯特尔:《公共行政学新论:行政过程的政治》,陈振明、朱芳芳等译,中国人民大学出版社 2013 年版。

[4][美]詹姆斯·麦格雷戈·伯恩斯等:《民治政府——美国政府与政治》,吴爱明、李亚梅等译,中国人民大学出版社 2012 年版。

[5][美]朱迪·弗里曼:《合作治理与新行政法》,毕洪海、陈标冲译,商务印书馆 2010 年版。

[6][美]戴维·奥斯本、[美]彼得·普拉斯特里克:《再造政府》,谭功荣、刘霞译,中国人民大学出版社 2010 年版。

[7][日]南博方:《行政法》(第 6 版),杨建顺译,中国人民大学出版社 2009 年版。

[8][美]爱德华·卡尼:《联邦政府内部控制》,王光远译,中国时代经济出版社 2009 年版。

[9][美]盖依·彼得斯:《美国的公共政策——承诺与执行》,顾丽梅、姚建华等译,复旦大学出版社 2008 年版。

[10][日]盐野宏:《行政法总论》,杨建顺译,北京大学出版社 2008 年版。

[11][日]盐野宏:《行政组织法》,杨建顺译,北京大学出版社 2008

年版。

[12][日]盐野宏:《行政救济法》,杨建顺译,北京大学出版社 2008 年版。

[13][古希腊]亚里士多德:《政治学》,吴寿彭译,商务印书馆 2006 年版。

[14][美]亨利·罗伯特:《罗伯特议事规则》(第 10 版),袁天鹏、孙涤译,格致出版社、上海人民出版社 2008 年版。

[15][英]保罗·P. 克雷格:《英国与美国的公法与民主》,毕洪海译,中国人民大学出版社 2008 年版。

[16][英]安东尼·奥格斯:《规制:法律形式与经济学理论》,骆梅英译,中国人民大学出版社 2008 年版。

[17][美]科尼利厄斯·M. 克温:《规则制定——政府部门如何制定法规与政策》,刘璟、张辉、丁洁译,复旦大学出版社 2007 年版。

[18][美]戴维·H. 罗森布鲁姆等:《公共行政学:管理、政治和法律的途径》(第 5 版),张成福等译校,中国人民大学出版社 2002 年版。

[19][德]汉斯·J. 沃尔夫、[德]奥托·巴霍夫、[德]罗尔夫·施托贝尔:《行政法》(第 3 卷),高家伟译,商务印书馆 2007 年版。

[20][美]詹姆斯·Q. 威尔逊:《官僚机构:政府机构的作为及其原因》,孙艳等译,生活·读书·新知三联书店 2006 年版。

[21][英]特伦斯·丹提斯、[英]阿兰·佩兹:《宪制中的行政机关——结构、自制与内部控制》,刘刚、江菁、轲翀译,高等教育出版社 2006 年版。

[22][德]埃贝哈德·施密特－阿斯曼等:《德国行政法读本》,于安等译,高等教育出版社 2006 年版。

[23][美]肯尼斯·F. 沃伦:《政治体制中的行政法》,王丛虎、牛文展、任端平、宋凯利等,中国人民大学出版社 2005 年版。

[24][美]戴维·奥斯本、[美]彼得·普拉斯特里克:《政府改革手册:

战略与工具》,谭功荣等译,中国人民大学出版社2004年版。

[25][美]阿里·哈拉契米主编:《政府业绩与质量测评——问题与经验》,张梦中、丁煌等译校,中山大学出版社2003年版。

[26][美]詹姆斯·W. 费斯勒、[美]唐纳德·F. 凯特尔:《行政过程的政治》,陈振明、朱芳芳等译校,中国人民大学出版社2002年版。

[27][美]戴维·奥斯本、[美]彼德·普拉斯特里克:《摒弃官僚制:政府再造的五项战略》,谭功荣、刘霞译,中国人民大学出版社2002年版。

[28][德]奥托·迈耶:《德国行政法》,刘飞译,商务印书馆2002年版。

[29][美]迈克尔·巴泽雷:《突破官僚制:政府管理的新愿景》,孔宪遂等译,中国人民大学出版社2002年版。

[30][美]史蒂文·科恩、[美]罗纳德·布兰德:《政府全面质量管理:实践指南》,孔宪遂等译,中国人民大学出版社2002年版。

[31][美]托马斯·R. 戴伊:《自上而下的政策制定》,鞠方安、吴忧译,中国人民大学出版社2002年版。

[32][美]马克·G. 波波维奇主编:《创建高绩效政府组织:公共管理实用指南》,孔宪遂、耿洪敏译,中国人民大学出版社2002年版。

[33][美]理查德·斯图尔特:《美国行政法的重构》,沈岿译,商务印书馆2002年版。

[34][美]B. 盖伊·彼得斯:《政府未来的治理模式》,吴爱明、夏宏图译,中国人民大学出版2001年版。

[35][英]阿克顿:《自由与权力》,侯健、范亚峰译,商务印书馆2001年版。

[36][美]斯科特·戈登:《控制国家——西方宪政的历史》,应奇等译,江苏人民出版社2001年版。

[37][美]特里·L. 库珀:《行政伦理学:实现行政责任的途径》,张秀琴译,中国人民大学出版社2001年版。

[38][美]拉塞尔·M. 林登:《无缝隙政府:公共部门再造指南》,汪大海、吴群芳等译,中国人民大学出版社 2001 年版。

[39][德]柯武刚、[美]史漫飞:《制度经济学:社会秩序与公共政策》,韩朝华译,商务印书馆 2000 年版。

[40][美]埃莉诺·奥斯特罗姆:《公共事务的治理之道》,余逊达、陈旭东译,上海三联书店 2000 年版。

[41][德]哈特穆特·毛雷尔:《行政法学总论》,高家伟译,法律出版社 2000 年版。

[42][美]E. 博登海默:《法理学:法律哲学与法律方法》,邓正来译,中国政法大学出版社 1999 年版。

[43][德]马克思·韦伯:《社会科学方法论》,杨富斌译,华夏出版社 1999 年版。

[44][美]罗纳德·德沃金:《认真对待权利》,信春鹰、吴玉章译,中国大百科全书出版社 1998 年版。

[45][美]迈克尔·哈默、[美]詹姆斯·钱皮:《改革公司:企业革命的宣言书》,胡毓源、徐荻洲、周敦仁译,上海译文出版社 1998 年版。

[46][美]斯蒂格利茨:《经济学》(下册),梁小民等译,中国人民大学出版社 1997 年版。

[47][英]M. J. C. 维尔:《宪政与分权》,苏力译,生活·读书·新知三联书店 1997 年版。

[48][英]弗里德利希·冯·哈耶克:《自由秩序原理》,邓正来译,生活·读书·新知三联书店 1997 年版。

[49][英]威廉·韦德:《行政法》,徐炳等译,中国大百科全书出版社 1997 年版。

[50][英]弗里德里希·冯·哈耶克:《通向奴役之路》,王明毅等译,中国社会科学出版社 1997 年版。

[51][英]哈特:《法律的概念》,张文显等译,中国大百科全书出版社1996年版。

[52][日]室井力主编:《日本现代行政法》,吴微译,中国政法大学出版社1995年版。

[53][日]和田英夫:《现代行政法》,倪健民、潘世圣译,中国广播电视出版社1993年版。

[54][美]查尔斯·林德布洛姆:《决策过程》,竺乾威、胡君芳译,上海译文出版社1988年版。

[55][美]约翰·罗尔斯:《正义论》,何怀宏、何包钢、廖申白译,中国社会科学出版社1988年版。

[56][英]洛克:《政府论》(下篇),叶启芳、瞿菊农译,商务印书馆1986年版。

[57][美]威尔逊:《国会政体:美国政治研究》,熊希龄、吕德本译,商务印书馆1986年版。

[58][法]孟德斯鸠:《论法的精神》(上册),张雁深译,商务印书馆1982年版。

[59][美]汉密尔顿、[美]杰伊、[美]麦迪逊:《联邦党人文集》,程逢如、在汉、舒逊译,商务印书馆1980年版。

四、中文学位论文类

[1]史全增:《铁路运营政府规制的法律问题研究》,中国人民大学2013年博士学位论文。

[2]卢护锋:《论行政自由裁量权的内部控制》,吉林大学2009年博士学位论文。

[3]李冠美:《论我国公职律师模式选择》,中国政法大学2009年硕士学位论文。

［4］马凌云:《行政执法体制比较研究》,中央民族大学 2007 年硕士学位论文。

［5］宋文蕊:《我国行政问责法律制度研究》,四川大学 2006 年硕士学位论文。

五、外文类

［1］William A. Niskanen, *Bureaucracy and Representative Government*, Aldine Transaction, 2007.

［2］Alberto Saracho Martinez, *New Index Links Development to Strong Institutions*, Viewpoints America, 2007.

［3］Nicholas Henry, *Public Administration and Public Affairs*, 9th edition, 北京大学出版社 2006 年影印版。

［4］David Wilson, *Chris Game: Local Government in theUnited Kingdom*, 4th edition, Palgrave Macmillan, 2006.

［5］Reijers H. A., Mansar S. L., *Best Practices in Business Process Redesign: An Overview and Qualitative Evaluation of Successful Redesign Heuristics*, Omega, 2005, 33(4).

［6］Weeks D., Bruns D., *Pribate-Sector Tools for the Public Sector: Business Process Management Score Big at a Florida State Agency*, Journal of Organizational Excellence, 2005.

［7］IFAC. Governmance in the Public Sector, a Governing Body Perspective. 2001 INTOSAI. Guidelines for Internal Control Standards for the Public Sectors[z]. 2004.

［8］McNulty T., Feilie E., *Process Transformation: Limitations to Radical Organizational Change within Public Service Organizations*, OrganationStudies, 2004, 25(8).

[9] Cornelius M. Kerwin, *Rulemaking: How Government Agencies Write Law and Make Policy*, CQ Press, 2003, 3rd ed.

[10] Cass Sunstein, *The Cost-Benefit State: The Future of Regulatory Protection*, American Bar Association, May 25, 2002.

[11] T. R. S. Allan, *Procedural Fairness and the Duty of Respect*, Oxford Journal of Legal Studies Vol. 18, 2000.

[12] Thong J Y L, Yap C, Sesh K, *Business Process Reengineering in the Public Sector: The Case of the Housing Development Board inSingapore*, Journal of Management Information Systems, 2000, 17(1).

[13] Andrew Le Sueur, Javan Herberg & Rosalind English, *Principles of Public Law*, Cavendish Publishing Limited, 1999.

[14] Daniel Kaufmann, *World Bank Policy Research Working Papers*, No. 2196, 1999.

[15] Daan Braveman, William C. Banks, Rodney A. Smolla, *Constitutional Law: Structure and Rights in Our Federal System*, 3th edition, Matthew Bender, 1996.

[16] Peters, B. G., *The Future of Governing: Four Emerging Models*, KS: University of Kansas, 1996.

[17] De Smith, Woolf & Jowell, *Judicial Review of Administrative Action*, Sweet & Marwell, 5th edition., 1995.

[18] Fenwick J., *Managing Local Government*, Chapman & Hall, 1995.

[19] Robert Baodwin, *Rule and Government*, Clarendon Press, 1995.

[20] Nutley S. & Osborne S., *The Public Sector Management Hand-book.* Longman, 1994.

[21] T. Daintith, A Regulatory Space Agency? 9 Oxford JLS 534(1989), at Genevra Richardson and Hazel Genn, Administrative Law and Government

Action: The Courts and Alternative Mechanisms of Review, Clarendon Press, 1994.

[22] William Wade, *Administrative Law*, Clarendon Press, 1994.

[23] Martin Loughlin, *Public Law and Political Theory*, Oxford University Press, 1992.

[24] Barzelay, *Breaking Through Bureaucracy: A New Vision for Managing in Government*, University of California Press, 1992.

[25] G. E. Caiden, *Administrative Reform Comes of Age*, Walter de Gruyter, 1992.

[26] David Osborn and Ted Gaebler, *Reinventing Government: How the Entrepreneurial Spirit is Transforming the Public Sector*, Addison-Wesley Publishing Company, inc. , 1992.

[27] C. A. Hood, *Public Management for All Seasons?* Public Administration, 1991(69).

[28] P. Aucoin, *Administration Reform in Public Management: Paradigms, Principles, Paradoxes and Pendulums*, in Governance 3, 1990.

[29] Geoffrey De Q. Walker, *The Rule of Law: Foundation of Constitutional Democracy*, Melbourne University Press, 1988.

[30] D. J. Galligan, *Discretionary Power: A Legal Study of Official Discretion*, Clarendon Press, 1986.

[31] G. D. S. Taylor, *Judicial Review of Improper Purposes and Irrelevant Considerations*, Cambridge Law Journal, 1976.

后　记

“昨夜西风凋碧树，独上高楼，望尽天涯路。”

本书源于我的博士学位论文，在即将付梓之际，回顾学习、研究、写作、修改的全过程，心中不禁感慨万千。学习宪法学与行政法学，研究政府工作规则合法性问题，既是一种偶然，也是一种必然。

学法源自一种兴趣。“兴趣是最好的老师。”回想自己与法律的缘分，始于童年在柴火垛上阅读的那本不知从哪里得来的法律基础知识普及读本，懵懵懂懂间将法律与公平、正义等美好的价值不自觉地联系在了一起，从高考填写大学志愿，到攻读研究生时选择专业，再到参加工作时的职业选择，最终澎湃成一份孜孜不倦的追求，冥冥中牵引着自己立身立业的道路。

尊法表达一种志向。法者，治国之重器。中国知识分子骨子里总带着几分“修身齐家治国平天下”的情结，穷时皓首经略独善己身，达时意气风发兼济苍生。古语有言，奉法者强则国强，奉法者弱则国弱。公法之治，尤其政府之治，乃为国家公权订定规矩，关系治国理政，干涉吏治民权，实为法治之紧要、公务之关键。在中华民族伟大复兴的征程中，法治不尊、不学、不用、不守的问题仍然严重,行政领域立法不全、执法不严、司法不公、吏治腐败的问题尤为凸显。中国特色社会主义法治道路实为中国梦保驾护航之圭臬,依法治国、依法执政、依法行政乃为改进当前中国行政问题之密钥,为党计、为国计、为民计,值得有志之士为之奋斗。

用法守法将是一种工作生活常态。我们赶上了从站起来、富起来到强起来的特殊时期,后脚带着父辈乡土的芳香,前脚踏向未可预知的网络时空。信息时代必将是法治时代,我们当顺势而为,把用法守法当作价值追求、工作状态、生活方式、行为习惯。但"理论是灰色的,生活之树常青","徒法不足以自行",理论联系实际、经世致用方可成就真正的学问。只有当各级领导干部、广大人民群众,都把尊法学法守法用法当作基本的价值追求、工作状态、生活方式、行为习惯,法治政府、法治社会、法治国家才可能真正建成。

依法治国、依法执政、依法行政是一个有机整体,关键在于执政党要坚持依法执政,各级政府要坚持依法行政。法治国家、法治政府、法治社会三者各有侧重、相辅相成,法治国家是法治建设的目标,法治政府是建设法治国家的主体,法治社会是构筑法治国家的基础。建设法治政府是其中的关键环节,也是一个系统工程,既需要"大写意",也需要"工笔画"。党的十八大以来,我国的宪法根本法及刑事、民事、行政等基本法,已经构建了法治政府建设的"大框架",但法治政府这座大厦仅有"四梁八柱"还远远不够,还要有政府工作规则等具体的"血肉"去填充和丰满。进入新时代,中国特色社会主义法治理论与实践面临许多新形势新任务,尤其需要在原有行政法治基础上求深、求实、求新,特别是在政府工作规则方面下更多的"绣花功夫",让依法治国、依法执政、依法行政落细落小落地,而这也是本书的写作价值所在。

"为伊消得人憔悴。"

本书写作期间,恰是自己求学成家立业比较充实忙碌的阶段,这段激情燃烧的岁月值得永远珍藏、反复品味。特别是写作过程中遇到的种种困顿、纠结和质疑,那种一波三折、柳暗花明的磨炼,让我收获了不少关于付出与收获、舍与得的人生感悟。

“众里寻他千百度,蓦然回首,那人却在灯火阑珊处。”

感谢导师杨建顺教授,始终用睿智、博学、严谨的学者风范和师者品格引导我、指点我,通过6年的时间将我带到宪法学与行政法学的顶级殿堂,这段紧张充实的学习研究旅程,为我将近20年的读书生涯谱写了最为华彩的乐章,而本书则是最好的纪念。

感谢姜明安教授在我论文答辩、著作出版过程中给予的悉心指导和大力支持,以及湛中乐、周汉华、韩大元、胡锦光、莫于川、李元起、张翔、王贵松、王旭、喻文光、刘艺、张步峰、史全增、何倩等诸位老师,提出的许多有针对性的意见和建议。

感谢工作中各位领导、同事的鼓励和支持,感谢众位同门、同学、朋友的帮助和交流,让这段原本枯燥的学习研究时光增添了许多快乐的元素,让我收获了另一笔关于友情的宝贵财富。

特别感谢我的家人。年逾六旬的父母、岳父母帮我照顾家庭和孩子。贤惠的妻子主动承担了更多的家庭重任,给予了我最坚定的支持。一双儿女缺少了许多父爱的陪伴,但也赋予了我更强大的动力。他们无微不至的关爱和支持让我免除了后顾之忧,能够抽出更多时间和精力投入学习与研究中,拿出经得起审视和批判的成果。

最后,还要感谢法律出版社的李宁书记、沈小英分社长、沈亚梅主任、陈妮编辑、程王刚编辑、解锟编辑、刘晓萌编辑,正是因为他们的专业精神和辛勤付出才使本书得以顺利出版。

著书立说可能也是一个有关缺憾的学问。由于本人学识和能力有限,虽然努力追求完美,但始终留有不少遗憾,书中有不少不够准确、严谨、规范之处,恳请各位读者包涵、批评、指教。

“雄关漫道真如铁，而今迈步从头越。”

谨以此书献给我的儿子王钦尧、女儿王钦好。

王叶臣

2021 年 3 月

图书在版编目(CIP)数据

政府工作规则法治化研究 / 王叶臣著. -- 北京：法律出版社，2021
ISBN 978-7-5197-5394-8

Ⅰ. ①政… Ⅱ. ①王… Ⅲ. ①国家行政机关-工作-法治-研究-中国 Ⅳ. ①D922.104

中国版本图书馆 CIP 数据核字(2021)第 035880 号

政府工作规则法治化研究
ZHENGFU GONGZUO GUIZE FAZHIHUA YANJIU

王叶臣 著

责任编辑 程王刚
装帧设计 李 瞻

出版发行 法律出版社
编辑统筹 法治与经济出版分社
责任校对 晁明慧 王 皓
责任印制 吕亚莉
经　　销 新华书店

开本 710 毫米×1000 毫米 1/16
印张 20　**字数** 270 千
版本 2021 年 6 月第 1 版
印次 2021 年 6 月第 1 次印刷
印刷 三河市兴达印务有限公司

地址：北京市丰台区莲花池西里 7 号(100073)
网址：www.lawpress.com.cn
投稿邮箱：info@lawpress.com.cn
举报盗版邮箱：jbwq@lawpress.com.cn

销售电话：010-83938349
客服电话：010-83938350
咨询电话：010-63939796

书号：ISBN 978-7-5197-5394-8　**定价**：88.00 元